山东大学文学院史料丛编

第三辑

杜泽逊 主编
李振聚 张洪刚 编

山东大学出版社
SHANDONG UNIVERSITY PRESS

图书在版编目(CIP)数据

山东大学文学院史料丛编.第三辑/李振聚,张洪刚编.
—济南:山东大学出版社,2021.11
ISBN 978-7-5607-6969-1

Ⅰ.①山… Ⅱ.①李…②张… Ⅲ.①山东大学文学院—校史—资料—汇编 Ⅳ.①G649.285.21

中国版本图书馆 CIP 数据核字(2021)第 199942 号

责任编辑 李孝德
文案编辑 张彩芸
封面设计 泽坤广告

出版发行 山东大学出版社
社　　址 山东省济南市山大南路 20 号
邮政编码 250100
发行热线 (0531)88363008
经　　销 新华书店
印　　刷 济南乾丰云印刷科技有限公司
规　　格 787 毫米×1092 毫米 1/16
　　　　 35 印张 4 插页 559 千字
版　　次 2021 年 11 月第 1 版
印　　次 2021 年 11 月第 1 次印刷
定　　价 180.00 元

“山东大学中文专刊”编辑工作组

组　长　杜泽逊　张　帅

副组长　李剑锋　黄发有　程相占　马　兵

成　员　王培源　刘晓东　萧光乾　张学军　张树铮
孙之梅　关家铮　王新华　杨振兰　岳立静
戚良德　祁海文　李开军　刘晓多　沈　文
王　萌　刘靖渊　程鸿彬　刘天宇　吉　颙
李振聚

《山东大学文学院史料丛编》编辑组

主　编　杜泽逊

编　者　李振聚　张洪刚

协　编　初　敏　程宗洋　侯洪震　刘汉君　仇子兴
高　雅　杨　阳　郝梦雪　庄欣欣　鞠啸程
吴奇颖　丁雪媛　张　腾　宋少雄　赵　航
刘泊宁　赵秒秒　黄　静　杨　赛　范　萌
杨雅然

黄孝纾先生（照片辑自 1952 年《干部简历表》）

萧涤非先生（照片辑自 1952 年《干部简历表》）

《碧虑簃印存》书影（黄孝纾篆，民国间钤印本）

国务院学位委员会第一届文学评议组成员合影（1981 年，萧涤非被聘为国务院学位委员会文学评议组成员，右六为钱锺书，右四为王元化）

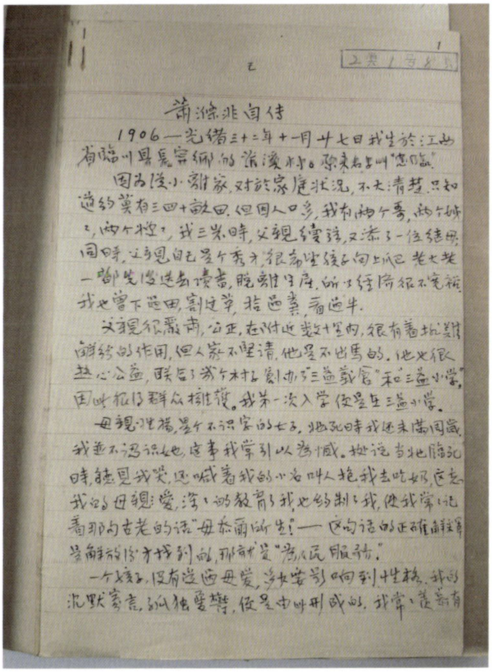

萧滌非自传

1906—光緒三十二年十一月廿七日我生於江西省臨川县長宁乡的滸湾村。原来名字叫"恩临"。

因为从小离家，对於家庭状况，不大清楚。只知道约莫有三四十亩田，但因人口多，我有两个哥，两个姊姊，两个姪姪，我三岁時，父親續弦，又添了一位继母。同時，父親自己是个秀才，很希望孩子向上爬，把大哥一个先後送去讀書，晚就生产，所以经济很不宽裕。我也曾下过田，割过草，挑过粪，看过牛。

父親很嚴肃，公正，在附近数十里内，很有着排难解紛的作用，但人家不坚请，他是不出馬的。他也很热心公益，联合了几个村子創办了"三益義倉"和"三益小学"，因此很得群众拥護。我第一次入学便是在三益小学。

母親姓蒋，是个不识字的女子。她死時我还未满周岁，我並不認识她，这事我常引以为憾。据说当她臨死時，聽見我哭，还喊着我的小名叫人抱我去吃奶。这是我的母親！爱，深深的教育了我也约制了我，使我常常记着那句古老的话"母忝爾所生"——这句话的正確解釋是解放後才找到的，那就是"为人民服務"。

一个孩子，没有这個母爱，多少会影响到性格，我的沉默寡言，孤独憂鬱，便是由此形成的。我常常羡慕有

《萧涤非自传》手稿

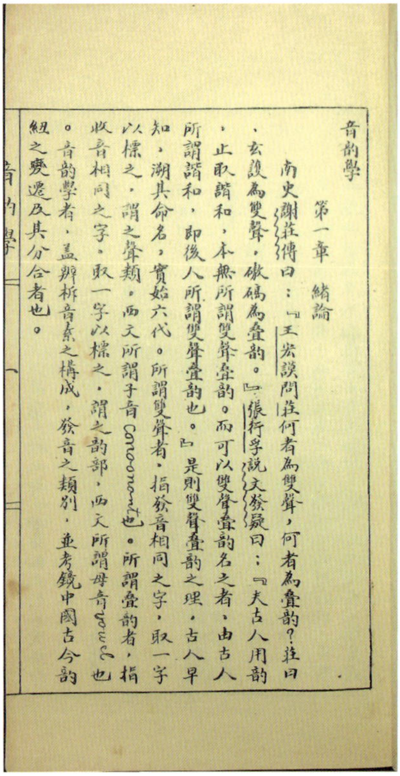

音韵學

第一章 緒論

南史謝莊傳曰：『王宏謨問莊何者為雙聲，何者為疊韻？莊曰、玄護為雙聲，磝碻為疊韻。』張衍學說文發疑曰：『夫古人用韻，止取諧和，本無所謂雙聲疊韻。而可以雙聲疊韻名之者，由古人所謂諧和，即後人所謂雙聲疊韻也。』是則雙聲疊韻之理，古人早知，溯其命名，實始六代。所謂雙聲者，指發音相同之字，取一字以標之，謂之聲類。西文所謂子音Consonant也。所謂疊韻者，指收音相同之字，取一字以標之，謂之韻部，西文所謂母音vowel也。音韻學者，蓋辨析音素之構成，發音之類別，並考鏡中國古今韻紐之變遷及其分合者也。

《音韵学讲义》书影（周幹庭撰，民国间齐鲁大学石印本）

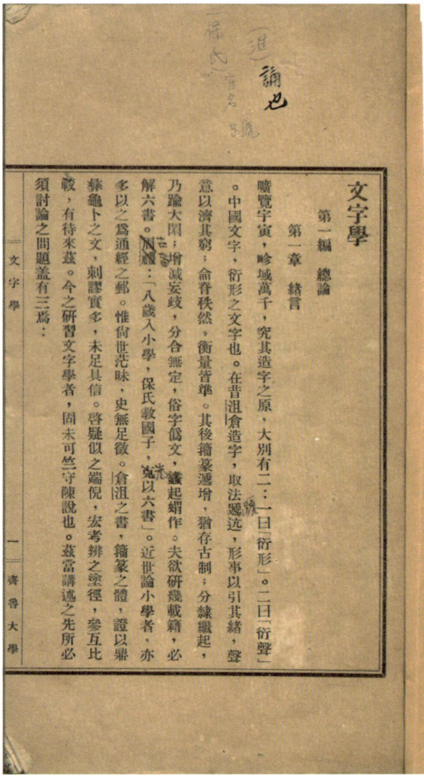

文字學

第一編 總論

第一章 緒言

曠覽宇寰，畛域萬千，究其造字之原，大別有二：一曰「衍形」。二曰「衍聲」。中國文字，衍形之文字也。在昔沮倉造字，取法遐迩，形事以引其緒，聲意以濟其窮；侖脊秩然，衡量皆準。其後籀篆遞增，猶存古制；分隸繼起，乃踰大閑；增減妄歧，分合無定，俗字僞文，蠭起蝟作。夫欲研幾載籍，必解六書。周禮：「八歲入小學，保氏教國子，先以六書」。近世論小學者，亦多以之爲通經之郵。惟尙世茫昧，史無足徵。倉沮之書，籀篆之體，證以鼎彝龜卜之文，刺謬實多，未足具信。啓疑似之端倪，宏考辨之塗徑，參互比較，有待來茲。今之研習文字學者，固未可竺守陳說也。茲當講述之先所必須討論之問題蓋有三焉：

文字學 一 齊魯大學

《文字学讲义》书影（周幹庭撰，民国间齐鲁大学排印本）

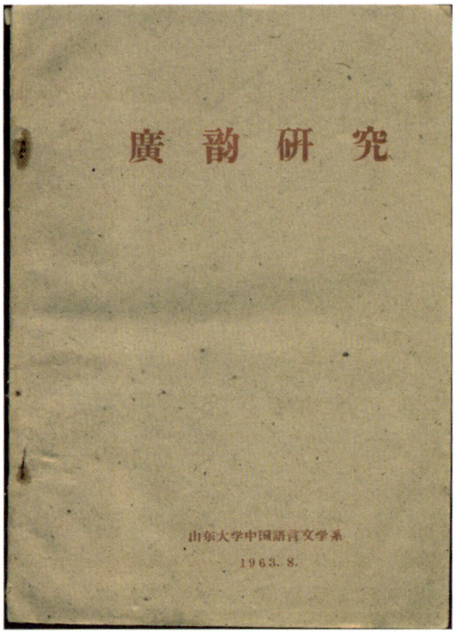

《广韵研究》书影（殷焕先撰，1963年山东大学中国语言文学系油印本）

《山东大学文学院史料丛编》序

杜泽逊

2019 年 12 月 27 日，在山东大学知新楼 A 座 706 会议室召开了第一次文学院院史资料项目组会议。这次会议是由我提出，经院党政联席会议批准召开的。

参加会议的有杜泽逊、沈文、王萌、张洪刚、李振聚，以及研究生刘璐、仇子兴、高雅。会议决定搜集编辑《山东大学文学院史料丛编》，适当时机正式出版。搜集编辑工作由杜泽逊牵头，主要由张洪刚、李振聚负责。2020 年暑假，经文学院与学校档案馆协商，7 月 28 日至 8 月 21 日由张洪刚、李振聚带队，研究生程宗洋、侯洪震、刘汉君、仇子兴、刘泊宁、赵杪杪、宋少雄、赵航、高雅、初敏、杨阳、庄欣欣等参加，组成文学院院史档案整理小组，在档案馆工作 23 天，查阅遴选有关文学院的档案、文献、照片等资料，拍照十余万幅。这项工作得到档案馆耿德良副馆长及工作人员李凤莲、范凯红同志的大力支持协助。其后，经杜泽逊、张洪刚、李振聚研究，决定编为《山东大学文学院史料丛编》共四辑，交山东大学出版社出版。经过张洪刚、李振聚同志的辛勤工作，并增加了他们搜集的档案馆之外的珍贵资料，形成了四辑书稿。在即将出版之际，张洪刚、李振聚要我写篇序言，我也认为应当对读者有个交代。

编辑山大文学院史料，其实是受温儒敏先生的启发。温先生曾担任北大中文系主任，主持编写了《北京大学中文系百年图史》，2010 年由北京大学出版社正式出版。温先生在北大退休后，2011 年 9 月受聘为山东大学一级教授，来山大文学院从事教学科研工作，为山东大学中文学科建设及人才培养工作做出了重大贡献。2018 年 4 月，我被学校任命为山大文学院院长，6

月1日接到温先生给泽逊和文学院党委书记张帅同志的电子信函，表示“希望在方便的时候，就教学和科研问题，向你们提一些建议，也算是一位山大老教师的心愿吧”。温先生随函寄来2018年3月26日樊丽明校长看望他以后，写给樊校长的《汇报与建言》。我和张书记认真拜读来信，尤其是《建言》，发现《建言》对山大文科本科教学、研究生培养、学术生长点、师资建设、校园文化等逐项提出具体建设，其中涉及海内外高校现状和成功做法，对山大情况相当了解，意见具有针对性、可行性。尤其是指出“青年教师压力很大，主要是缺少自由，几乎都被各种指标和项目所捆绑，处于一种‘项目化生存’状态”，切中时弊。对本科教学，先生认为“就文科而言，主要是让学生多读书，活跃思维，开拓眼界”，“最好还要多一些‘小班讲习’的课”。其后与温先生保持了良好的交流，多次受到温先生的表扬、勉励。山大文学院党政联席会议经过周密讨论和规划，开设了28门原典导读课；建立了读书会制度，每学期资助读书会十多个；改造了图书阅览室；设立了学生科研项目资助制度；建立了学生学年论文报告会制度；设立了文学院教师科研项目资助制度；学术成果出版设立了《山东大学中文专刊》资助专项；编辑出版“山大中文名家文集”18家（已基本完成并开始陆续出版）；升级已有的“新杏坛”学术前沿讲座，纳入研究生培养计划；创办刊物《山东大学中文论丛》《文学天地》《中国小说论坛》，均正式按一年四期出版，发表师生学术成果和创作作品，内部刊物《山东大学中文学科动态》、微信公众号“山大中文之声”也发挥了传播山大中文师生学术信息、活跃学术空气的作用。经温先生推荐，著名学者龚鹏程先生于2019年受聘为山东大学全职讲席教授。龚先生来山大文学院以后，多次举办青年学术会议，举办学术讲座，还把自己的藏书辟为“龚鹏程文库”，向师生开放阅览，在提升学术品质、活跃学术气氛、带动青年学者方面，发挥了重要作用。2018年11月，温先生寄赠《北京大学中文系百年图史》，并建议泽逊主编《山东大学文学院院史》。泽逊深表赞成，但因工作头绪太多，只能徐徐图之。

为什么要搜集山大文学院的史料？因为历史是一面镜子，国家需要继承弘扬优秀传统文化，学校也同样需要继承弘扬优秀传统文化。就古典文学学科来说，建国以来，北大老一辈名家有游国恩、王瑶、吴小如、季镇淮等名家，山大有陆侃如、冯沅君、高亨、萧涤非等名家。1957年国家高教部审定、高等教育出版社出版发行的《中国文学史教学大纲》，就是高教部委托北京大学游国恩、王瑶、复旦大学刘大杰、山东大学冯沅君、武汉大学刘绶松（现代部分）撰写的。1963年出版的全国高等院校中文系统编教材《中国文学史》，主编为北京大学游国恩、中山大学王起、山东大学萧涤非、北京大学季镇淮、费振刚。同一时期山东大学中国古代史学科也名家辈出，杨向奎、丁山、童书业、郑鹤声、黄云眉、王仲荦、赵俪生、张维华、卢振华等，成就斐然，所以形成了山东大学"文史见长"的声誉。改革开放之初，山东大学中文学科阵容依然强劲，董治安先生的先秦两汉文学，牟世金、张可礼、龚克昌先生的魏晋南北朝文学，刘乃昌、张忠纲先生的唐宋文学，袁世硕先生的元明清文学，郭延礼先生的近代文学，周来祥、曾繁仁先生的美学，殷孟伦、殷焕先、蒋维崧、葛本仪、钱曾怡先生的语言文字学，可以说群星璀璨，称一时之盛。

为了迎接山东大学百廿校庆，经过长时期筹备，山东大学文学院在知新楼A座四楼至九楼走廊举办了学院的院史展览，包括院史专题、冯陆高萧黄专题、文艺美学专题、语言学与语言实验中心专题、杰出校友专题、"新杏坛"前沿讲座专题，还编辑出版了《2019年山东大学文学院同人录》一册，这些专题已汇集为《山东大学文学院历史图鉴》，即将出版。张洪刚、李振聚等同志的院史资料征集整理工作，事实上为院史展览提供了大量原始图片和说明，做出了贡献。现在这部《史料丛编》要正式出版了，我感到很大的欣慰，相信通过对老一辈教学科研业绩的瞻仰，必然会激发新一辈工作的热情，启发新一辈工作的灵感，从而创造出更大的符合时代需求而又引领未来学术发展的新成绩。

2021年10月23日

编辑说明

《山东大学文学院史料丛编》第三辑收录的材料以萧涤非、黄孝纾为中心，萧涤非资料主要辑录了《自传》《老舍评萧涤非》和萧涤非《履历表》两种、《登记表》一种，均辑录自萧涤非档案中。黄孝纾的材料主要辑录了两份《自传》和《高等学校教师登记表》等，均来自黄孝纾档案中。萧涤非、黄孝纾材料均为第一次披露，相信这些原始资料能够为萧涤非、黄孝纾研究提供资料。本辑收录周幹庭所撰《文字学》《音韵学》讲义两种，民国齐鲁大学印本；殷焕先撰《广韵研究》讲义一种，1963年山东大学中国语言文学系油印本。本辑还收录了山东大学研究生处编《牟世金传记资料汇编》一种，是牟世金研究资料的汇编，具有重要的史料价值。

目　录

萧涤非先生自传

萧涤非先生自传[①]

1906年——光绪三十二年十一月廿七日我生于江西省临川县长宁乡的茶溪村。原来名字叫"忠临"。

因为从小离家,对于家庭状况,不大清楚。只知道约莫有三十四亩田。但因人口多,我有两个哥,两个姊姊,两个嫂嫂,我三岁时,父亲续弦,又添了一位继母;同时,父亲是个秀才,很希望孩子向上爬,老大老二都先后送去读书,脱离生产,所以经济很不宽裕。我也曾下过田,割过草,拾过粪,看过牛。

父亲很严肃、公正,在附近数十里内,有着排难解纷的作用,但人家不坚请,他是不出马的。他也很热心公益,联合了几个村子创办了"三益义仓"和"三益小学",因此很得群众拥护。我第一次入学便是在三益小学。

母亲姓杨,是个不识字的女子。她死时我还未满周岁。我并不认识她,这事我常引以为憾。据说当她临死时,听见我哭,还喊着我的小名叫人抱我去吃奶,这忘我的母爱,涤涤地教育了我,也约制了我,使我常常记着那句古老的话"毋忝尔所生"!——这句话的正确解释是解放后才找到的,那就是"为人民服务"。

一个孩子,没有受过母爱,多少要影响到性格。我的沉默寡言,孤独忧郁,便是由此形成的。我常常羡慕有母亲的人们。

大约是1917那年,我十一岁,父亲因操劳过度,也死了。那时,大哥已考取所谓的候补知事,分发河南,便把我带到开封,进了北仓小学。记得教国文的是位曹老师,他第一篇便给我们讲庄子的《逍遥游》,还要我们背诵,

① 按:萧涤非先生(1906~1991)是我国著名文学史家,杜甫研究专家,《杜甫全集校注》主编。萧先生耕耘山大近五十载,留下诸多珍贵学术成果,培养了大批人才。临近山东大学百廿校庆,文学院组织院史整理团队重检文献,余奉命在萧先生档案中抄出自传壹份,以飨读者。此自传是萧先生前往华北人民革命大学学习之际所写,原文中繁体字经确认无误后,均换用简体。

现在看来,实在太吓人了。我后来爱好庄子,怕就是中了他的毒。北仓毕业后,考进了留美预备学校——这个学校,外省人并没有留美权利,但因办得还好,所以还是考了。后来改为中州大学,也就是现在的河南大学。

大哥没有爬得上去,候了几年知事也没候着,便回到南昌,我转入了心远中学分校。1925年毕业后插入南京江苏省立第一中学高三文科,始与陈光祖、徐子佩同学。打这时起直到大学毕业,经费都是由堂叔供给。

1926年,与陈光祖、徐子佩一同考取清华大学,进的中文系。最初课程都是些旧东西,后来杨振声先生作文学院院长才开了些新文学课。我开始阅读"五四"以来的作品和苏联翻译小说。但我爱好的还是旧诗词。

在大学期间,值得提出的,是1927年我受了同学崔宗培的宣传,一度加入了青共团①,但我经不起考验,很快便落伍了。我因受庄子思想的影响,自由散漫惯了,受不了铁的纪律;而那时的主要任务是吸收团员,我又偏偏没有宣传本领,简直不知如何说起;小资产阶级的软弱性加上旧诗词的"温柔敦厚"的熏染,使我变得非常脆弱,怕见流血,每一次的秘密小组会议,都会使我提心吊胆。当然理论学习的空白、对于革命没有充分的正确的认识也是一个因素,记得那时要阅读一份文件,都得偷偷摸摸。我知道自己不行,我退下来了,这是很可耻的,但在这可耻的后面,我也有了一定的收获,受了一定限度的教育,那就是对于共产党员那种大无畏的和忘我的牺牲精神的敬爱!斯大林大元帅说共党员②是特种材料做成的,真是不假。所以我打那时起,便许下了一个愿:干虽干不了,但决不干别的。

在老师里面,影响我最大的是黄节(已故)。他是一个狭隘的民族主义者,也是一个爱国诗人。辛亥革命前鼓吹民族思想,家财荡尽。革命成功后,他却悄然地到北大来教书(后到清华兼课)。他很关心国家民族,对于那时的官僚军阀常常大骂:"独对古人称后死,岂知亡国在官邪","伤心群贼言经国,孰谓诗能见我悲",都是他的诗句。

我小时便喜欢读一些民族英雄可歌可泣的作品,如岳飞的《满江红》,文

---

① 原文如此。据萧涤非在山东大学文学院中文系《教职员登记表》(1949年11月20日)中述:"我生中有一件不能忘记的事,那便是1928年的加入c.y.,而不能继续。"又据萧涤非在山东大学《干部简历表》(1952年7月7日)中述:"一九二七年曾在北京清华大学参加过共产主义青年团,不久即脱离。"可推测此处为笔误。

② 原文如此。

天祥的“沁园春”、“正气歌”等，而文天祥的“人生自古谁无死，留取丹心照汗青”，尤涤涤地感动了我，本来就有着爱国思想的苗头，这时更提高了。九一八事变时我曾填了一首“八声甘州”，现在还记得，抄在下面，可见我这时思想的一斑。

向西风黄叶又惊秋，斜日倚高楼。对河山惨淡，卿云寡色，草木都愁。望里乾坤许大，何处可埋忧？慢道头颅好，如寄应羞！

死恨书生无用，算空言浪墨，难济神州。念黄花人去，遗血冷杀丘。问燕然、而今谁勒？谓歌楼、舞榭足风流。凭谁诉、白云长在，黑水悠悠。

从现在看，是幼稚的。爱国主义必须和国际主义结合才有前途。

体育方面，在这里我想附带提一下，四年大学，我做了两次足球队长，两次田径队长。曾和球王李惠堂角逐过，那时他代表华东。尽管我爱运动，但我还是沉默的，1929年清华取得了华北足球冠军，同学疯狂欢迎，结果由一位队员致答词，我没有开腔。记得是汉鲁申公说的：“为政不在多言，顾力行何如耳。”我非常相信，我的不愿多说话以至于不擅长说话，怕就是上了他的当。解放以后，才觉悟说话的重要性，也尝努力争取说话，已觉有些晚了。

1930年，大学毕业，因可免考，便进了研究院。研究的是汉魏六朝乐府，说不上有什么成就，只是由于通过作品的接触，对于劳动人民激发了同情心，近于人道主义。

在万恶的南京政府的统治下，政治本不堪问，又因为研究的是古董，接触的是一些庄子和陶渊明的诗，根本厌恶政治，所以索性连报纸都懒得看，一心想为学术而学术，超政治而独立。解放后，才知道所谓超政治实际上是不可能的，任何人都有他的一定的政治的立场，任何人都不能脱离政治关系。

1933年，研究院毕业，我到青岛山东大学，教的不外旧诗词乐府等。这时我有个私人的打算，就是想通①教学，培养青年的气节和清廉。现在想来，在客观上也是那时卑污苟且贪婪无耻的政治应有的反映。此外还灌输一些民族和爱国思想，我那时没有阶级观念，理论毫无基础，所以甚至不赞同阶

① 此处应为“通过”，据文意补。

级斗争,以为应当走博爱的路子。

在青岛时清华同学徐子佩、北大友人徐步云(陶钝)同时被捕入狱,曾通音讯。解放后陶钝问子佩下落,大家都不知道,可能已为革命而牺牲了。

"一朝天子一朝臣",随着山大校长的垮台①,我到成都四川大学教书了。这时抱着"苟全性命于乱世"的态度。但到最后一年(1941 年,我在川大共五年)程天放当校长时,我的苟全也成了问题。你不想同流合污、升官发财,但他却不放心你,不放过你。一天,外文系一个讲师胡子霖——他自然是国民党——笑着对我说:"我送你个铁饭碗,你要不要?"意思是要介绍我进国民党,我也笑着拒绝了,程天放就对我实行解聘。当然也有枝节原因,我还年轻,到底还有些正义感,还有些骨头,他做校长两三年,我没有上过门,对国民党不恭维,有时忍不住还要骂上几声"党棍子"。

那时刚好西南联大请我,由余冠英、闻一多介绍,经济上得到友人黄玉佳的帮助,我算脱离虎口,到了昆明。西南联大是比较开明的,一切都比较活跃。但我还是那老一套,并无任何转变,只写了一些支离破碎的论文和哼声叹气的旧诗,出版了一本《汉魏六朝乐府文学史》。对于政治,仍然是敬而远之,"一二一惨案"中四烈士之一的潘琰是我的学生,公义私情,使我遏无不可遏,曾写了两首七律挽她,刊在当时的《妇女特刊》。其中还有着"从来政治多污渍,卂在高明有逆鳞"的句子。我那时不但对政治无兴趣,而且简直把政治看成垃圾堆,认为搞政治的都不是好东西,不知道要改善政治便必须夺取政权,便必须经过流血的革命斗争。在那两首七律里还有着这么两句"堂堂寰宇变屠宫,血染青天白日红",曾受到同事的恫吓性的指责,说我露骨地诋毁了"党国旗",但我并不后悔[对于这两首诗,我的学生尹彦辉(廖仲安)曾发表严正的批判]。

1946 年,联大复员,我由杨振声介绍仍回山东大学,聘书已然接了,但拖大带小的由昆明走到南昌已是精疲力竭,费用又不够。那时伪中正大学校长是萧蘧,是清华的老教授,教务长罗容梓是川大的老同事。他们都说,你

① 此处应指的是 1936 年夏,时任山东大学校长赵太侔因国民政府山东省主席韩复榘镇压山大爱国学生运动、威胁停拨"教育协款"、干预学校人事管理等无理行为,愤而辞职。林济青临危受命,仓皇上任。萧涤非大约在此事件前后被解职,前往四川大学任教。据萧涤非在华北革大学习时所填写的《学员简历表》(1951 年 10 月 14 日)中所写:1933 年至 1936 年 9 月在青岛山东大学中文系任讲师,变动原因为"解聘"。

是江西人，应该为桑梓服务；同时，一种传统的封建思想支配了我，希望借在南昌教书的机会能回到久别三十年的临川去看一看父母的坟墓，这样，我便进了伪中正大学。那是再反动也没有的学校，三民主义青年团的势力非常大，不到半年萧蘧在半夜里被反动分子包围，打破了头，他辞了职，罗教务长也走了——他到重庆大学。我仍到青岛山东大学。

对于美帝国主义的真正面貌，我一向也是模糊的。记得在青岛解放前三四个月，美帝正忙着撤退，大小汽车更加无法无天地乱跑乱撞，我的大孩子在上学的路上被撞破了头，他们往医院一丢走了[①]，幸有熟人认得是我的孩子，没有耽搁手术。最使我难忘和伤心的，是最后一次我去和牠们[②]交涉医药费。一进门，发现新添置的一个饮水池，上面端端正正地写着"华人禁用"四个大字，真是惊心骇目！医药费自然是没有。经过这一次铁的事实的教训，我才彻底认清了美帝的真正面孔。这事曾由我的爱人黄兼芬写了一个报告，发表在《青岛日报》并在青岛电台广播过。

以上是我在解放以前经历的轮廓。我从未写过什么自传，这回写来，在伟大的前进的光明时代面前，真觉得有些羞人答答的——自己到底为人民为祖国做了些什么事情呢?！但我有着一颗要求前进的心。经过一年多以来山东大学的政治学习，在思想、行动、教学各方面，虽已有了相当的改造，但自然是非常不够的。为了继续提高，所以这次我争取到革大来学习，以便将来站在自己的岗位上更好地为人民服务。"摆下臭架子，勉当小学生"，我愿拿毛主席的这两句名言，作为终身的座右铭。

1951年1月28日

（据山东大学档案馆藏《萧涤非档案》整理，整理者：仇子兴）

---

① 此处意为"他们把孩子往医院一丢就走了"，据文意补。

② 原文如此。

老舍先生评萧涤非

老舍先生评萧涤非

关于萧涤非[①]

(1)萧涤非曾任山东大学中文系讲师,自何时起止,我不知道,因校方所发聘书我无从过目。他参加过反动组织与否,我亦不知。我亦系教员之一,无权过问。他给我的印象是:好学不倦,为人耿介,不大爱交际,喜爱运动,能踢足球。

(2)我只在山大供职二年(1933~1935 年),在抗日战争前一年即辞职,故自 1936 年起,我与他见面极少,不知他的现状。

(3)对他的详细情况,可问赵畸(字太侔)。赵系从前的山大校长。据闻,他现在仍在山大教书。

老舍

(据山东大学档案馆藏《萧涤非档案》中手稿整理,整理者:张洪刚)

① 编者按:题目系编者自拟。此件源自萧涤非档案。

国立山东大学教职员履历表（萧涤非）

国立山东大学教职员履历表（萧涤非）

国立山东大学教职员履历表

<table>
<tr><td>姓名</td><td>萧涤非</td><td>别号</td><td></td><td>年龄</td><td>四十二岁</td><td>（光绪 32 年 11 月 27 日生）</td><td>性别</td><td>男</td></tr>
<tr><td>籍贯</td><td colspan="8">江西　省　临川　县　　乡人</td></tr>
<tr><td colspan="2">担任本校职务</td><td colspan="4">文学院　中文系</td><td>俸给</td><td colspan="2">伍佰贰拾元</td></tr>
<tr><td>学历</td><td colspan="8">国立清华大学文学生全校研究院毕业</td></tr>
<tr><td>（历任职务时期薪金）</td><td colspan="8">民二十二至二十五任国立山东大学专任讲师薪额 180 元，二十五年至卅任国立四川大学专任讲师薪额 200 元，卅年至卅五年任国立西南联大副教授暨教授薪额 440 元，卅五至卅六年任国立中正大学教授兼先修班主任薪额 480 元。</td></tr>
<tr><td rowspan="6">家庭状况</td><td>父</td><td></td><td>年龄</td><td>岁</td><td>职业</td><td></td><td rowspan="6">著作</td><td rowspan="6">《汉魏六朝乐府文学史》，其他篇目散见《国文月刊》。旧诗则间登于《饮河诗刊》，现付《京沪周刊》。</td></tr>
<tr><td>母</td><td></td><td>年龄</td><td>岁</td><td>职业</td><td></td></tr>
<tr><td>配偶</td><td>黄兼芬</td><td>年龄</td><td>33 岁</td><td>职业</td><td></td></tr>
<tr><td>子</td><td>光照</td><td></td><td>9 岁</td><td></td><td></td></tr>
<tr><td>女</td><td>光来</td><td>年龄</td><td>6 岁</td><td>职业</td><td></td></tr>
<tr><td></td><td>光乾</td><td></td><td>2 岁</td><td></td><td></td></tr>
<tr><td colspan="2">永久住所</td><td colspan="4"></td><td colspan="2">现在通讯处</td><td>合江路教授宿舍 269 号</td></tr>
</table>

（据山东大学档案馆藏《萧涤非档案》中手稿整理，整理者：丁雪媛）

学员履历表(萧涤非)

学员履历表

1951 年 10 月 14 日填

<table>
<tr><td>现名</td><td>萧涤非</td><td>原名</td><td>忠临（谱）</td><td>曾用名</td><td>萧郎（在昆明用此名字写过两篇小文）</td><td>原籍</td><td>江西省临川县（市）　长宁乡镇
江西省临川县（市）
江西省临川县（市）　茶溪村</td><td>现籍</td><td>山东省青岛县（市）镇
山东省青岛县（市）
山东省青岛县（市）村</td></tr>
<tr><td>性别</td><td>男</td><td>年龄</td><td>46（虚岁）</td><td>民族</td><td>汉</td><td>文化程度</td><td>清华大学研究院毕业</td><td>个人成分</td><td>大学教授</td><td>家庭出身</td><td>富裕中农</td></tr>
<tr><td>由何机构及何人介绍入学</td><td>山东大学保送教育部介绍</td><td>特长</td><td>乐府，诗词，杜甫诗</td><td>通讯处</td><td>青岛市合江路一号</td></tr>
<tr><td rowspan="2">家庭情况</td><td>人口主要职业及政治面貌</td><td>父雪初，字晴谷，秀才，教过私塾，后创办三益居义仓及三益小学，以公正见称乡里，1918 年（？）死。母杨氏，1907 年死，我生不识母面，终身引以为痛，总想作个“毋忝汝平生”的人。大哥祥临（格非）民国初，考取候补知县，分发开封，始终未补上，后回江西，1928 年死。二哥二姊均早死，现惟大姊在重庆，已六十多岁，四十年间，只在 1936 年见过一面，已不相识。
现一家五口：爱人黄兼芬高中毕业，曾任昆明建国小学、文正中学教员，现任青岛崇德中学国文教员。长子光照上初中（曾为美帝汽车撞伤，解放后报名参军，因年小，未批准），次子光来上小学，三子光乾上幼儿园。</td></tr>
<tr><td>经济情况及经营方式</td><td>全靠薪水生活（我用朋友钱很多）。老家自父死后，三十多年没回去，田本不多，记得大哥还卖过两次，继母死后，由侄儿凌云接管。因一直没分过家，所以更不清楚，侄儿只小我一岁，也读过点书，行类流氓，1947 年我还在南昌时，曾和他断绝叔侄关系，家也不打算回去了。</td></tr>
<tr><td>婚否</td><td>爱人姓名</td><td>在何地何部门任何职务</td><td>参加过何种党派团体宗教道门，现在关系如何</td><td>通讯处</td></tr>
</table>

续表

婚	黄兼芬	青岛市妇联家联执委,现任崇德中学初中国文教员		青岛市合江路一号
主要社会关系	姓名	在何地何部门任何职务	参加过何种党派团体宗教道门,现在关系如何	与本人之关系
	萧新初	临川许湾作米生意(已死)		堂叔,我自高中至大学毕业,全由他供给
	黄节	北大教授,后兼清华(已死)	同盟会员,入民国后专教诗	师生,我在研究院时,他按时接济我,他的旧民族意识很强,也影响我
	陈寅恪	岭南大学教授(原清华教授)		师生,我听过他七年课,很佩服他的治学思想
	杨振声	北大教授(原清华教授)	过去式国民党,现无党派	师生,他有点名士气
	陈光祖	上海中学副校长	共产党员	中学大学同学,知己朋友
	黄玉佳	香港怡和公司	闹过革命,为救徐子佩,曾一度逃命	大学同学,知己朋友
	黄树藩 李洛光	中共南京市委会北京市委会	共产党员	朋友 大学同学
	罗容梓	重庆西南师范学院教授	无党派	同事,在川大骂国民党,他也是一个

续表

<table>
<tr><td></td><td>游国恩</td><td colspan="2">清华教授
北大教授</td><td colspan="2">民盟
九三学社</td><td>大学同学，联大同事
山大老同事，小同乡</td></tr>
<tr><td colspan="2">何时何地由何人介绍参加过何革命党派团体，现在关系如何</td><td colspan="5">1927 年在清华由崔宗培介绍加入 c.y.，不久即脱离，但因此对共产党有了认识和感悟，1938 年 5 月我由成都回江西接家小，曾搭崔的小汽车到重庆，他那时在伪交通部工作，最近听李洛光说，他已回河南。
1949 年青岛解放后，加入市文教工作，工会及中苏友好协会(因会员证遗失，1951 年 6 月后在北京革大入会。)</td></tr>
<tr><td colspan="2">参加过何种反动党派团体宗教道门</td><td>何时</td><td>何地</td><td>何人介绍</td><td>曾任过何种职务</td><td>现在关系如何</td></tr>
<tr><td colspan="2"></td><td></td><td></td><td></td><td></td><td></td></tr>
<tr><td colspan="2">其他团体</td><td></td><td></td><td></td><td></td><td></td></tr>
<tr><td colspan="2">人文科学社</td><td>1945</td><td>昆明联大</td><td>余冠英</td><td>未开过会，未写过文章</td><td>闻该社早已取消</td></tr>
</table>

个人简历

何时起至何时止	在何地何部门任何职务	有何主要活动	变动原因	证明人			备考
				姓名	现在何地何部门任何职务	政治面貌	
1915～1917	本村三益小学	读书外,看过牛,下过田	升学				
1917～1919	本乡明白楼小学	读《诗经》,《孟子》,看《水浒》,《三国演义》	父死,随兄赴豫转学				
1919～1921	开封北仓小学	当时教庄子影响我后来思想	升学				
1921～1923年冬	开封留美预备学校	开始接触新思想、新文学、作白话诗文	随兄回江西转学	陈凤翚	上海浙江兴业银行秘书	无党派	
1924年春～1925	南昌心远中学分校(旧制)	又读了些古书(这时得脚气病,西医束手,中医治好)	毕业插班	熊滋民	江西宜春中学教员	不详	
1925～1926	南京第一中学高三(文科)	看过一本克鲁泡特金的无政府主义	毕业升学	陈光祖	上海中学副校长	共产党员	
1926～1930	清华大学中文系	(1)参加c.y.,不久脱离;(2)读苏联小说;(3)代表华北足球队与李惠堂比赛;(4)辑"历代风诗选"一部(有关人民的诗歌)	毕业升学	李洛光	中共北京市委	共产党员	

续表

何时起至何时止	在何地何部门任何职务	有何主要活动	变动原因	证明人			备考
				姓名	现在何地何部门任何职务	政治面貌	
1930～1933	清华大学研究院	研究乐府。“九一八”曾赋“八声甘州”词书愤(《清华周刊》)。	教书	余冠英	清华教授	民盟	
1933～1936.9	青岛山东大学中文系讲师	教诗、词、乐府和国文,徐子佩在济南狱,我曾写过廿块钱。	解聘	舒舍予 陶钝	北京市文联 济南山东省文联	民主作家 共产党员	黄节、杨振声介绍
1936～1941.9	成都四川大学中文系讲师	教国文,c.c.程天放作校长时,胡子霖要我加入国民党,我拒绝,骂国民党人为党棍子	解聘	罗容梓	重庆西南师范学院教授	无党派	杨振声、陈益介绍
				刘绍禹	四川大学教务长	无党派	

续表

<table>
<tr><th rowspan="2">何时起至何时止</th><th rowspan="2">在何地何部门任何职务</th><th rowspan="2">有何主要活动</th><th rowspan="2">变动原因</th><th colspan="3">证明人</th><th>备考</th></tr>
<tr><th>姓名</th><th>现在何地何部门任何职务</th><th>政治面貌</th><th></th></tr>
<tr><td rowspan="6">1941～1946.5</td><td>昆明联大师范学院副教授后改教授</td><td rowspan="6">（1）教诗、词和国文；（2）任“国文月刊”编辑；（3）用笔名写小文（注一）（4）写定“汉魏六朝乐府文学史”，因钟遂铭介绍由中国文化服务社出版（5）由伪中央日报特约，发表过两篇文：《柳永词》中的方言。《论诗歌的功用》（幻想用诗歌来澄清人们的贪心）（6）由朱自清介绍，在“饮河诗刊”发表旧诗（7）“一二一”惨案赞成罢课三天，支援同学，失败。作“哭潘琰诗”有“血染青天白日红”之句，同学（当时同事）钟遂铭说我侮辱“党国旗”。他的警告，是有代表性的，令人不寒而栗。</td><td>联大分家</td><td>游国恩</td><td>北大教授</td><td>九三学社</td><td>余冠英、闻一多介绍</td></tr>
<tr><td>①云南大学教诗
②中法大学教词</td><td>本已应山东大学聘，因川资缺乏、乡土观念、扫墓思想等，遂留南昌一年。</td><td>卞之琳</td><td>北大教授</td><td>无党派</td><td>兼职介绍人有</td></tr>
<tr><td>③昆华中学
④东方语文专科学校</td><td></td><td>罗常培</td><td>北大教授</td><td>原国民党现无党派</td><td>邵循正、姜亮夫、水天同等</td></tr>
<tr><td>⑤工业专门学校
⑥建国中学</td><td></td><td>廖仲安</td><td>北京市文教局人事室</td><td>共产党员</td><td></td></tr>
<tr><td>⑦恩光小学华侨班
⑧英语专科学校</td><td></td><td></td><td></td><td></td><td></td></tr>
<tr><td>⑨另一中学（忘其名）（时间先后，多记不准确，只好如此罗列）</td><td></td><td></td><td></td><td></td><td></td></tr>
</table>

续表

何时起至何时止	在何地何部门任何职务	有何主要活动	变动原因	证明人			备考
				姓名	现在何地何部门任何职务	政治面貌	
1946～1947.9	南昌伪中正大学教授（兼先修班主任）	教杜甫诗、乐府和国文，这是一个混账大学，三青团横行，乃决定北上回山大，因爱人病，迟至九月底始成行（罗则往重庆大学）	辞职	刘椽	山东大学总务长	民主人士	罗容梓介绍
	46年7月至8月在庐山暑期讲习会讲古诗（注二）						
1947～1951.1	青岛山东大学教授	教杜诗、历代韵文，国文，解放前1948曾选赵太侔为伪国大代表，因同事丁山关系，选赵风喈为伪立法委员，俱非有意活动。49年春长子为美帝汽车撞伤，益恨美帝及反动派。解放后，参加一切活动。	自我学习	杨向奎	山大历史系主任（原中文系主任）	候补共产党员	赵太侔聘
	1948兼伪海军军官学校国文教官。			罗竹风	山大军代表兼副教务长	共产党员	
	1950年兼山大文史系副主任。后辞职。			郭宣霖	南昌大学教授	原共产党员现无党派	
1951.2月～1951.10月	北京革大学习						

填表人签名盖章：萧涤非

政治研究院四班九组萧涤非简历附注

(注一)1943年间,我在昆明,迫于生计,曾用笔名为一小刊物写稿,目的是怕有失联大教授的身份,并急于换取一点稿费,该刊物名称及主编人现均已忘记,笔名记得的也只“萧郎”一个,曾用此名写过有关文天祥的《沁园春》和“吊古诗归”两文,其他笔名因随时乱撰,已记不起,但可查出。在中学兼课后,便没再写,因事早忘却,致前此表格,都未填上。

(注二)1946年7月我曾在伪江西省政府教育厅主办的“庐山暑期讲习会”讲过一个月的旧诗,前已交代,这次想起了两件事,觉得有加以说明的必要:

(1)我曾“和”反动派程时奎(现已枪毙)的一首诗。程做了十几年的江西教育厅厅长,这时刚垮台,便主动办这个会。我没有在本省做过事,和程本不相识,他请我上山,完全由友人罗容梓介绍。罗时为伪中正大学教务长,想聘我在江西教书,便自动的给了我这个游山的机会,一天,程拿出他的一首七律要大家和(那时老诗人夏剑丞也在)我心想自己既答应在江西教书,教的又是诗,你若不和他一首,他们便会笑你不懂,所以便和了一首。这种诗自然是不会记得的。

(2)我曾和反动头子蒋光头有过一次集体照像。七月十五日该会举行开学典礼,把蒋光头捧来训了一顿话,会场上是如临大敌,我们足足立正了两三个钟头,太紧张了,有两人晕倒。记得那时从报纸上还看不出国民党反动派的真面孔,也就是说国共还未破裂,可是蒋匪在他的讲话中却一而再的谈到“共匪”,我心知和平无望,内战必起,曾写了一首诗,其中“回天无力懒书空”一句便指的这件事。我那时觉得“自己”打起来总不好。这诗,后来在“铁路周刊”的“饮河诗集”上发表了,散会后,又全体照了一张像。

讲习会是带学术性的,自然科学也有,记得胡先骕、陈鹤琴都在,学员是江西全省中学教员,该来的人,看路远近,送给旅费,我记得是廿万,我那时刚从昆明回到江西,是经爱人的家乡——武宁去庐山的。一到山上,便打摆子,实际只讲了三个礼拜,据庐山医院说,庐山从无患疟疾的,我是第一个。

我是七月十三到的山上,八月十五一结束便独自下山了,我住的是河南路洞天饭店。

1951年10月14日

萧涤非

(据山东大学档案馆藏《萧涤非档案》整理,整理者:吴奇颖、丁雪媛)

高等学校教师登记表（萧涤非）

高等学校教师登记表

学校名称　青岛山东大学

系别职务　中文系教授

姓　　名　萧涤非

填写时间　一九五二年九月六日

中央人民政府教育部制

高等学校教师登记表

<table>
<tr><td rowspan="3">姓名</td><td>现名</td><td>萧涤非</td><td colspan="2">系别及级别</td><td colspan="2">中文系教授</td><td>月薪</td><td>535 元</td></tr>
<tr><td>原名</td><td>萧忠临</td><td>性别</td><td>男</td><td>出生年月</td><td>一九〇六年,十二月</td><td>家庭出身</td><td>中农</td></tr>
<tr><td>曾用名</td><td>萧 郎</td><td>民族</td><td>汉</td><td>宗教</td><td></td><td>个人成分</td><td>学生</td></tr>
<tr><td colspan="2">籍 贯</td><td colspan="4">江西省临川县茶溪村</td><td>健康状况</td><td colspan="2">心脏弱</td></tr>
<tr><td colspan="9">通讯处(现在) 青岛合江路一号 (永久)</td></tr>
<tr><td colspan="3">现为何党派团体任何职务,在人民政府任何职务(时间)</td><td colspan="6">青岛市文教工会会员,青岛市中苏友好协会会员,中国史学会青岛分会会员。</td></tr>
<tr><td colspan="3">解放后曾参加何种政治学习(包括校内的、校外的、经常的和特别的)</td><td colspan="6">一九五一年在华北人民革命大学政治研究院学习,现在担任中文系工会小组副组长,参加了暑假整党学习。</td></tr>
<tr><td rowspan="2">教学年限</td><td>教授</td><td>副教授</td><td>讲师</td><td>讲员(教员)</td><td>助教</td><td>共计</td><td colspan="2">其他</td></tr>
<tr><td>七年</td><td>四年</td><td>八年</td><td></td><td></td><td>十九年</td><td colspan="2"></td></tr>
<tr><td rowspan="2">最后学历</td><td>国内</td><td colspan="7">清华大学研究院毕业</td></tr>
<tr><td>国外</td><td colspan="7"></td></tr>
<tr><td rowspan="2">担任课程</td><td colspan="2">现在担任课程(包括两学期,并注明讲课及指导实习,讨论时数)</td><td colspan="2">可能担任课程</td><td colspan="4">过去曾担任的课程(注明年限)</td></tr>
<tr><td colspan="2">1.文学史(甲)(64 小时)
2.历代韵文选(甲)(96 小时)
3.三年级写作实习(一学期)(包括互相听课)</td><td colspan="2">杜甫诗
大一国文</td><td colspan="4">诗(十年)词(五年)乐府(二年)杜甫诗(三年)曹植、谢吴诗各一年,历代散文一年,大一国文十一年,上学期分任封建中期文学史韵文之部。</td></tr>
</table>

家庭情况

从抗战前到现在家庭经济情况(包括所有动产不动产及收支情况)的变化过程与原因和目前经济状况:
我一岁丧母,十岁丧父,便跟大哥到开封,于今三十几年,中间只回过一次家,住不到半个月,老家情形,并不清楚。田地本不多,大哥又卖了些,一九二八年大哥又死了,家也没分,现有一侄在家,过去是个二流子。一九四七年我在南昌教书时,已正式宣布和他断绝叔侄关系,根本不要那个家了。 我从高中到大学是堂叔供给的,研究院得老师(黄节)接济。 自一九三三年直到现在,都靠教书所得生活,抗战期间,在四川昆明曾用过不少朋友的钱,特别是一九四一年我被程匪天放解聘时,得到朋友大力帮助。 目前家庭经济情况已好转,因为爱人也在中学教书。

家庭成员

称谓	姓名	年龄	在何地何部门作何事	政治面目(过去和现在)	与本人的关系
妻	黄兼芳	37	青岛崇德中学教员	无党派	
子	萧光照	14	青岛四中初三学习		
子	萧光来	11	青岛寿光路小学五年级		
子	萧光乾	7	青岛崇文小学一年级		

学术研究生产建设、国防建设及其他方面的专长与技能	曾写过一些旧诗词
通晓何种外国文字,能否笔译(注明中文译外文还是外文译中文)、口译(有无实际经验)、阅读能力如何?现在学习何种外文,学了多久?程度如何?	英文学了不少年,因本行是中国古典文学,都丢失了。阅读能力有限,日文也学过一年,也早忘记了。

业务情况

曾领导或协助完成何种生产任务或建设工程,曾协助机关或生产部门解决何种实际问题。	
曾从事何种研究工作,有何种著作、译述(注明出版处所及时间,译述并应写出原书名及作者发现或发明。)	曾研究过乐府,写有《汉魏六朝乐府文学史》一书(1944年重庆中国文化服务出版社出版) 另外写过一些有关诗的乐府的零散论文(见1941至1946昆明版《国文月刊》)
现从事何种研究工作,今后计划如何?	现正加强马列主义、毛泽东思想的学习,研究工作只限于所任课程的范围,今后打算把旧诗的优点和新诗结合起来,并想编辑一部有关人民生活的历代风诗。

简 历

起讫年月	在何地何部门任何职务(包括学习)	主要工作及活动
1921—1923冬	开封留美预备学习	学习
1924—1925夏	南昌心远中学分校	学习
1925—1926夏	南京第一中学文科	学习。读过克鲁泡特金的无政府主义
1926—1930夏	北京清华大学中文系	一度参加c.y.,看了一些新小说,曾代表华北参加全国足球比赛
1930—1933夏	清华大学研究院	研究乐府(九一八填过一首“八声甘州”书愤)
1933—1936秋	青岛山东大学中文系讲师	教诗、词、乐府及国文
1936—1941秋	四川大学中文系讲师	教国文,曾拒绝加入国民党,骂国民党“党棍子”
1941—1946夏	昆明西南联大师范学院(在昆期间还兼教过几个中学,不备列)	副教授最后改教授,教诗词及散文,任“国文月刊”编辑,写定“汉魏六朝乐府文学史”一书及其他小论文,也写了一些旧诗见《饮河诗刊》。“二二一惨案”有《哭潘琰诗》二首。以“血染青天白日红”句触怒匪党,但也曾因伪《中央日报》特约写过两篇星期论文
1943—	兼东方语文专科学校教授	教国文
1944—	兼云南大学文史系教授	教诗
1944—	兼英语专科学校教员	教国文
1946年7月至1947年9月	南昌伪中正大学中文系教授	兼先修班主任。教杜甫诗、乐府及国文。1946年7月15至8月15日在庐山暑期讲习会讲古诗一个月。

续表

起讫年月	在何地何部门任何职务(包括学习)	主要工作及活动
1947年9月至1951年1月	青岛山东大学文史系教授	教诗选、杜甫诗及国文,1948年曾兼伪海军士官学校国文教官,解放后一贯参加政治学习。
1951年2月至12月	华北人民革命大学政研院	学习,任"熔炉"通讯组四班组长,得到甲等和乙等模范工作者的奖励。
1951年12月至1952年9月	青岛山东大学中文系教授	担任历代韵文(甲)、文学史(甲)一部,工会小组副组长。

"主要工作及活动"包括职务范围以内的主要工作(如教什么课程,从事何种研究、著作等)、政治活动及其他重要活动。填写时要具体、扼要。

(据山东大学档案馆藏《萧涤非档案》整理,整理者:吴奇颖、丁雪媛)

黄孝纾自传两种

黄孝纾自传两种

自传(一)

黄孝纾,字公渚,号颧士,笔名匑庵。年五十二岁(1900年生人)。福州市人,家籍山东,住青岛市观海二路三号。现任山东大学中国语文系教授、青岛市古物保管委员会委员。家庭成分系城市小资产阶级。上代皆在外省服官,因此我兄弟并生长北京、山东,未曾回到福建原籍,先父、先母、先兄、亡弟等,皆葬在本市公墓。

在我一辈,兄弟四人,连未出嫁两妹,共为六房。以无恒产,全家靠薪水所入共同负担,故亦无从分居。长兄、四弟故后,青岛全家生活遂由我这一房担负,住青人口计十四人。妻陆嬿,苏州人。弟妇刘希哲,九江人。妹黄琼,以多年痼疾未出嫁;黄玮,青年会缝纫学校毕业。子为宪,在人民银行文书上供职。为爵,石油公司会计。为詵,出嗣长房,在山大地矿系四年级肄业。女湘畹,在山大注册科供职,现为民盟盟员。靓宜,文德女中教导主任。黄达,山大园艺系四年级肄业。侄为儁,省立一中读书。侄女为健,江苏路小学读书。另有保母顾氏一人。三弟君坦,现居北京,系一公教人员,曾在教育、实业各部任秘书、参事等职。其子为佶,供职北京税务总局。为倬,在天津北洋工学院电机系四年级肄业。为伋,在东北某工学院肄业。

家庭及个人经济主要来源完全靠薪水,量入为出,勉强敷衍,如有婚丧大事,便须举债,或斥卖书籍,旧有书籍,现已所剩无多。六房公有小住宅一所,另有福山支路承租地一亩。

我的上代系读书人家,到了祖父时,因为做云霄厅同知,到任未三月逝世,死后,亏空累累,家遂破产中落。先父石荪,幼年因债务逼迫,出外谋生,靠教家馆为生活。在封建社会中读书人惟一出路是科举,先父亦不例外,辛苦挣扎,由秀才而举人而进士,光绪庚寅年入翰林,是时外患日迫,清廷政治日趋腐败,同榜中如文廷式、夏曾佑、廖平、蔡元培诸氏,思想皆趋向维新,因此我父亲亦具有政治改革思想,在御史任内,虽有敢言直谏之名,但为时代意识所限,亦仅属于改良主义,后因好直言,被亲贵排挤,外调徽州知府,后转青州、济南知府。辛亥革命去职,因福建原籍无产业,无家可归,遂流寓青岛,住了三年。我从小因体弱在家延师课读,因我的塾师后来在赫兰大学任教,因此也就进了该学校旁听了一个时期。一九一四年德日战争起,由青岛徙益都避乱。

一九一四年至一九二二年,皆在益都居住。家境非常艰苦,无力上大学,在家自修,同时开馆授徒,补助生活。那时治学是走的乾嘉汉学家的路子,对于东原戴氏、高邮王氏、元和惠氏诸人的书非常崇佩。思想因受廖平、康有为所著书影响,倾向大同。现在看来,可谓空想的社会主义。当时又研究词章,笃好汉魏六朝文,因为记忆力少时相当好,曾用《哀江南赋》韵做过一篇《哀时命赋》。其间正值五四运动,对于时局非常愤慨,希望政治有个改革。当时对于社会性质认识不清,不知资产阶级不能领导革命,反以北洋军阀攘窃革命成果,走向反动道路,认为国家是暴力机关,一切政治皆系为统治阶级服务,因此对于政治激起了厌恶之心,但愿有一技之长,做个自食其力的文人。在这时期因读书过劳,得了肺病及心脏衰弱病,经过一个休养时期方愈。

一九二三年至一九三六年,为就业住上海时期,担任南浔刘氏嘉业堂图书馆编辑职务,月薪从一百元至一百五十元,帮助整理图书,考订板本,编制藏书提要。张菊生、刘聚卿、董授经、朱古微、陈散原、罗雪堂诸氏,皆在该时所认识。因事无多,一九二七年即在正风大学中文系任教授,月薪二百元。一九三十年又在中国公学任教授,月薪二百二十元。一九三二年又任暨南大学中文系教授,月薪二百八十元,所教的是纯文学、韵文方面。并为商务印书馆编辑书籍,兼以卖画卖文维持生活。任中国画会会员,并与友人创办康桥画社。

当时军阀及国民党不愿学生过问政治,而愿学生研究脱离现实的文学。我因餬口适应需要,遂不知不觉走上纯文学的路子。又因经常和文艺界老辈往来,谈谈板本,鉴赏古物,写写诗词,无形中成了帮闲文学,连早日大同思想也冲淡了。

上海卖稿卖画生涯在一二八以前，收入尚不恶。到了一二八以后，上海经济市场受到帝国主义更重之压迫，普遍的表现不景气，即笔墨生涯，都受了影响。居停主人破产，迁住苏州。我也闹肿脚病，须易地疗养。又因这时我家久已迁居青岛，遂在一九三六年回岛，接受山东大学中文系聘书（月薪三百二十元）。

一九三七年芦沟桥事变起，北京先期沦陷，青岛战争空气紧张。便同梁漱溟之兄凯铭，拟往邹平避难。到了周村，得悉梁漱溟已先离开邹平，不得已携同老弱二十余口，狼狈折回益都，住了两个月。后悉青岛日侨撤退，沈鸿烈高唱保卫大青岛，林济青校长筹议山大恢复开学，我又回到青岛。

一九三八年一月十日，青岛沦陷。沈鸿烈先期溜走。日军登陆，治安不佳，尤其对于无职业知识分子，特别注意。人心惴惴不安。是时青、京交通恢复。董康得悉我家仍住青岛，来信言及汤尔和要恢复北京大学，希望旧山大教员到北京去。此时全家失业，人口众多，又因中央银行事先撤退，通货枯竭，在此不得已情形下，遂到了北京。那知北大文学院沙滩校舍因日军占住，一时不能恢复，家居旅馆，进退维谷。董康坚邀到其司法委员会任秘书。当此时期，不了解抗日战争局势，国共合作后，中共持久战策略起了骨干作用，只看见国民党军队节节败退，又从后方传来速战速决之妥协消息，遂认为国民党是无希望，终不免有战败构和之一日，又因司法委员会独无日本顾问，同事中多旧日文学界熟人，因此遂就秘书职务。因不懂法律，只好写写应酬文字，校刻古籍，在《法典》编纂委员会搜辑《清实录》各书中有关清代修订法律史料。因事清简，不须按时上班，同时友人瞿兑之让半个教书位置，遂在师范学院中文系任讲师，此为在师范任教开始。次年转女子师范学院任教。其后两院合并，改为师范大学，遂在师范中文系任教授，月薪四百五十元，一直到一九四五年春，始离该校，有本校李良庆教授可证。

一九四〇年春司法委员会解散，国学书院成立，第二院院长为瞿兑之，约我为导师及讲座。嗣以书院立案，伪教署未批准，不能成为正规学院，经费拮据，所有教员，多有兼差。我也于是年秋天兼内务总署秘书，后调参事，在礼制讨论委员会任编订冠婚礼仪工作。因事不多，时间多在国学书院及师大教书上。

一九四二年辞内务兼职，专任师大教授及北京大学文学院讲师，又因珍珠湾事件发生后,币制紊乱,生活日紧,售去青岛湖南路老宅,拟将全家搬住北京,以省开支,后因车路拥挤打消前议。

一九四五年春,艺术专科学校校长王石之他调,文教界及中画系教授黄宾虹诸人因我系中国画会及湖社画会理事,希望我去担任校务,遂以教授兼长校务(月薪五百五十元)。该校共中画、西画、陶瓷、雕塑四系。以往因校内不供宿舍,学生走读,负担颇重,学生人数日减。我到校后,始设法将学生迁入,维持一学期。日寇投降后,由临大第八班接收,我就到临大第二班教书,因第二班就是伪北大文学院。

在这阶段,一个素无生产手段靠薪水维持生活的人,由于家庭包袱所累,阶级意识模糊,误信反动派报纸和平虚伪宣传,更由于小资产阶级动摇性相结合,彷徨歧路,辛辛苦苦教书,想要保存一部分中国民族旧有文化遗产,在现在看来也是麻痹青年意识,为反动政权服务,不知不觉的执行了奴化教育,真是大误特误,对不起祖国和人民。在临大教了一年书,一九四六年遂返回山大,任中文系教授(月薪五百八十元),又在海校兼课。

我是旧社会腐蚀的一个人,有如堕入染缸,浑身尽是污点,一时是洗刷不净的。经过北洋军阀、国民政府、沦陷了八年方才得到曙光。看到共产党领导的人民政府新生,是万分幸运。军阀的混乱,是所痛恶,对于国民党之初期,尚认为比军阀较胜一筹,后来因为内战频仍,丧地辱国节节败退,认为无希望,尤其日寇投降后之劫收贪污,种种反动措施,走向北洋军阀老路,早决其必亡。至于中共,在未解放前受反动派宣传,对于党的本质,甚为模糊。但是一个城市小资产阶级出身的人,对于个人利益总是不肯抛弃,听到李立三路线、左倾破坏政策及反动派宣传,共产党是苏维埃式工农政府,知识分子不能存在一类话,是不能不存着顾虑。解放后,通过学习,渐明了中共本质,又经党史学习,看到毛主席纠正党的或左或右的偏向,从实践中得到正确路子(即马列主义与中国实际结合的毛泽东思想),不是硬套苏联式之社会主义,而是符合中国人民大众利益的新民主主义国家。两年来经济建设突飞猛进,使人深深佩服毛主席之伟大,而中国是有了前途。尤其对于统一战线团结四友政策,使我们从小资产阶级出身的人,感到今天能在这里学习改造,是受毛主席的赐予。

回顾以往,无一是处,缺乏正确的人生观,无斗争勇气,是一个小资产阶级气氛浓厚一个人。痛定思痛,觉今是而昨非,从今开始,我们文教工作者,应该全心全意的做毛主席学生，守自己岗位，做个螺丝钉，为人民服务，学习学习再学习，不多述了。

一九五一年九月二十日写于山大

黄孝纾

自传(二)

黄孝纾，字公渚，号颙士，笔名匑庵。年五十六岁。生于一九〇〇年八月。原籍福州市，寄籍青岛市。居住观海二路三号。现任山东大学中国语文系教授、青岛市古物保管委员会常务委员。家庭成分系城市小资产阶级。先代并公教人员，在外省服官多年，因此我兄弟皆生长北方，离开福建原籍，已有六十余年。先父、先母、先兄、亡弟，皆葬在本市公墓。在我一辈兄弟四人，连两个妹妹，一共六房，合组为一个大家庭，以无恒产，全靠做事的人，以所得工资，来共同负担家用，维持生活，故无从分居。长兄亡弟逝世后，青岛全家生活，归我这一房负担。妻陆嫣，苏州人，自幼父母双亡，贫寒出身。弟妇刘希哲，九江人，民主妇联学员，市南区居民委员会街道分会副主任，观海路补习学校副校长。妹黄琼，多年痼疾。次妹黄玮，青年会缝纫学校毕业，在家帮助料理家务。以上都在青岛居住。三弟君坦，久居北京，就养其子处，曾在北京教育、实业各部，任秘书、参事、司长等职，系一公教人员，过去从没有参加任何党派，现以卖稿为生。子女六人，长子为宪，人民银行职员，现派在合营银行储蓄部供职。长媳林曦，福建人，供职人民保险公司。次子为爵，南京石油公司会计。幼子为龙，出嗣长房，山大地矿系毕业，现供职北京科学院地质学院。次媳张梅芳，上海人，北京地质部职员。长女湘畹，辅仁大学毕业，青岛工学院注册科长，民盟盟员。次女靓宜，北京大学毕业，本市第八中学教导主任，民盟盟员，山东全省人民代表。三女黄达，山大农学院园艺系毕业，现任锦州农业学校教员。婿崔伟，宝应人，复旦大学毕业，也是锦州农校教员。侄五人，为佶，北京大学毕业，任职北京市税务局科长。为倬，天津北洋工学院毕业，现在南京某军事工厂供职。为伋，东北富顺矿校毕业，现在山西某煤矿任职。为儁，天津大学三年级肄业。侄女为健，青岛市第二中学肄业。孙二人，毓璋，一岁。毓琳，一岁。

家庭及个人经济主要来源，完全靠工资收入维持。由来已久。先父服官三十年,辛亥罢官归隐,宦囊不及乙万元。一部分是中兴煤矿及大源公司股票,一部分现金,存银行生息,维持全家生计。以故民初第一次来到青岛,无力购买住宅,赁屋而居。直到民国十五年后,第二次来青岛,由于我兄弟四人,皆有职业,收入有余,才变卖股票,腾出一部分钱并借了山左银行四千元购置湖南路五十一号住宅。在沦陷时间,通货膨胀,银行催欠款,家用也感拮据,才把湖南路老宅变卖,除还债外,另购入现住观海二路小住宅一所,作为全家栖止之所。又租赁福山支路公地一亩,预备日后人口增多分居建屋之用(一九五二年因缴不上地租退还房产局)。全家聚居青岛先后将近四十年,所余产业,只此六房共有住宅一幢。比因连遇婚丧事故,家中病人医药费用浩繁,而房保养修缮费,也无着落,乃由杂物等腾出平房一部分出租,月租廿六元,除弟妇两妹医药零用外,并补助一部分房屋修理费。

我出身封建官僚家庭。先世曾隶旗籍。祖父曾官云霄厅同知,因到任未及三月逝世,拖下亏空累累,家遂破产中落。先父幼年因债务逼迫,出外谋生,靠教家馆所得馆谷度日。在封建社会中,读书人唯一出路是科举,先父亦不例外,辛苦挣扎,由秀才而举人而进士,光绪庚寅入翰林。是时外患日迫,清廷政治日趋腐化,同榜中如文廷式、俞明震、夏曾佑、廖平、蔡元培、江标诸氏,思想皆趋向维新,因之先父亦具有政治改革思想。在御史任内虽有直言敢谏之名,但为时代阶级意识所限,亦仅属于改良主义。后因好直言,弹劾亲贵,被豪门排挤,外调徽州知府,放调山东青州知府、济南知府,署守道。辛亥革命去职。因福建原籍无田产,无家可归,遂挈全眷二十余口,流寓青岛,住了三年。我从小因体弱多病,在家延师课读。一九一四年,第一次欧洲大战开始,日德战争起,青岛卷入旋涡。全家避乱,遂内徙青州益都。从一九一四年至一九二二年,皆在益都居住。家境非常艰苦,无力上大学,在家自修。同时开馆授徒,补助生活。那时治学的方向,走的是乾嘉汉学家的路子,对于东原戴氏、高邮王氏、元和惠氏、金坛段氏诸人的书非常崇拜。思想因受廖平、康有为所著书的影响,憬憧大同,趋向空想的社会主义。同时又研究词章,笃好汉魏六朝文,因为少年记忆力相当好,好写辞赋和骈体文。其间正值五四运动,对于时局非常愤慨,希望有个改革,当时对于社会性质认识不清,不知资产阶级不能领导革命,反以北洋军阀攘窃革命成果,走向反动道路,认为革命是少数人夺取政权的阴谋手段,挂羊头卖狗肉,换汤不换药。国家机构是暴力机关,任何政治都是以暴易暴,谈不到什么民意民主。因此，对于政治起了厌恶的心情。只希望有一技之长，苟全性命于乱世，做个自食其力的文人。因此从事研究绘画、美术、篆刻、书法等等。在这时期，由于学习过劳，得了肺病及心脏病，经过一个时期休养，才获到恢复。一九二三年至一九三六年，为就业上海时期。担任刘氏嘉业堂图书馆编辑职务，和私人秘书，月薪从五十元至一百五十元。帮助整理图书，审核板本，编写提要，校勘古籍。张菊生、况蕙风、刘世珩、徐乃昌、董康、罗振玉、朱彊村、陈三立、郑太夷、陈仁先、程颂万、李审言诸氏，皆在该时认识。因事无多，一九二七年，即在正风大学中文系兼任教授，月薪二百元。一九三十年，又在中国公学中文系任教授，月薪二百廿元。一九三三年，又任暨南大学中文系教授，月薪二百八十元，所教的并属纯文学和韵文方面。并为商务印书馆编辑书籍，兼以卖画卖文维持生活，任中国画会会员，并与夏剑丞创办康桥画社。与朱彊邨、叶遐庵创办沤社词社、清词编纂处。当时军阀及国民党，不愿学生过问政治，而愿学生闭聪塞明，从事钻研脱离现实的文学。我为了餬口适应需要，遂不知不觉的走上纯文艺的道路，强调技巧，追求形式。躲在象牙塔里，自我陶醉，生活视野，局限于十里洋场中，文艺内容更显得空虚，连早日大同思想，也冲淡了。到了一二八以后，上海经济市场，受帝国主义严重的摧残和破坏，普遍表现不景气，即笔墨生活，也都受到了影响。居停主人破产，全家迁住苏州。我也闹肿脚病，须易地疗养。青岛是我全家根据地，遂在一九三六年回岛，接受山东大学林济青校长的聘书，任中文系教授，月薪三百二十元。一九三七年，卢沟桥事变起，北京先期沦陷，青岛战争空气紧张。便同友人梁漱溟之兄梁凯铭，拟住邹平避乱，携带老幼二十余口，到了周村，公路汽车中断，不得已中途折回益都，暂住月余，旋悉青市日侨撤退，沈鸿烈高唱保卫大青岛，林济青决议山东大学恢复开学，我又回到青岛。一九三八年一月十日，青岛沦陷，日寇军队上岸，治安不佳，尤其对于无职业的知识分子，特别注意，人心惴惴不安。是时青、京交通恢复，董康得悉我家仍住青岛，来信言及汤尔和要恢复北大，希望旧山大人员到北京去。此时全家失业，人口众多，又因中央银行事先撤退，通货枯竭，在此不得已情形下，遂到了北京。那知北大文学院沙滩校舍为日军占住，不允腾房，一时不能恢复。守居旅馆，进退维谷。董康坚邀到伪司法委员会暂住。以该会同事中多半是文学界的旧人，因此遂就伪司法委员会的秘书。以未曾学过法律，不懂条文，只好写写应酬文字和书牍，办理刻书事务，在法典编纂委员会,搜辑《清实录》中及各书中有关清代修订法律的史料,编纂《清法典》的一部分。因事清简,不须按时上班,同时友人瞿兑之让一伪师范学院教书的位置,遂在该校任讲师,担任文学史、目录学、词学、楚辞等课目。此为在伪师大任教的开始。次年转女子师范学院,其后两院合并,改为师范大学,遂在师范大学任教授,月薪四百五十元。一直到一九四五年春天才离职。一九四〇年春,伪司法委员会解散。已故汉奸王揖唐创办国学书院,自任院长,第二分院院长瞿兑之,约我到该院任讲师及讲座。嗣以国学书院立案伪教署未批准,不能成为正规学院,经费无着,所有教师,多有兼差。我也于这一年秋天兼伪内务总署秘书,后改参事。在礼制讨论委员会,任编订冠婚礼仪的工作。因事不多,时间多放在国学书院及师大教书上。在任秘书期间,庚寅辛卯年,两次派充高等考试华北分区临时评阅国文卷子的委员。一九四二年辞去内署兼职,专任伪师范大学教授及北大文学院讲师。适值珍珠湾事件发生后,币制紊乱,生活日紧,售出青岛湖南路老宅,拟将全家搬往北京居住,以节省两处的开支,后因车路阻碍,打消前议。一九四五年,伪艺专原任校长他调,悬缺经时,主持无人,文教界及画会黄宾虹诸人因我系中国画会及湖社画会理事,希望我去担任校务,遂以教授兼长校务,月薪五百五十元。该校分中画、西画、陶瓷、雕塑四系。以前因校内不供宿舍,学生走读负担重又不方便,以故学生人数日少。我到校后,始设法将学生迁入,维持一学期。日寇投降,由临大第八班接收。我就到临大第二班教书,因第二班的前身就是伪北大文学院。在这一阶段中,由于家庭包袱所累,阶级意识模糊,遂至丧失了民族立场。卢沟桥事变初起,没有认识到人民的力量,片面的看到国民党军队节节败退,汪伪政权也在那里宣传所谓和平,我也认为国民党的腐化是无希望,还不是依赖德英外交关系、变相的屈服讲和,因此存着苟全性命于乱世的心理,躲在北京比较安定的地区,靠着封建关系继续我的文教生活。回想过去,真是罪恶。傀儡政权系帝国主义奴役中国人民的工具,不管是什么机构,既然是里面成员之一,直接间接都是危害人民,在当时虽有保存国故国粹的主观愿望,实际上也是麻痹青年意志,为反动政权服务,执行奴化教育。在临大教了一年书。一九四六年,山大复校,遂又重新回到青岛,任山大中文系主任一年,同时又在伪海军学校任国文教授。

回溯我的一生,是个被旧社会腐蚀最深的一人。生长满清专制时代,经过北洋军阀、国民党、沦陷八年,方才得到曙光,看见共产党领导的人民政府的新生，是万分幸运的。三十多年虽然始终没有脱离文教工作岗位，但解放前所服务的对象，都是反动的。在这里我再谈一谈错误思想的根源。

主要的是浓厚的封建意识。我虽不是地主，没有参加任何反动党团，但是生长在封建官僚家庭，从小受封建教育的洗礼。先父是研究经学的，所谓正统文学思想，深入我的脑海，轻视白话文，看不起民间文艺。由于先父政治上受到打击挫折而退隐而灰心，希望我兄弟四人有一技专长，自食其力，鼓励我们搞冷门的封建糟粕的骈文化和脱离实际的诗词歌赋。正当五四运动转向低潮时期，有一部分文人，脱离革命战斗，走向反动，拿整理国故作掩护，引诱青年脱离实际，古典文学的死灰得到复燃。我正在上海和陈散原、朱古微、沈乙庵、罗雪堂、冯梦华、郑太夷、张菊生、吴缶庐、况蕙风一班遗老往来，受了他们的影响，从事做做诗词、开开画展、考鉴古物、辨别一些书画板本，在租界里过着散漫自由生活，做了帮闲文人。反动政府教育政策，为了利用封建糟粕脱离实际的文学来麻痹青年。我胡里胡涂的混入教育界，出卖古董货色，以变相的《文选》学披上美术文的外衣来教育青年，并写了十几种册子，由商务印书馆出版，放射封建文学的毒素。由于封建意识的浓厚，对现实不满，思想矛盾得不到解决，憧憬乾嘉经学大师的幸运和所谓太平盛世，便思想消极，受李虚中、万育吾诸人著书的影响，有宿命论的倾向。其间写了不少颓废文字和诗词，发表在《国闻周报》、《青雀》杂志、《艺文》月刊、《词学季刊》等等。并以这些灰色不健康的作品，向青年提倡，拉着走后退的路子。解放后，经过马列主义文艺理论的学习，开始认识了旧社会旧家庭予我的毒害，极力和旧思想在斗争，而残余的意识，或多或少的仍影响我的教学工作前进。在写作方面，初步认识人民文艺的伟大，开始学习写白话文，从事古典文的译释。这些点滴改造，当然是很不够的，但是在我的治学思想过程中，是一个新的认识。

其次，我的思想，又受有资产阶级的买办思想的影响。我不懂外国语，西洋资产阶级的教育，当然说不上能直接影响我，但是一个生长商业都市的人，从小长期居住北京、青岛，尤其在上海时间相当的久。过去十里洋场的上海是帝国主义经济侵略的据点，形成了投机取巧的特殊社会。我虽不是资本家，但来往的亲友多半属于资产阶级，耳濡目染，经常接触，不知不觉的沾上虚荣好面子的习气，崇拜西洋物质文明、生活方式，力求排场现代化，不习惯农村生活，家无恒产，而好撑空架子，以故不免有些浪费。一旦无事，经济便发生恐慌。年已望六,家中长物,不过廿余箱书籍和残余的少数碑帖字画。反映在治学方面,存有严重的名利思想,不面对大众,认为纯文艺观点是至高无上的,搞冷门货色,钻牛角尖,躲在象牙塔里,自我欣赏,强调技术观点,拿知识当作商品出卖,鉴订古物,搜罗板本,多少夹杂有"拜物教"的思想成分在内。教育青年,希望他们躲在书堆中,成为专家,做我的声光。这样半殖民地的买办思想影响我一生治学和教学,假使不通过学习,没有马列主义做我的指南针,怕要迷惑一辈子了。在"三反"思想改造中,我曾痛心的批判,但是旧意识旧思想的作祟,不断在暗中萌动,以后仍须时时刻刻的提防,加倍的警惕。复次我的小资产阶级的自由主义,也是非常浓厚的。这次肃反运动,胡风文件学习中,检查我的思想,最使我感到予敌人以可乘之机的,是自由主义。这是我小资产阶级意识突出的表现,也是与我家庭出身分不开的,我十八岁当家庭教师,后来到上海和住居租界中做名士的遗老们往来,做的是半自由的职业,生活散漫惯了,好逸怕劳。教书总抱一种合则留不合则去的态度,凭主观看问题,凭兴趣教学,不看对象,不考虑进程,当然谈不到集体教学和计划性。解放后经过学习,认识以往的错误,在生活上不断的检查自己,极力克服散漫作风。而在教学方面,认识苏联先进经验集体教学的优越性,开始对于讲稿讨论感到蹩扭,组员提供意见,也感到不愉快,对向他人提意见,也多顾虑不大胆,经过三年时光,逐渐克服。教学方法上,有些改进,同学意见也比以往较少。每学期终了,也有较完整的讲稿。这是近年来在教学过程中,与自由主义斗争的情况,但是做的还很不够的。又如政治警惕不够高,保密工作不够重视,尤其严重的是不分是非,从假象上看人。具体表现是在这次斗争潘颖舒过程中,开始认为潘颖舒可能也是一个自由主义者,问题不会太大,经过几次同人的揭发,乃始纠正了右倾思想。又从烧信一点证明,他确是吕荧一员大将,这也充分说明我的小资产阶级自由主义的思想在暗中作祟。

总结我的主叶思想,是腐朽的封建思想,其次杂有资产阶级买办思想和小资产阶级意识的成分。当然与无产阶级工人思想有些距离。解放后,在学习中自我改造,认识了我的腐朽本质,初步树立了马列主义的人生观,这在我是个新的收获。生幸在毛泽东时代,解放不久的短短六年,经过土地改革、镇压反革命、"三反"、"五反"、思想改造,一系列的政治性的运动。《宪法》公布,人民政权更进一步的巩固,第一个五年计划,开展不到三年。在李富春副总理《国家在过渡时期总任务报告》中，不论工业、农业、商业、运输、文化、教育方面都有突飞猛进的成绩，成渝、宝成、甬新、丰沙等铁路的施工和导淮、导黄、官厅水库的建设，和三门峡水电厂的设计，并有显著的成就。人们在总路线灯塔照耀下，大踏步的向社会主义社会迈进，我以一个旧社会渣滓的知识分子，滥竽文教界，使有机会跟从学习改造，是十分荣幸的。几年来在毛泽东文艺政策方向下，从事教学改革，点点滴滴，有些新的收获，不能不感谢党的领导和培养。劳保条件公布，工作人员生活有了保障。以往旧社会文教工作者每到学期终了担心失业恐慌的情况，已成过去的历史。安心工作，使得人们欢欣鼓舞的，树立为人民服务的观点和主人翁的态度的思想。我的家庭，除有一部分亲属尚未找到职业，尚须由我负担外，子女六人，在党的培养和教育下，都走上工作岗位，有的是团员，有的是盟员，都能自立。我虽老病，面对这一现实，也鼓舞了我。以后要在本工作岗位上，尽我一知半解，舍旧图新，从事科学研究，更好的配合教学工作，为人民服务。这是我的一点信心，仍须在不断学习中，锻炼自己，提高自己，坚定阶级立场，肃清一切唯心主义思想，发挥一个螺丝钉的作用，更好的为新社会贡献力量。

一九五五年九月二十八日写于青岛山东大学

黄孝纾

（据山东大学档案馆藏《黄孝纾档案》手稿整理，整理者：李振聚）

高等学校教师登记表(黄孝纾)

高等学校教师登记表

学校名称　山东大学
系别职务　中国语文系教授
姓　　名　黄孝纾
填写时间　1952.9.6

中央人民政府教育部制

高等学校教师登记表

姓名							
现名	黄孝纾	系别及级别		中文系教授		月薪	248(工资)
原名		性别	男	出生年月	1900.8.23	家庭出身	资产阶级
曾用名		民族	汉	宗教		个人成分	教授

籍贯	福州市	健康状况	曾患肺病及心脏病

通讯处(现在)	青岛观海路三号甲　(永久)
现为何党派团体任何职务,在人民政府任何职务(时间)	文教工会会员(1949) 中苏友好协会会员(1949)
解放后曾参加何种政治学习(包括校内的、校外的、经常的和特别的)	参加本校工会小组政治大课夏令学园等学习

教学年限	教授	副教授	讲师	讲员(教员)	助教	共计	其他
	15		3			18	

最后学历		
	国内	
	国外	

担任课程	现在担任课程(包括两学期,并注明讲课及指导实习,讨论时数)	可能担任课程	过去曾担任的课程(注明年限)
	文学史(甲)讲课 72 小时 散韵文选 72 小时	楚词 目录校勘学	曾担任汉魏六朝文,读书指导,目录学,诗词选,专集研究十年以上。

学术研究生产建设、国防建设及其他方面的专长与技能	
通晓何种外国文字,能否笔译(注明中文译外文还是外文译中文)、口译(有无实际经验)、阅读能力如何?现在学习何种外文,学了多久?程度如何?	

业务情况

曾指导或协助完成何种生产任务或建设工程,曾协助机关或生产部门解决何种实际问题。	
曾从事何种研究工作,有何种著作、译述(注明出版处所及时间,译述并应写出原书名及作者发现或发明。)	平生治学多厚于考据辞章及故籍的整理。著有《匑厂文集》《碧虑商歌》(1933年江宁蒋氏湖上草堂丛刊印行)《周秦金石评注》《两汉金石文评注》《晋书研究》《玉台新咏评注》《欧阳修文选注》《黄山谷诗选注》《钱牧斋文评注》。以上并抗战前商务印书馆出版。《嘉业圄明板方志提要》《汉魏六朝文学史》1935年潜志堂印行,《六朝文榷》《词范》1938年印行,《颐水室书画考》《天问达诂》1943年印行。
现从事何种研究工作,今后计划如何?	今后努力学习马列主义及毛泽东文艺方向的理论,搞好教学工作,加强古典文学教学小组的组织和计划性,完成集体教学的方针和任务。

家庭情况

从抗战前到现在的家庭经济情况（包括所有动产不动产及收支情况）的变化过程与原因。 目前经济情况：
我生长一个封建没落官僚家庭，原籍福州市，无田产，自幼流寓山东青岛。已故的父亲退休后全家经济来源靠我四人做公教人员以薪金所入维持生活。抗战前在本市南路置有住宅一所，在沦陷期间因物价改动，薪水难以维持生计变卖出售，另置一较小住房为我兄弟姐妹六人共有，即现在观海二路三号住宅。全家食指浩繁，长期住在青岛市里除书籍外毫无积蓄。但在解放前后我及子女始终未脱离职业，现在全家子女主参加工作者将近十人，量入为出，因此家庭经济状况较以往无多大变化。

家庭成员

称谓	姓名	年龄	在何地何部门作何事	政治面目 （过去和现在）	与本人的关系
妻	陆嫕	35	料理家务	拥护共同纲领	
子	为宪	32	青岛人民银行职员	拥护共同纲领	
子	为爵	30	徐州石油公司会计股长	拥护共同纲领	
女	为龙	24	山大毕业正候组织分配	拥护共同纲领	
女	湘畹	33	山东大学注册科职员	拥护共同纲领	
女	靓宜	28	青岛文德中学教导主任	拥护共同纲领	
女	黄达	22	山大毕业正候组织分配	拥护共同纲领	

简　历

(从十六岁起依次详细填写并分别插入各时期兼职。未工作学习时间也请列为一项,加以说明。)

起讫年月	在何地何部门任何职务(包括学习)	主要工作及活动※
1912 春至 1914 秋	青岛从薛淑周教授治学	学习
1915 春至 1922 冬	在益都任家庭教师	教学兼卖文生活
1923 春至 1936 春	上海嘉业图书馆秘书	编辑提要改订校本
1927 秋至 1928 夏	上海正风大学教授	担任读书指导、韵文选等课程
1930 夏至 1931 夏	上海中国公学教授	担任词选、诗选、《文心雕龙》等课程
1932 秋至 1934 夏	上海暨南大学教授	担任文学史、汉魏六朝文、诗选等课
1936 秋至 1937 冬	青岛山东大学教授	担任目录学、汉魏六朝文、词选等课
1938 秋至 1942 秋	北京伪师范学院讲师教授	担任目录学、词选、汉魏六朝文等课
1942 秋至 1945 春	北京伪师范大学教授	担任目录学、词选、汉魏六朝文等课
1938 春至 1940 春	北京伪司法委员会秘书	编纂清代法典兼管文牍
1940 春至 1944 冬	北京国学书院讲座,导师	担任经学、词学、目录学、骈文等课
1940 秋至 1942 冬	北京伪内务总署秘书,参事	在礼制讨论委员会办事
1945 春至 1945 秋	北京艺术专科学校教授兼校长	维持校务一学期
1941 秋至 1945 秋	北京伪北大文学院讲师	担任楚辞、骈文等课
1945 秋至 1946 秋	北京临时大学第二班讲师	担任楚辞、骈文等课
1946 秋至 1952 秋	青岛山东大学教授	担任读书指导、目录学、词选、散文选、文学史

续表

1947 秋至 1949 春	青岛海军学校教官	担任国文
1949 秋至 1952 秋	青岛市古物保管委员会委员	鉴定古物书籍字画

“主要工作及活动”包括职务范围以内的主要工作(如教什么课程,从事何种研究、著作等)政治活动及其他重要活动。填写时要具体、扼要。

(据山东大学档案馆藏《黄孝纾档案》整理,整理者:吴奇颖、丁雪媛)

文科教授、副教授业务小传

（山东大学教务处编，1982年山东大学油印本）

文科教授、副教授业务小传

（山东大学教务处编，1982 年山东大学油印本）

山东大学

教务处

文科副教授业务小传

自 82 年 7 月 日起至 年 月 日止

文书处理号： 卷内共 102 张 保管期限：永久

山東大學

副教授業務小傳

（文科）

教務處

一九八二年七月

目　　录

～2～

～3～

中 文 系

〔袁世硕〕 男 1929年11月生 山东省兖州县人 出身于城市贫民家庭 个人成份学生 工资级别为高教七级 业务专长为中国古代文学 重点是元明清文学 现为山东大学中文系副教授 中国古典文学教研室主任 兼任中国红楼梦学会理事 山东省文联第四届委员会委员 文史哲编辑委员会编委。

主要学历及工作经历：

1949年6月～1950年底 华东大学学生

1951年春～1953年7月 山东大学中文系学生

1953年9月～1956年6月 山东大学中文系助教

1956年7月～1978年5月 山东大学中文系讲师

1978年起 山东大学中文系副教授

教学工作情况：

自1955年起担任中国文学史元明清部分的教学工作，讲授比较熟练，教学效果良好。先后编写了《明清文学史讲义》（本校铅印）《中国古代文学作品选》下册（山东人民出版社出版）。曾开设《聊斋志异研究》、《韩愈柳宗元散文选》、《红楼梦研究》等选修课。

1962年曾协助冯沅君教授辅导研究生。现独立培养元明清文学专业研究生。

科学研究简况：

二十多年来，从事中国元明清三代文学的研究。科研能力较强。能独立解决古典文学研究中的一些问题，有些问题有一定的创造性。

重要论著有：

孔尚任年谱 山东人民出版社 1962年出版。

试论洪升及其剧作《长生殿》，《文史哲》

～28～

1954年第9期

试论《三国演义》中的曹操

《山东大学学报》1959年第2期

关于文学史著作编写问题的刍见

《人民日报》1961年5月3日

漫谈孙悟空形象及《西游记》的社会意义

《山东大学学报》1961年第1期

中国文学史上的浪漫主义问题

《山东大学学报》1962年第2期

红楼梦在中国现实主义文学发展中的地位

《山东大学学报》1963年第1～2期

谈《三国演义》中的关羽

《文学评论》1965年第6期

明嘉靖本《三国志演义》乃元人罗贯中原作

《东岳论丛》1980年第3期

论《红楼梦》的现实主义

《文史哲》1982年第1期

此外，曾先后参加《中国历代诗歌选》下编（人民文学出版社1979年出版）、《杜甫诗选》（人民文学出版社1980年出版）的注释、修订工作。

1979年起主持蒲松龄研究室，主编《蒲松龄研究集刊》，发表论文有：

蒲松龄与张笃庆《柳泉》1980年第2期

蒲松龄与王士祯《文史哲》1980年第6期

铸雪斋和铸雪斋抄本《聊斋志异》《蒲松龄研究集》第1辑

～29～

〔董治安〕　男　1934年7月26日出生　江苏省徐州市人　家庭出身地主　本人成份学生　业务专长中国古典文学　工资高教9级　现任山东大学中文系古典文学教研室付教授、付主任　曾学过英、俄、日语，因长期不用，大都遗忘。

一、学历及工作经历：

1952年9月～1956年8月　山东大学中文系读书

1956年9月～1979年10月　山东大学中文系助教 讲师

1979年10月提升为付教授

曾任：系科学研究秘书、校、系学术委员会委员，《文史哲》杂志编委等职。

二、历年来担任教学工作情况：

曾主讲先秦两汉文学史《诗经》、《楚辞》、《史记》等专题以及南北朝、隋唐文学等课程。1980年下半年给留学生上过先秦至隋唐文学专题课。教学经验丰富，效果好，曾被同学评为优秀教师。

曾参加编写过：

《中国人民文学》　中华书局1959年4月出版试行本

《毛主席诗词讲解汇编》　（山东大学铅印教材）

《商君书选注》　山东人民出版社1974年

《商君书新注》　山东人民出版社1975年

《大学语文》　华东师大出版社1981年出版

《杜甫诗选》　人民文学出版社1980年出版

三、该同志科研能力较强，历年来除参加集体科研项目外，并有个人专著和论文20余篇。

～30～

《上古神话》与高亨合著，1963年中华书局出版

《中国古代文学作品选》 执笔先秦两汉部分

1978年山东人民出版社出版

《鲁迅与电影》与张伯海合作 1956年10月《大众电影》

《说晏子与春秋》 山东大学学报（语言文学版）

1959年第4期

《略谈〔鸿门宴〕的人物和情节》与颜学孔合作

《语文教学》1960年2月

《辛弃疾》《大众日报》1961年5月14日

《与吴则虞先生谈晏子春秋的时代》

《文史哲》1962年第2期

《孟子》《大众日报》1962年2月14日

《孔子与周易》与高亨合作《文史哲》1962年第6期

《关于周易哲学辨证法因素的两点意见》

《文史哲》1963年3期

《关于古典文学在今天的现实意义的几点理解》

<山东大学学报〈社会科学版〉1964年1期

《孔子的教学态度与教学方法》

1962年山东历史学会第二次孔子讨论会

印发

《十大经初论》与高亨合作《历史研究》1975年2期

《坚持历史主义，坚持阶级分析》

《文史哲》1977年3期

《杜甫评论中的几个问题》

《文史哲》1978年4期

《批判还是奉行》集体写成，执笔人之一

～31～

《红旗》１９７６年４期

《孟子的仁政思想及其在中国文学史上的影响》

与王培增合写《文史哲》１９７８年６期

《一本值得重视的易传新注》

《出版通讯》１９８０年１期

《重读＜汉文学史纲要＞》《文史哲》１９８１年４期

〔牟世金〕　男　１９２８年７月生　家庭出身城市贫民　本人成份学生　四川省忠县人　专业特长：中国古代文论和魏晋南北朝文学　工资：高教１１级　现任：山东大学中文系古典文学教研室付教授。

一、学历和工作经历：

１９４８年１２月　四川省立万县师范毕业

１９４９年１月～１９４９年１２月　四川忠县南宾中学任教员

１９５０年１月～１９５０年６月　四川万县军政大学学习

１９５０年８月～１９５５年５月海军青岛基地军械处组织计划科当统计员

１９５５年６月～１９５５年１２月　山东药材公司办事员

１９５６年１月～１９５６年８月　山东供销合作总社主任办公室办事员

１９５６年８月～１９６０年８月　山东大学中文系学习

１９６０年８月～１９８０年１０月　山东大学中文系助教、讲师

1 9 8 0 年 1 0 月至今　山东大学中文系付教授

兼任职务：毛主席诗词研究会委员

中国古代文论学会理事　《古代文学理论研究》丛刊编委

二、历年来讲授的主要课程：

汉魏六朝文学史，毛主席诗词，文心雕龙选讲等课程，教学效果良好。

参加集体编写的教材有：

中国古代文学作品选（1 9 8 0 年山东人民出版社）

毛主席诗词浅释（1 9 7 2～1 9 7 4 年山东人民出版社出 1～3版）

杜甫诗选（1 9 8 0 年人民文学出版社）

三、该同志历年来对中国文学中魏晋南北朝、文心雕龙有较深入的研究。先后发表了专著，论文多篇受到国内文学史的重视和好评，文心雕龙方面的文章还有独到之处，为文心雕龙的研究作出了一定成绩。

已出版的著作有：

文心雕龙选译（山东人民出版社 1 9 6 2 年出版上册，1 9 6 3 年出版下册、与陆侃如合写）

刘勰论创作（安徽人民出版社 1 9 6 3 年，与陆侃如合写）

刘勰和文心雕龙（上海古籍出版社 1 9 7 8 年，与陆侃如合写）

文心雕龙译注（齐鲁书社 1 9 8 1 年出版上册，与陆侃如合写）

文学艺术民族特色试探（齐鲁书社 1 9 8 0 年出版）

中国古代文艺理论资料目录汇编（诗文小说部分。齐鲁书社 1 9 8 0 年）

公开发表的论文有：

～3 3～

陈子昂诗风初探(山东大学学报1961年第4期)
钟嵘的诗歌评论(文学评论1962年第2期)
近年来《文心雕龙》研究中存在的几个问题
(江海学刊1964年第1期)
曹操为其法治路线服务的诗歌创作
(文史哲1974年第4期)
评梁效《杜甫的再评论》(文史哲1977年第3期)
评新版《中国文学发展史》(文学评论1978年第2期)
古代文论家刘勰 (大众日报1978年7月23日)
从文与道的关系看儒家思想在古代文学发展中的作用
(文史哲1978年第6期上,1979年第1期下)
景无情不发,情无景不生(学术月刊1979年第7期)
中国古代文学艺术的形神问题 (文学评论1980年第1期)
诗学之正源,法度之准则 古代文学理论研究丛刊第1辑
《文赋》的主要贡献何在?(文史哲1980年第1期)
墨家的"贱民"文学观 (文艺理论研究1980年第2期)
刘勰论文学欣赏 (社会科学战线1980年第4期)
杜甫的《春望》(浙江师院教学与研究1980年第7期)
刘勰的文学批评论(辽宁大学欣赏与评论1980年试刊第1期)
刘勰思想三论 (文史哲1981年第1期)
《文心雕龙》的总论及其理论体系
(中国社会科学1981年第2期)
刘勰的"论文叙笔"(东岳论丛1981年第2期)
~34~

《文心雕龙》成书的历史条件和作者思想
（齐鲁学刊1981年第2期）
释“乌会通”（南开大学学报1981年第2期）
意得神传，笔精形似（古代文学理论研究丛刊第3辑）
刘勰论“图风势”（文学遗产1981年第2期）
刘勰的诗歌理论 （文学知识1981年第2期上，第3期下）
刘知几对古代文论的新贡献 唐代文学1981年第2期）
从刘勰的理论体系看风骨论 （古代文学理论研究丛刊第4期）
《文心雕龙》创作论新探
（社会科学战线1982年第1期上，第2期下）
文章得江山之助 （文苑纵横谈，第2期）

【狄其聪】 男 1933年2月生 江苏省溧阳县人 家庭出身地主 本人成份学生 工资高教9级 业务专长：文艺理论 现任山东大学中文系付教授、文艺理论教研室主任

一、主要学历和工作经历：

1952年9月～1956年7月 山东大学中文系学习毕业

1956年9月～1979年9月 山东大学中文系助教
讲师

1979年10月～至今 山东大学中文系付教授

兼任：文艺理论研究会会员。
马列文艺论著研究会会员

～35～

二、在教学工作方面认真负责，能较熟练地开设文学概论，毛泽东文艺思想，马列文艺论著选读，美学、文艺理论专题等课程，教学效果良好。

并参加编写《文艺学新论》教材

一九七九年九月　　与周来祥付教授合招文艺理论与美学研究生八名。

三、该同志具有较高的科研能力，有一定成绩，所写关于形象思维问题的几篇论文水平较高，在学术界有一定影响，历年来发表的论文有：

《关于歌颂和讽刺》　1957年12月8日青岛日报

《形象思维和逻辑思维》　1957年草地增刊

《关于形象思维问题》　1958年新建设第5期

《批判罗卡契在世界观与创作关系问题上的谬论》

1960年山东大学学报3～4期

《试论艺术性的概念》　1961年山东大学学报第3期

《对文学典型的思考》　1963年文史哲第3期

《关于典型问题的讨论》　1963年文史哲第4期

《关于作家选择题材的自由》　1978年文史哲第1期

《形象思维散论》（与吴富恒合写）

1978年文史哲第2期

《论文艺真实性的特点》1979年山东文学第10期

《关于现实主义的写真实原则》

文艺论丛第12辑

《艺术创作中的情感问题》　1981年文史哲第3期

～36～

〔孟广来〕　（曾用笔名孟浩）男　1926年4月生

天津市人　家庭出身职员　本人成份学生　工资高教8级　业务专长：中国戏剧研究　现任山东大学中文系付教授　曾学过英语，现在只能看一般资料

一、主要学历和经历：

1949年6月毕业于上海中国新闻专科学校

1949年7月～1951年5月华东大学、山东大学中文系学习

1951年5月～1979年留校工作、助教、讲师

1979年10月至今　山东大学中文系付教授

曾参加：中国戏剧家协会　山东分会会员，当代文学学会会员。

二、历年来的教学和科研工作：

曾主讲：中国当代文学史　中国戏剧研究

编写了：中国戏剧研究，当代文学资料汇编，并参加编写了中国当代文学史（集体）等教材。

教学效果好，曾被同学评为优秀教师。

有独立科研的能力尤其在戏剧史和戏剧理论方面有较深入的研究先后发表的主要论文有：

读《笠翁曲话》扎记　山东大学学报1961年4期

戏剧的情节和性格　山东大学学报1963年4期

读《万水千山》的结构　山东大学学报1962年4期

深刻的主题，光辉的形象　文史哲1964年2期

两种知识分子典型的鲜明对比　文史哲1964年2期

热烈欢呼京剧的革命化和群众化　文史哲1964年4期

笔谈学习毛主席诗词十首　文史哲1964年1期

～37～

历史剧漫议　　文史哲1979年5期

老舍评传节选　文史哲1980年4期

老舍传略试编　教学与研究80年2期

看戏与谈戏　山东戏剧通讯二辑

蒲松龄研究概况　蒲松龄集刊第二辑

中国当代文学史(合编)　山东人民出版社

柳青研究资料集(主编)　福建人民出版社

刘白羽研究资料集(主编)　解放军文艺出版社

鲁迅《故事新编》学习研究资料集(合编)山东大学印刷厂

茅盾研究资料集(主编)　山东大学印刷厂

〔周来祥〕　男　1929年8月　山东省高青县青城公社人　家庭出身中农　本人成份学生　业务专长:美学和文艺理论　工资:高教8级　现任山东大学中文系付教授　曾学过英语和俄语。

一、学历和工作经历:

1949年6月～1950年7月　华东大学社会科学四部学习

1950年8月～1953年8月　华东大学文学系　山东大学中文系学习毕业

1953年9月～1955年1月　沈阳二十六中学教师

1955年2月～1956年8月　沈阳中学教师进修学院

～38～

沈阳师范学院中文系教员

1956年9月～1966年5月 山东大学中文系助教 讲师

1966年6月～1978年8月 山东省艺术学校讲师

1978年9月～1980年10月 山东大学中文系讲师

1980年10月至今 山东大学中文系付教授 美学研究室主任

1958年加入中国作家协会山东省分会，任文学评论委员会委员

1979年加入中华全国美学学会任理事，并担任学会会刊《美学通讯》编委。

1981年11月任山东省美学学会筹委会付主任，兼秘书长。

1981年12月任山东省社会科学联合会委员

1979年6月加入全国高校美学学会任理事

1978年加入全国高校文艺理论研究会

1978年加入全国马列文论研究会

1979年加入中国作家协会

1978年加入全国古代文论学会

二、历年来讲授课程：

文艺概论、文艺理论专题研究、马恩列斯论文艺、马克思主义经典文论选、当代文艺思想史、隋唐文学史、美学等。

1958年参加山东大学中文系《文艺学新论》的编写和全书统一修改工作。

1961年～1963年参加高教部在北京组织《美学原理》教材的编写工作。

1979年参加山东大学中文系《中国古代文艺理论史》的编

写工作，担任编写组组长，合编完成《古代文艺理论资料目录索引》，已由山东齐鲁书社出版。

1980年担任《东狱论丛》编委。与另一同志合编《鲁迅文艺思想资料编年》150万字，分五册刊印。

三、公开发表的著作和论文有：

著作：《马克思列宁主义的美学原则》，1957年湖北人民出版社出版

《乘风集》（美学和文艺论集》1959年上海新文艺出版社出版

《学习鲁迅文艺思想》（合写）1978年山东人民出版社出版

论文：《关于美学的对象》　山东大学学报1962年6月号

《我们时代的美是对立的和谐统一》（东狱论丛）1980年3期

《午台上的真、善、美》　新建设1961年9月号

《艺术的形式美》　光明日报1962年1月18日～19日

《悲剧范畴和社会主义的悲剧艺术》　美学1980年2期

《妙在有意与无意之间——谈审美活动和艺术创造的主要特征》江汉论坛1981年6期

《审美情感与艺术本质》　文史哲1981年3期

《形象思维的科学根据》　《形象思维讨论集》1979年吉林人民出版社出版

《文艺不是一种特殊的工具吗？》山东大学文科论文集刊1980年出版

《马克思、恩格斯论现实主义和浪漫主义》

～40～

山东大学学报1962年12月

《革命现实主义和革命浪漫主义相结合解决了文学和现实的矛盾》 山东大学学报1959年5月

《更典型更理想法》 山东文学1959年5月

《艺术欣尝活动中的主客观关系》

山东大学学报1962年12月

《谈文艺的共鸣问题》 山东大学学报1961年9月

《诗歌中的比兴问题》 广阔天地丛刊1978年2期

《马克思关于艺术生产和物质生产发展的不平衡规律是否适用于社会主义文学》 文艺报 1959年2期

《反对美学中的修正主义》新建设 1958年1月

《批判资产阶级的战斗檄文》 济南文艺 1977年6月

《驳四人帮所谓文艺黑线的两源论》

《山东文艺》1978年7月

《反写真人真事论与反经验主义为纲》

青岛文艺 1977年2期

《鲁迅对假革命的彻底论和十全十美论的批判

济南文艺 1977年6月

评《烈火红心》 文史哲 1958年12月

评《何心的水浒研究》 文史哲 1956年9月

评《闪闪的红星》 大众日报 1973年3月

《是古典主义，还是现实主义》

——从意境说看中国古代美学和古代文艺理论的性质和特点

文学遗产1980年4期

古典主义、浪漫主义、现实主义三大美学的分歧

~41~

——再论我国古代美学和古代文艺理论的性质和特点

《艺文志》第二期

《东方和西方古典美学理论的比较》

江汉论坛　1981年2期

《中国古典美学和古典文艺理论的奠基石》

文艺理论研究　1981年1期

《乐记的作者和成书的年代》

活页文史丛刊　1981年120号

《不着一字，尽得风流一论司空图的美学思想》

古代文论研究　1980年2期

《沧浪的美学思想》　光明日报　1962年8月

该同志教学效果好，具有较高科研能力，公开出版的有三本著作和发表的论文达30余篇。从事美学研究突出，在学术界有一定影响。

〔马松亭〕　（笔名：马竹邨、竹邨、梅村）　男　1924年农历8月26日生　吉林省吉林市人　家庭出身：小摊贩　本人成份学生　工资高教7级　业务专长：汉语语法修辞　汉语语法学史　现任山东大学中文系副教授、语言研究室副主任　曾学过日语、英语　能阅读日文专业书刊。

一、主要学历和经历：

1940年12月吉林第二国民高等学校毕业

1941年3月～1945年8月考入伪吉林地方检察厅任委

～42～

任官试补、书记官，担任收发、记录工作。

1945年9月～1946年3月在吉林师大马成骏教授办的数理化补习班，准备升学。

1946年4月～1949年8月先后在吉林大学、东北大学学习。

1949年9月～1949年12月参加东北人民政府高中语文教师采用考试合格，分配到东北人民政府教育部办的中学师资部语文研究班学习业务。

1950年1月～1954年8月调任中共中央东北局机关学校语文教师兼语文教研组组长。

1954年9月～1979年9月调任山东大学中文系讲师先后兼任语言学教研室副主任、现代汉语教研室主任。

1979年10月至今 任山东大学中文系副教授，兼语言研究室副主任。

二、该同志对教学工作认真负责。历年主讲的课程有《现代汉语》、《语文和写作》、《汉语语法修辞专题》、《汉语语法学史》

1955年～1956学年指导三名现代汉语研究生学习汉语词汇。

1961～1962学年指导两名现代汉语研究生（包括一名在职研究生）学习汉语语法。

1978～1979学年给七名现代汉语研究生，十二名古代汉语研究生讲授《汉语语法学史》，并指导他们学习语法理论和汉语语法专著

三、曾从事汉语语法修辞的专题研究。历年出版的著作有：

《现代汉语语法》 山东人民出版社 1960年出版

1973年修订本出版。

《汉语语法修辞》 山东人民出版社 1981年出版。

《学习字典》（合编） 山东人民出版社 1974年出版。

〔葛本仪〕 女 山东省潍坊市人 1933年2月出生在青岛市 家庭出身资产阶级 本人成份学生 业务专长：现代汉语 工资级别：高教9级 现为山东大学中文系现代汉语教研室付教授任教研室付主任。学过俄语，现借助字典可以阅读语言理论方面的书刊。

一、学历和工作经历：

1951年9月～1955年8月在山东大学中文系学习

1955年9月～现在 在山东大学中文系工作

开始任助教，1961年提升为讲师，1980年10月提升为付教授。

1980年参加山东省语言学会任理事。

二、历年来教学工作情况：

开设的基础课有：语言学概论，现代汉语语法，现代汉语的词汇部分，汉语与写作。

开设的选修课有：现代汉语词汇研究。

另有为研究生讲授和辅导过语言理论部分

编写的讲义有：《语言学概论》、《现代汉语》的绪论，词汇、

～44～

修辞等部分。另有《现代汉语词汇研究》讲稿，《语言理论》讲稿（研究生用）。

三、科研工作情况：

参加过《汉语大辞典》的编写工作（参加时间约二年半）。

参加过《学习字典》的修订工作。

参加过高校协作教材《现代汉语》的编写工作，（黄伯荣主编本）。

目前正进行汉语造词和构词、汉语词义等问题的研究。

历年来出版的著作有：

《现代汉语词汇》1961年出版，先后四次印刷 1975年又重新修订出版。以上均由山东人民出版社出版。

《句法构词与逻辑》见《山东大学文科论文集》1980年2期

高教协作教材《现代汉语》 1979年由甘肃人民出版社出版

《学习毛主席论文风的一些体会》（与寥国兴合写）见《山东大学学报》 1960年2期

《对"语言学引论"课程改革的意见》（与贺绍兰合写）见《中国语文》1959年2月号

该同志在汉语词汇和普通语言学方面有较深入的研究，担任课程认真尽力，效果良好。所发表的论著、反映良好。

～45～

〔钱曾怡〕　女　1932年2月生　浙江省嵊县长乐镇人　家庭出身地主　本人成份学生　工资高教9级　业务专长：中国现代汉语、汉语方言。现任职务：山东大学中文系付教授　山东省语言学会理事　全国汉语方言学会理事　曾学过英、俄二种语言，因长久不用已大部遗忘。

主要学历和经历：

1952年9月～1956年7月　山东大学中文系学习并毕业。

1956年7月～1957年6月　北京普通话语音研究班第二期学习。毕业后留任第三期教学辅导工作。

1957年7月～1979年　山东大学中文系助教、讲师。

1979年10月至今　山东大学中文系付教授。

教学工作情况：

自1957年起先后开设"语音"、"现代汉语"（绪论、语音、文字部分），"汉语方言学与方言调查"，"写作实习"等课程。1980年9月至今给日本高级进修生方言方面的课程。1981年暑假为外国留学生举办的汉语培训班，讲授汉语方面的课程。

曾参加编写：《学习字典》1974年山东人民出版社出版。

《商君书新注》1975年山东人民出版社出版。

《商君书校注专编》编写人之一，初稿、修订稿。

《商君书集注》（初稿）

《山东方言语音概况》（初稿）

《毛主席著作成语典故解释》（初稿、征求意见稿）

～46～

《毛主席诗词讲解汇编》（修订本）

《汉语方言学与方言调查》（本校油印教材）

该同志具有一定的科研能力，在语音方言方面有较深入的研究。并取得较好的成果。历年来发表的著作和论文有：

《普通话语音》 1960年山东人民出版社出版

《胶东人怎样学习普通话》 1960年山东人民出版社出版

《胶东方言语音概况》 1959年山东大学学报第四期

《济南话的变调和轻声》 1963年山东大学学报第1期

《烟台方言报告》实习报告语音部分发表在山大学报 1963年第3期。

《谈"现代汉语"教学中的几个问题》文史哲 1979年第四期

《话剧台词应该说普通话》中国语文通讯 1979年第3期

《文登、荣成方言中古今浊平声字的读音》中国语文 1981年第4期。

历史系

〔葛懋春〕 笔名 方晓虹、鲁春龙、春龙 男 1926年2月生 安徽省合肥市罗祝店葛大村人 家庭出身职员 本人成份学生 工资高教7级 业务专长：哲学、中国先秦哲学史、中国现代思想史 现任职务：山东大学历史系付系主任中国古代史教研室付教授 山东大学文史哲研究所中国哲学史研究室负责人 兼任：《文史哲》杂志编委会编委

《东岳论丛》杂志编委会编委《历史论丛》杂志编辑

～47～

文字学讲义

（周幹庭撰，民国齐鲁大学排印本）

文字學

仲明

文字學

第一編 總論

第一章 緒言

嘖覽宇寅，畛域萬千，究其造字之原，大別有二：一曰「衍形」。二曰「衍聲」。中國文字，衍形之文字也。在昔沮倉造字，取法遞迒，形事以引其緒，聲意以濟其窮；倫脊秩然，衡量皆準。其後籀篆遞增，猶存古制；分隸繼起，乃踰大閑；增減妄歧，分合無定，俗字僞文，蠭起蝟作。夫欲研幾載籍，必解六書。周禮：「八歲入小學，保氏教國子，先以六書」。近世論小學者，亦多以之爲通經之郵。惟尙世茫昧，史無足徵。倉沮之書，籀篆之體，證以鼎彝龜卜之文，刺謬實多，未足具信。啓疑似之端倪，宏考辨之塗徑，參互比較，有待來茲。今之研習文字學者，固未可竺守陳說也。茲當講述之先所必須討論之問題蓋有三焉：

一　何謂文字學？

二　何故研究文字學？

三　如何研究文字學？

孔子曰「必也正名乎！」荀子曰：「名定而實辨」。尹文子曰：「形以定名，名以定事，事以驗名」。研究文字學者，且將改易殊體，是正俚辭，烏可不確定其名稱，以爲研習之標的乎？按先儒舊稱，本云小學，以今言之，其不當蓋有二焉：

一　章炳麟小學略說曰：「地官：『保氏教國子以六藝，曰禮樂射御書數』。七略列書名之守於小學。律歷志曰：「數者一十百千萬也；其法在算術，宣于天下，小學是則」。此則書數並稱，而禮樂射御缺焉。蓋六藝者習之不一時，行之不一歲，射御非兒童所任。六樂之舞，十三舞勺，成童舞象，二十而舞大夏，禮亦準是。獨書數不出刀筆口耳，長幼宜之。說文敘曰：「保氏教國子，先以六書」。明節次最初也。其與九數，容得並習，故劉歆言小學，獨舉書數。若夫理財正辭，百官以治，萬民以察，莫大乎文字。自李斯蕭何以降，小學專任八體久矣一。是則小學一科，本兼六藝。劉歆言小學，亦書數並舉。夫文字本小學之科，小學非文字所克盡，是其範圍廣狹不同也。

二

舊著文字學通論曰：「漢治小學，獨舉六書；而其書則爲史籀，倉頡，凡將，急就，元尙，訓纂之類；皆古昔教授學童識字之書，未有詮釋語言文字之專籍，事至簡單，肄習甚易。且其時語言文字未甚乖離，籀篆形體尠有歧異。故尉律著其法曰：「學僮十七以上，始試諷籀書九千字，乃得爲吏；又以八體試之。郡移太史並課最者，以爲尙書史。書或不正，輒舉劾之」。則其時士人，靡有不知書者。故形體，部居，聲韻通轉，誼訓引申，皆不煩著爲專書，詳加研討。自後尉律不課，小學不修，文字寖以失正。於是許祭酒創爲說文解字專以形體爲主，而訓詁聲韻附焉。前乎此者，則有爾雅方言，後乎此者，則有釋名廣雅。其後魏李登作聲類，晉呂靜纂韵集。隋陸法言著切韻，此皆以音爲主，而訓詁屬焉，形體則置而不論。綜斯三者。夕惕朝乾，陳書綴卷，亦焉能洞中竅要哉？」是則文字一科，千條萬緒，已成獨立專門之學，非小學所宜習；是其深淺不同也。

据上所言，小學之名，於今爲不當；則不如改稱文字學之爲愈。文字學者、研究中國文字形體訓詁之所由起，及其作用與變遷，而爲之規定種種通則說明之，此所謂文字學也。

自漢志以小學附六藝，淺嘗之士，遂謂小學爲經學之附庸。豈知絕代離辭，殊方異語，舍此弗由，諷籀維艱。其他撰述考古，亦均非深於文字者，未足爾雅深醇，信而有徵。茲分述之如下：

一 校讀。 劉勰曰：「前漢小學，率多瑋字。非獨制異，乃共難曉」。文心練字

孫詒讓曰：「秦漢文籍，誼旨奧博，字例文例，多與後世殊異。如荀卿書之「案」，墨翟書之「唯毋」，公孫龍書之，「正舉」「狂舉」，淮南書

婁同屢

公孫龍子通變論
舉是謂亂名，是謂狂舉。
謝希深注
人君舉不材而遺有材，並任以亂名實，謂之狂舉。
又曰：故一於青不可，一於白不可，惡乎其有黃矣哉。黃其正也，是正舉也。
謝注：白以喻君，青以喻臣，黃以喻國，故君臣各正其所舉，則國强而君壽矣。

之以「士」爲「武」，劉向書之以「能」爲「而」，驟讀之，幾不能通其語。復以竹帛梨棗，鈔刊婁易，有三代文字之通段，有秦漢篆隸之變遷，有魏晉眞草之混淆，有六朝唐人俗書之流失，有宋元明校槧之雜改，逵逕百出，多歧亡羊；非覃思精勘，深究本原，未易得其正也」。（札迻序）蓋時代旣殊，詞例攸別，聲韻之通轉，字誼之引申，歷檢羣書，指不勝屈。故欲辨章舊聞，詮明解故，非洞悉初文本義及其變遷之迹，未足得其竅要也。

二

撰述。劉彥和曰：「人立言因字而生句，積句成章，積章而成篇，篇之彪炳，章無疵也。章之明靡，句無玷也。句之精英，字不妄也」。曾子謂：「出辭貴遠鄙倍」。韓愈謂：「作文宜略識字」。清儒曾國藩亦有：「欲以戴錢段王之訓詁，發爲班張左郭之文章」之言。是知造文著辭，稱情結韻，苟或昧於訓詁，未解分理，必至僞文俗字，陋節繁音，曾見疊出，不可卒讀。今之論文者，輒喜頌法兩漢矣。抑知當時文人，相如，揚雄，班固之徒，雖不探迹倉雅，諳悉篆籀；故能酌雅富辭，稱情而出。斯則流連文咏，著爲美辭，非精研文字學，不足以言練字也。

三　考古。列子曰：「太古之事，孰志之哉？三皇之事，或存或亡。五帝之事，若覺若夢。三皇之事，或隱或顯，億不識一。當身之事，或聞或見，萬不識一。目前之事，或存或廢，千不識一。太古至于今日，年數固不可勝記，伏羲以來，三十餘萬歲，賢愚好醜，成敗是非，無不消滅」。楊朱篇　王充曰：「儒者說五經，多失其實。前儒不見本末，空生虛說；後儒信前師之言，隨舊述故，滑習辭語，苟名一師之學。趨爲師教授。及時蚤仕，汲汲競進，不暇留精用心，考實根核。故虛說傳而不絕，實事沒而不見，五經并失其實」。論衡正說　通志年譜序曰：「太史公紀年以甲，始於共和，後學之所共承也。然爲共和之說者，已不可信，況其年乎？既曰：周召二公共行政。又曰：共國之伯名和，行天子政。何也?」是則尙世茫昧,史不足徵。求之經,亦家法互歧,流競失實。然則欲考周秦以前之歷史。不得不借助於文字矣。蓋研究六書次第之先後,可知古代思想之演進。參校初文之形誼,可爲古史之佐證。如示之文從天垂象見吉凶以示人。後此「神」「祇」「福」「祿」「禎」「禛」「祥」諸字,並本此義,可考知古代宗教思想也。「婦」訓伏人,「女」爲女奴,可考知古代掠奪婚也。「因生受姓」,「力田爲男」,凡此並可由文字本身,證有史以前之風俗制度。一切史料,文飾過情獨賴此少數象形會意文字,無形中保留不少之古代史蹟。其有助於考古,蓋不少也。

凡研究一種學問,必須有適當之方法。戴震曰:「載籍極博,統之不外文字,文字雖廣,統之不越六書」。六書論序又曰:「六書之學,訓詁聲音,相爲表裏」。六書音韵表序若昧於義起於音之例,說字以義爲本,而略於字音;則牽强附會,轉滋眯惑。故研究文字,必須旁通聲韵,互爲發明。茲更陳其說如下:

一　正確。置身學問，若無豐富正確之材料，恆不免於偏執謬誤。今欲研習文字學，爾雅說文，似足探其本源矣。然爾雅乃裒集詩書故訓而成，未足盡窺秦漢以前之古訓。說文則集讖緯陰陽學說之大成，謬誤支離，往往而是。其形體錯誤，文字譌奪，詮說迂謬者，尤近人所共曉也。是非於說文爾雅之外，求三古之遺文，考六經之本誼，旁綜兼采，博辨深稽；尠有不限於昧罔也。故材料之考定，實爲研究文字學之最要步驟也。

二　比較。學問上之比較研究，已成近世科學之通例。故以金文卜辭考說文形體之錯誤，以倉雅六經之古訓，證說文義訓之紕繆。或考定造字之原則，或解剖訓詁之公式；均非參互比較，不可期其至當也。

三　袪妄。言必有徵，說非臆測；故凡研習一種學問，必須明瞭其發生時代之背景。近人王國維曰：「考之史事與制度文物，以知其時代之情狀。本之詩書，以求其文之義例。考之古音，以通其義之假借。參之彝器，以驗其文字之變化」。如許慎以漢時學說解古文，王安石以釋老之言成字說，近更有附會陰陽五行之以解說文者。要皆不免支離狂妄，入於迷途。今欲整理文學，非應用科學方法，另闢塗逕不可也。

天生萬物，人爲最靈，夫人既有生矣，不能不彼此往來，互通情緒，遂於是有語言。然語言無普徧性，殊方所弗及。語言無久遠性，異世不可聞。求能易地易時，了無隔閡，則非文字不爲功。考世界文字之形式有兩種：

一　衍形文字—意符—意字

二　衍聲文字—音符—音字

意字之性質，不主聲而以形象爲之歸；具體或抽象以形容事物之狀態，如巴比倫之楔形文字，埃及之圖解文字，及中國象形會意指事之字皆是也。音字之性質，以表示聲音爲主；率由意字轉變，如歐美各國文字，及中國形聲轉注假借皆是也。中國文字，以衍聲爲其特質。其優劣與否，近人有不同之見解。茲列其說如下：

一　反對。說。　譚嗣同曰：「又其不易合一之故，語言文字，萬有不齊，越國卽不相通，愚賤尤難通曉。更若中國之象形文字，尤爲之梗也。故盡改象形字爲諧聲，各用土語，互易其意，朝授而夕解，彼作而此述，則地球之學可合而爲一。」仁學　近人江謙曰：「文字之用，主音者簡易，主形者繁難。形攝萬有，造字數萬，猶有未盡之形；音出口舌，造母數十，已盡發音之蘊。且課本既語體，則與文殊；用音字拼合，則唇吻畢肖。若仍用形字，則各省讀之，仍爲方音，雖有齊傅，不敵衆咻，方法既乖，效力全失。」近之主張漢字革命者，恆謂中國文字爲不通俗，不世界化。此一說也。

二　推崇。說。　自漢字革命之說發生以來，反對之聲，不絕於耳，以日人山木憲之說最爲近理。其言曰：「中國文字之善，爲宇內各種通用文字之冠。世有爲廢漢字節漢字之論者，欲廢漢字而代以羅馬字，是殆狂者之所爲，皆心醉歐風之弊也。此論之生，非關文字，乃國勢消長之

中國文字無
性、
時、
數、
冠詞、
屈折變化

關係耳。文字之極則，在於明確簡潔，傳之千百年，讀者仍易於領會。此數事求其無憾，唯中國文字足以當之。他日徧布於宇內，可斷言也。歐美文字，有單數複數之別，變化其字形以表之，單數者一，複數二以上也。名詞代名詞動詞皆有之。法德文則冠詞亦有焉。夫自二以上皆包以複數，則三四以至十百千萬皆不能識別也；，乃一一反須別其單複，豈非無謂之甚乎？男性女性之別，英語尚不甚嚴，法德荷蘭則絲毫不容鹵莽。夫宇內萬物，生物而外，並無男女之分。乃無生機之物，爲形體之事及動詞，一一附以男女性，牽强附會，豈不甚哉？英文於此，格律不嚴，並無障礙；則其有之者，亦無川之長物而已。冠詞之種類及用法，英文不甚詳備。其餘諸國，則辨別甚嚴。因單複男女性之別，及人稱之序，而爲種種變化，亦無用之長物也。時之大別，不過過去現在未來。更細分之，殊傷繁雜。歐美文字，於此辨別甚嚴。日本文亦有此法，而不如歐美之繁縟。且卽不依其法，亦未嘗不能達意也。漢字則別以一字表之。就一字而言，絕無因時變化者。行文時亦不別立他種方法。讀其文，過去現在未來，極爲明了。何必設此繁縟不便之法乎？歐美文字名詞代名詞，冠詞，形容詞，副詞，動詞，字之首尾或全體皆有種種變化。或有規則，或無規則，法甚奇詭，不便莫甚焉。數也，性也，冠詞也，時也，字形之變化也，皆無必須之理；徒以相沿成習耳。歐美文字，皆依音製，故因古今音譌，而字形屢變。唯中國字雖其音屢譌，而其形不變，千百年後，無不可復讀之憂。同文之國，不論語音如何懸異，皆可借文字以達意；較之歐美文字，孰爲便利？不待智者而後知矣。」此又一說也。

荀卿曰：「好書者衆矣，而倉頡獨傳者一也。」文字之爲物，非一人之所獨造，蓋由積漸而成。此其間經許多年之歷史，變化增減，賴存什一。而於社會之習尚，歷史之傳遞，均有其至要之關係；非可遽加優劣，或輕易改革也。

第二章　中國文字起源

中國文字，起於何時？其造字之始祖爲誰？簡册流傳，其說多端。此其間神怪之云謂，皇古之傳說，雖荒誕無稽，不可置信；亦未始不足資考辨之一助。山海經曰：「有鳥焉，其狀如雞　五采兩文，名曰鳳凰；首文曰德，翼文曰義，背文曰禮，膺文曰仁，腹文曰信。」南山經 韓詩外傳曰：「夫鳳之象：鴻前而麟後，蛇頸而魚尾，龍文而龜身，燕頷而雞啄；首戴德，翼揭義，背負仁，心入信，足履正，尾繫武，小音金，大音鼓，往卽文，來則喜。」譙周古史考曰：「黃帝服齊于宮中，乃有大鳥，雞頭燕啄，龜頸龍文，麟翼虎尾，其狀若鶴，體備五色，三文成字；首文曰順德，背文曰信義，膺文曰仁智。」是中國文字之起，起於鳳凰，天造地設，有同神匠，此神話之說也。易繫辭傳曰：「河出圖，洛出書，聖人則之。」禮記禮運曰：山出車器，河出馬圖。」論語孔子曰：「鳳鳥不至，河不出圖，吾已矣夫！」竹書紀年曰：「黃帝軒轅氏五十年秋十月，龍圖出河，龜書出洛，赤文篆字，以授軒轅。」水經注

中國文字起於河圖洛書
私 厶
公 公

曰：「黃帝東巡河，過洛，修壇沈璧，受龍圖于河，龜書于洛，赤文篆字。」禮緯含文嘉曰：「伏羲德合上下，天應以鳥獸文章，地應以河圖洛書，乃則象而作易。」是中國文字起於河圖洛書，此亦神話之說也。其爲支離怪誕，無徵不信，不待言矣。荀子曰：「好書者衆矣，而倉頡獨傳者壹也。」解蔽 韓非子曰：「倉頡之作書也，自環者謂之私，背私者謂之公。」倉頡之名，見於載籍，莫古於此。呂覽述之，漢儒演之，華夏造字之祖，遂專爲倉頡有矣。然按之載籍，竟不能知倉頡爲何如人何時人者。鶡冠子曰：

蒼頡作法書，從甲子。成史李官，蒼頡不道，然非蒼頡，文墨不起。近迭

淮南子曰：

蒼頡之初作書也，以辨治百官，領理萬事；愚者得以不忘，智者得以志遠。泰族訓

高誘曰：

史皇倉頡，生而見鳥跡，知著書；故曰史皇，或曰頡皇。淮南子注

許愼曰：

倉頡見鳥獸蹄迒之跡，知分理之可相別異也，初造書契。倉頡之初作書，蓋依類象形，故謂之文；文者物象之本。說文解字敘

孔穎達曰：

司馬遷班固韋誕宋衷傅玄皆云黃帝史官也。崔瑗曹植蔡邕索靖皆云古之帝王也。徐整云：在神農黃帝之間。譙周云：在炎帝之世。衞氏云：當在庖犧蒼帝之世。愼到云：在庖犧之前。張楫云：蒼頡爲帝王，生于禪通之紀。尚書正義

春秋元命苞曰：

倉帝史皇氏名頡，姓侯岡，龍顏哆口，四目靈光，實有睿德，生而能書。及受河圖綠字，于是窮天地之變，仰觀奎星圜曲之勢，俯察龜文鳥羽山川指掌而創文字。天爲雨粟，鬼爲夜哭，龍爲潛藏。治百餘載，都于武陽，終葬衞之利鄉亭。路史注引

據上所引，則倉頡之爲何如人？已難遽定。究之有無其人，是否爲造字之初祖，均爲疑問。且卽有其人，卽曾造字，中國之大，年代之久，豈可以一人之所造，令天下以傳寫。故中國文字，非必出於一人，作於一時。司其事者，必有十百千萬人，今不可考而已。世事之起，往往由簡而繁，由單而複。有聲音而後有語言，有符號而後有文字。未有文字之前，資以通情愫備遺忘者，言論而已，謠諺傳說而已。謠諺傳說有不及，則不能不假助於符號或圖繢。故符號圖繢者，均文字之先驅也。古所謂「結繩」「書契」「八卦」，皆符號也。虞書謂日月至黼黻十二章。左傳王孫滿曰「鑄鼎象物，百物而爲之備。」則圖繢也。茲次第叙述如下：

一　結繩。　易繫辭傳曰：「上古結繩而治，後世聖人易之以書契。」莊子曰：「昔者容成氏大庭氏伯皇氏中央氏栗陸氏驪畜氏軒轅氏赫胥氏尊盧氏祝融氏伏羲氏神農氏當是時也，民結繩而用之。」胠篋　許愼曰：「及神農氏結繩爲治，而統其事。」說文解字叙　段玉裁曰「謂自庖犧以前，及庖犧及神農，皆結繩爲治，而統其事也。按依虞說，則傳云上古結繩而治者，神農以前皆是。」又曰：「自上古至庖犧神農專恃結繩。」說文解字敘注 斯知古代，必有結繩之制。顧其制不可考。鄭玄曰：「事大，大結其繩。事小，小結其繩。」周易注 朱熹曰：「結繩，今溪洞諸蠻，猶有此俗。」嚴如熤曰：「苗民不知文字，父子遞傳，以鼠牛虎馬記年月，暗與歷書合有所控告，必倩士人代書，性善記，懼有忘，則結於繩。」苗疆風俗考 自古代以至今茲，結繩之制，相沿不絕，雖其制不盡可考，自當今以驗往古，要不煩想像而得也。老友周君，嘗宰蜀矣。謂川滇接壤之處，所謂西南夷者，迄今尙有結繩之風。其法大事則大結，小事則小結，每公庭對簿，執其繩而撫摩之，閉目直陳，雖千百年以上之事，罔不畢悉。秘魯土人之結繩也，名曰「結子。」其法以一主繩繫大小之繩若干，顏色距離，均有一定。顏色表示種族，距離表示界域。事或不同，其結亦異：單結爲十，雙結爲二十，重結爲百

秘魯結繩
紅—表示軍隊
黃—黃金
白—銀子與和平
綠—禾稼
印第安人每年三月赴三陣比魯結繩錢主人製成二繩交代售一記物品一記價格
執 以右手執刀筆
（契）刻契

，二重爲二百。凡人口，疆域，歷史，風尚，無不可資以表示。古祕魯有「結子官，」以董其事。今美洲之印第安，非洲之阿比瑞，幾布斯，赫威夷，台灣，澳洲等處土人，恆以結繩爲交易之記錄。物主每以兩髮或羊毛製成之繩，交代售人，一記其錢數，一記其物數，視其所結之繩，卽可知交易如何矣。若林勝邦曰：「琉球所行之結繩，分指示會意兩類。凡物品交換，租稅賦納，用以記數者，爲指示類。使役人夫，防護田園，用以示意者，爲會意類。其材料多用藤蔓草莖或木葉等，今其民尙有用此法者。」故繩結爲未開化民族代替文字最普通之工具，以今證古，非無稽也。

二　書契。　易繫辭傳曰：「上古結繩而治，後世聖人易之以書契。」孔安國尚書序曰：「古者伏犧氏之王天下也，始畫八卦，造書契，以代結繩之政。」史記補三皇本記曰太昊伏羲氏造書契，以代結繩之政。」契與栔通。釋名曰：「栔刻也，刻識其數也。」說文曰：「契大約也。」又曰：「券契也。券別之書，以刀判其旁，故曰契券。」是知契者，刻木之稱。刻木以昭信守，已開後世簡册之先聲。第簡册所刻者文字，此則符號也。周禮天官小宰曰：「聽稱責以傅別。六曰：聽取予以書契。七曰：聽賣買以質劑。」鄭玄注曰：「稱責，謂貸予；傅別謂券書也。聽訟者以券書決之。傅，傅著約束於文書；別，別爲兩，兩家各得一也。書契，符書也。質劑，謂市中平賈，今時月平是也。傅別，謂爲大手書於一札，中字別之。書契，謂出予受入之凡要。凡簿書之最目，獄訟之要辭皆曰契。春秋傳曰：「王叔氏不能舉其契。」質劑，謂兩書一札，同而別之，長曰質，短曰劑。傅別、質劑今之券書也，事異異其名耳。」地官司徒質人曰：「凡賣買者，質劑焉。大市以質，小事以劑，掌稽市之書契。」鄭玄注曰：「書契，取予市物之券也。其券之象書兩札，刻其側。」則質劑，傅別，皆契之別名。其用滋廣，凡官府治事，民間信約，皆嘗用之。後人以其混稱書契遂以文字視之，而俞樾諸子平議：齒者契之齒也，古者刻木竹以記數，其刻處如齒，故謂之齒。易林所謂符左契右，相與合齒也。

不知其為未有文字以前之一種符號也。契刻之法，今苗民尚有用之者。陸次雲曰：「木契者，刻木為符，以志事也。苗人雖有文字，不能皆習；故每有事，刻木記之，以為約信之驗。」峒谿纖志 諸匡鼎曰：「刻木為齒，與人交易，謂之打木格。」猺獞傳 方亨咸曰：「俗無文契，凡稱貸交易，刻木為信，未嘗渝者。木即常木，或一刻，或數刻，以多寡遠近不同，分為二，各執一，如約時合之，若符節也。」苗俗紀聞 嚴如煜曰：「為契券，刻木為信。」苗疆風俗考 故刻契實替代文字之具，未有文字時代，固嘗用之也。

八卦。 易繫辭傳曰：「古者包犧氏之有天下也，仰則觀象於天，俯則觀法於地，觀鳥獸之文，與地之宜，近取諸身，遠取諸物，于是始作八卦；以通神明之德，以類萬物之情。」孔安國尚書序曰：「古者伏犧氏之王天下也，始畫八卦，造書契，以代結繩之政，由是文籍興焉。」鄭玄六藝論曰：「遂皇之後，歷六紀九十一代，至伏犧始作十二言之教。」禮記正義引孔穎達左傳正義曰「易云：伏犧作十言之教曰乾，坤，震，巽，坎，離，艮，兌，消，息，」易緯乾鑿度曰：☰古天字，☷古地字，☴古風字，☶古山字，☵古水字，☲古火字，☳古雷字，☱古澤字。」易說卦曰「乾爲天，」「坤爲地，」「巽爲木爲風，」「艮爲山，」「坎爲水，」「離爲火，」「震爲雷，」「兌爲澤，」故八卦爲簡單符號，其所代表之物，亦甚簡單。及後愈演愈繁，遂以造成種種之象徵。周易一書，殆全爲此簡單符號所支配。繫辭傳曰：「物以類聚，方以羣分。」「其稱名也小，其取類也大。」「易簡而天下之理得矣。」是八卦亦未有文字以前代表文字之一種符號也。

四

圖繢。 介於符號文字之間，其用以表示事物狀態並數量觀念者，謂之文字畫。吾人研究文化史，皆知初民時代，文字未興，莫不經此文字畫之時期。其在中國，雖無確期可考，然虞書言「日月至黼黻十二章，」左傳王孫滿曰：「昔夏之方有德也，遠方圖物，鑄鼎象物，百物而爲之備，使民知神姦。」鶡冠子曰：「有圖而有名。」環流則在皇古，其必有此審矣。王延壽魯靈光殿賦曰：「圖畫天地，品類羣生，雜物奇怪，山神海靈，寫載其狀，託之丹青，千變萬化，事各有形。隨色象類，曲得其情。上紀開闢，遂古之初，五龍比翼，人皇九頭。伏犧鱗身，女媧蛇軀，鴻荒朴畧，厥狀睢盱。」此則文字畫之遺制也。故孫詒讓曰：「書契權輿，本于圖象。其初制，必如今所傳巴比倫埃及古石刻文，畫成其物，全如作繢。」近人章炳麟曰：「吾聞斯賓塞爾有言：有語言然後有文字，文字與繪畫故非有二也；皆昉乎營造宮室，而有斯制。營造之始，則昉乎神治，然後有王治，故曰：「五世之廟，可以觀怪。」禹之鑄鼎而爲螭魅，屈原之觀楚寢廟而作天問；古之中國，嘗有是矣。奧大利亞與南亞非利加之野人，嘗堊涅其地，彤漆其壁，以爲畫圖。其圖則生人戰鬭與上古之異事、以敬鬼神。埃及小亞細亞之法，自祠廟宮寢而外，不得畫壁，其名器愈陵。當是之時，布政之

齊大印刷所承印

堂，與祠廟爲一；故以圖爲夬之政，以揚於王庭。其朝覲儀式繪諸此。其戰勝凱旋繪諸此。其民志馴服，壺簞以迎，繪諸此，其頑梗方命終爲俘馘，繪諸此。其於圖也，史視之，且六典視之。而民震動恪恭乃不專於神而流肔於圖；見圖，則爽然師保逮其前矣。頃之以圖畫過繁，稍稍刻省，則牛馬鳧鶩，多以尾足相別而已。於是有墨西哥之象形字。其後愈省，凡數十盡者，殺而成一畫。於是有埃及之象形字。凡象形字，其溝陌又爲二：一以寫體貌，一以借形爲象，所謂人希見生象，而按其圖以得仿佛者也。」訄書訂文篇由圖續進而爲象形文字，蓋一間耳。

以上所論，皆未有文字以前，代替文字之具也。惟由符號圖續進而爲簡單之象形字，此其間必以漸，非有顯明之時代可分也。善哉！康有爲之言曰：「文字之流變，皆因自然，非有人造之也。南北地隔則音殊，古今時隔則音亦殊；蓋無時不變，無地不變，此天理也。然當其時地相接，則轉變之漸可考

中國文字起于夏商之際擬有三
一卜辭　即甲骨文亦名卜文

焉。」新學僞經考三然則中國文字起於何時？何時始有顯明表示語言之文字？其必在夏商之際乎？今按說文所謂形聲文字福屬㚇射戊沬⿱之類，而在卜辭，則皆爲圖繢或符號。又如羊馬鹿燕龜魚壺爵等象形字，而在卜辭，則又以肖物爲主。是在商代，猶未脫符號圖繢之迹，此可徵者一也。殷代卜辭可識者近七百，不可識者以千數，統之不出二千名。其爲符號者十之二三，其爲圖繢者十之五六。所謂形聲者，不過十之二三，其爲殷初抑末造之文字，尙不可考。則商代字，猶多以符號圖繢爲主，此可徵者二也。援神契曰：「三王無文。五帝畫象。」虞書亦有黼黻十二章之說，則在唐虞，猶完全爲文字畫時代，此可徵者三也。故夏商之際，漸由符號圖繢以進於文字。而於卜辭不特有多數簡單之象形字，且漸開形聲之端，入於音符時代矣。近人章炳麟曰：「民亦畫地成形，自爲徽契。今之佴人，亦有符號。家爲典型，部爲徽識，而彼此不相通。一二三諸文，橫之縱之，本無定也。馬牛魚鳥諸形，執則臥起飛伏，皆可則象也。體則鱗羽毛鬣，皆可增加也。字各異形，則不足以合契。

齊大印刷所承印

有智者出，始整齊畫一，下筆不容增損；由是牽爾著形之符號，始爲約定俗成之書契。」（檢論造字緣起說）其說甚是，今考龜卜彝器諸文，往往異體殊形，彼此違迕。蓋人各記其所事，自爲體制，異世殊方，不免歧出。故中國文字夏商開其端；降至周秦，始同條共貫，互爲信守，而入於統一時代。理也，亦勢也。

第二編　造字論

第一章　六書總論

凡欲造文鑄辭，因事立名，必先著之科條，有所埻則；而後引申觸發，旁推交通，若網在綱，有條不紊。則述造文字，亦罔能舍此他求矣。中國造字原則，本於六書。六書之名，起自周代。周禮[illegible]：「保氏教國子，先以六書。」至其名稱類別，實始自漢，周秦以前之載籍未詳也。夫字之制造，本非一人，亦豈有類例可求？及後字漸增多，不加整理，則漫羨無歸；習者爲研究便利，爲之設種種原則說明之，遂於是乎有六書。六書非古也，周啓其朔，漢道其詳耳。六書名稱漢人之說不一。班固曰：「古者八歲入小學，故周官保氏掌養國子教之六書；謂象形，象事，象意，象聲，轉注，叚借，造字之本也。」漢書藝文志 鄭衆曰：「六書：象形，會意，轉注，處事，叚借，諧聲也。」周官保氏注 許慎曰：「周禮八歲入小學，保氏教國子，先以六書。一曰指事。指事者，視而可識，察而見意，上下是也。二曰象形。象形者。畫成其物，隨體詰詘，日月是也。三曰形聲。形聲者，以事爲名，取譬而成，江河是也。四曰會意。會意者，比類合誼，以見指撝，武信是也。五曰轉注。轉注者，建類一首，同意相受，考老是也。六曰叚借。叚借者，本無其字，依聲託事，令長是也。」說文解字叙 其實雖同，其名則異。後儒沿襲其說，亦非一致

一　主班氏之說者。如孔廣居其言曰：「古人制字，于形之可象者象其形，事之可象者象其事。无形事可象則會其意。无意義可會，則諧其聲。象形多獨體之文，事意聲多合體之字；文爲母，字爲子，事意聲之

字，皆生於象形之文，故皆以象名之」說文疑疑論六書之次第近人廖平亦曰：「班志前四書皆名象，此說最古，得眞實意。」六書舊義

二 主鄭氏之說者。如黄以周。其言曰「先鄭之意，六書以象形會意轉注爲基，處事段借諧聲爲孳乳。處事與象形對，形不可象而處事起。處事者，處其象形之窮也。叚借與會意對；會意爲本，其輾轉引申爲假借，假借者，假會意之遠者也。諧聲與轉注對，轉注爲形義相顧字，其形義不相顧者爲諧聲。諧聲者形聲字，非形意之相轉注者也。」六書通故

三 主許氏之說者最多，茲舉近人錢玄同之說以爲例。其言曰：「班氏于前四書皆以象爲名，似涉含胡。惟許氏所守，則尤爲明顯賅洽。蓋指事諸文，象者二三，而指者七八，以指包象爲順。又處置雖與指畫義近，而用指字較爲明顯。會意固以意爲主，然必數字會合，其意乃見；則會意之名爲賅。形聲雖主聲，而尙有半體爲表義之形，則形聲之名，亦較象聲諧聲爲賅。

班鄭許三氏所定六書之名，雖不盡同，而其所指之形事意聲四實義，固無不同也，其同者或晚周六書之定名。其不同者，或三君隨文所省改；然而於義無傷也。承其說者，不知三君意指之所在，張皇其辭，治絲益紛，亦徒滋笑詫而已。至於六書次第，三氏亦不盡同。漢志與說文之次序，大畧相同，惟鄭氏之說迥異。自來論六書者，多以班許之說爲宗，謂鄭說凌雜無次。言人人殊，視六書名誼之爭，尤爲繁雜，宋元以降，論者踵起，或從許說，或從班說，或自爲第次，往往互異。陳彭年重修玉篇，及廣韻所載六書之序，首象形，次會意，次諧聲，次指事，次假借，而殿以轉注。自爾以來，其說滋多，謬誤因仍，去古愈遠。茲約略稱引，以明辜較，非必視爲準則也。鄭樵通志以象形，指事，會意，轉注，諧聲，假借，爲次。其說曰：

六經之作，惟務文言。文言之本在六書。六書，象形爲本。形不可象，則屬諸事。事不可指，則屬諸意。意不可會，則屬諸聲。聲則無不諧矣。五不足而後假借生焉。一曰象形，二曰指事，三曰會意，四曰轉注，

五曰諧聲，六曰假借，六書之道備于此矣。通志六書略序

張有復古編則以象形，指事，會意，諧聲，借假，轉注，爲次。其言曰：象形者文之純，肇于此。指事者，文之加，滋于茲。會意者，文之純，廣于此。諧聲者，字之加，備于此，假借者，因其聲，借其義。轉注者，轉其聲，注其義，文字之變化無窮矣。丹鉛總錄引

趙古則六書本義吳元滿六書正義俱因之。元楊桓作六書統則又以象形，會意，指事，轉注，形聲，假借爲次。劉泰爲之序曰：

一曰象形。天地以生物爲始，物生而形各不同；故隨其物之形，模寫以成文；所以象形爲六書之首。二曰會意。天地萬物之形既異，其文又不一而足，故摸象物變動之意。三曰指事。文既成於象形會意，而理不能該者，則事生焉。事雖有似乎人爲，其實亦莫不因其自然之理也。四曰轉注。指事之外，意有不能盡者，則取文轉相附注，以足其意。五曰形聲。物之形義，非轉注所能盡，故於物之傍，附之以或文或字，因聲以

明之。六曰假借。以聲義干上五者俱不能該，故取一字兩用以足之也。

此其大略也。

戴侗六書故則又以指事，象形，會意，轉注，諧聲，假借爲次。其言曰：

文生於聲者也，有聲而後形之以文。義與聲俱立，治益繁，巧益生，故有刻畫竹木以爲識者，所謂契也。契不足以盡變，于是象物之形，指事之狀，而刻畫以配事物之名，而簡牘刀筆生焉。象形指事猶不足盡變，轉注，會意以益之。而猶不足也，無所取之，取其聲而已矣；是故各因其類而諧之以聲。木之形可象也，而其別若松若柏者不可悉象；故借公以諧松之聲，借白以諧柏之聲。水之形可象也，而其別若江若河者不可悉象；故借工以諧江之聲，借可以諧河之聲，所謂諧聲也。五者猶不足盡變，故假借以通之，而後文字之用備矣。六書之義雖不同，皆形聲而已矣。

明王應電同文備考序論六書之序曰：

齊大印刷所承印

夫三才萬物，靡不有形。象形也者，肖其形識之，此字學之本也。其涉于影響思慮之所及，而不可以形傳也，則以其形而反仄增損；或重疊配合，於形不類，而意則可通；或配他文成字，故曰會意也。天地氣化也，神而不有．萬物叢生也，蠢而無爲。裁成天地，曲成萬物，惟人而已。故酬酢萬變，紛紜百慮，孰非事也？以形以意，合數文而爲經綸之象，故曰處；謂以人處事。又曰指事，謂指人之事；卽古語象事之謂也。書法有限，而物類無窮，字烏能盡之哉？主一字之形，而以他字之聲合之；因其形之同，而知爲是類，因其聲之異，而知爲是物是義，故曰形聲。非本聲而諧之，故又曰諧聲也。夫聲出于天，或有餘焉，或不足焉．聲之有餘也，一義而各爲一聲。能聲爲之制字也，故以一字而轉爲數聲；轉注之謂也．聲之不足也，一聲而或兼數義．不能義爲之制字也，故以一字而借爲數義；假借之謂也。

是其六書第次爲象形，會意，處事，形聲，轉注，假借。各爲其說，不相祖

立于一。」則造字莫先於一畫，故王弼亦云：「造文者起於一也。」夫造文起於一，而段氏王氏皆謂一之形於六書爲指事；則象形豈得次於指事之前乎？若夫形聲會意二者，本力敵勢均，絕無先後。蓋形聲之字，有以會意之字爲聲者，會意之字，亦有以形聲之字爲意者。今因形聲之字，以會意字爲聲；遂謂會意當次於形聲之前。則言字從口辛聲，而信字以人言會意，啻字以言中會意，放字從攴方聲，而敖字以出放會意，敫字以白放會意，不又形聲當次于會意之前乎？故愚嘗反復研究，竊謂六書次第，惟許氏以「指事，象形，形聲，會意，轉注，假借」爲叙，斯眞確不可易，宜乎衞恆江式恪遵其恉也。」竊謂文字孳乳，雖有一定程叙，亦有不可分者。若必拘泥名稱，强爲先後，必無當於事實也。六書之間，象形指事爲一類，會意形聲爲一類，轉注假借爲一類。其次第先後，亦可依此說明之。象形指事者，六書中之單體字，許書謂「依類象形，故謂之文」也。指事原於符號，象形本於圖繢，二者之先後，初未易克。說文中象形之字，有雜指事者；亦有指事之字，雜以象形者；

齊大印刷所承印

名稱從許氏，次序從班固

要之皆文字之最初者也。會意形聲者，六書中之合體字，許書所謂「其後形聲相益，卽謂之字」也。二者皆發生於象形指事之後。世人恆謂會意宜在前，斯固然矣。然參稽其形，有形聲字而從會意字者，有會意字而從形聲字者。張行孚謂：「形聲會意，力敵勢均，絕無先後。」其言是也。至於轉注假借，蓋以不造字爲造字，發生最後。而此二者，亦互相爲用，無先後次第之可言。論述旣竟，茲以友入丁君所爲六書名次異同表附之於后，以貲考覽焉。

六書名次異同表

書名＼六書次第	一	二	三	四	五	六	同者
漢書藝文志	象形	象事	象意	象聲	轉注	假借	徐鍇說文繫傳周伯琦說文字原同異
周禮鄭衆注	象形	會意	轉注	處事	假借	諧聲	賈公彥周禮疏

說文解字叙	指事	象形	形聲	會意	轉注	假借	江式上古今文字表衛恆四體書勢顏師古漢書注
重修玉篇	象形	會意	形聲	指事	轉注	假借	廣韵
通志六書略	象形	指事	會意	轉注	諧聲	假借	
復古編	象形	指事	會意	諧聲	假借	轉注	趙古則六書本義吳元滿六書正義
六書故	指事	象形	會意	轉注	諧聲	假借	
六書統	象形	會意	指事	轉注	諧聲	假借	涂觀六書音義
同文備考	象形	會意	處事	諧聲	轉注	假借	

第二章 象形論

象形者，圖畫之變也。許書五百四十部，九千三百五十三字中，象形凡三百六十有四，擬態摹形，迹近圖繢。故其敘曰：「象形者，畫成其物，隨體詰曲，日月是也。」溯自古初，畫與字實一源。其後推形引聲，緣意況物爲六書；藻火粉米，龍章黼黻爲繪事；其制雖殊，其源則一。象形以肖物爲準，古今之所共認也。衞恆曰：「象形，日月是也。日滿月虧，效其形也。」四體書勢 賈公彥曰：「象形者，日月之類是也；象日月形體而爲之。」周禮疏 徐鍇曰：「古者文字少而民務寡，是以文字多象形叚借；後代事繁，字轉滋益，形聲實衆，則不能紀遠故也。始於八卦，瞻天擬地，日盈日虧，山拔水曲，金散土重，水挺而上，草聚而下，皆象形也。」說文繫傳 鄭樵曰：「書與畫同出；畫取形，書取象；畫取多，書取少。凡象形者皆可畫也；不可畫則無其書矣。然書窮能變；故畫雖取多，而得算常少，書雖取少，而得算常多。六書也者，皆象形之變體也。」通志六書略 張有曰：「象形者，象其物形，隨體詰曲而畫其迹者也。」復古編 戴侗曰：「何謂象形？象物之形以立文，日月山川之類是也。」六書故 楊桓曰：「凡有形而可以象之者，摹仿其形之大體，使人見之而自識，故謂之象形。」六書統 王應電曰：「三才萬物，莫不有形；肖其形而識之，故曰象形。」同文備考 趙宧光曰：「象形者，粗迹也。繪畫形似，君子小人可並通也。」此徒繳繞其辭，隨文立義，不足爲典要也。至詮明許說，較有引申者，有孫詒讓，劉師培。孫氏之言曰：

凡原始象形字，隨體詰詘，殆無一定之瑑畫。大氏有通共體：如獸爲獸形，鳥爲鳥形，是也。有特別體：如同一獸形，而馬長頭，有髦蹄，牛有封，羊有文，三者大同小異是也。

劉氏之言曰：

凡象形之文，卽古圖畫之變也。許君之敘象形曰：「畫成其物，隨體詰曲。」字出於畫，此其明徵。如日字篆文作⊖，卽古人所繪之日圖也。月字篆文作D，卽古人所繪之月圖也。气字篆文作≋，卽古人所繪之雲圖也。雨字古文作𠕲，卽古人所繪之雨圖也。山字篆文作山，卽古人所繪之山圖也。水字篆文作巛，卽古人所繪之水圖也。田字篆文⊞，卽古人所繪之田圖也。若夫象身體之形者，如心字，匈字，目字，耳字，臣字，手字，呂字是也。此皆古人所繪身圖之變形。象動物之形者：如鳥，隹，馬，象之象立形，虎 犬之象蹲形，鹿，鼠之象走形，虫象臥形，巴象盤曲之形是也。此皆古人所繪動物圖之變形。象植物之形者如穀類之來字，禾字，米字；蔬類之韭字瓜字；以及竹艸林木諸字是也。此皆古人所繪植物圖之變形。象器械之形者，如戶字，皿字，瓦字，戈字，弓字是也。皆古人所繪器械圖之變形。

綜觀諸說，無不以依象肖物爲象形之的解，斯固然矣。第文字究與繪事殊科，體勢不同，繁簡斯易。秦篆既興，省改古籀，結構務求勻整，迹象若無可求。篆隸迭更，眞草互變，求之初文，本原寖失。故欲攷校形體，究極繁變；是宜旁綜金石貞卜之文，邃古通人之說，即物形以求字形，即古文以徵許說；博稽衆體，不主一家，庶能得其條貫，折衷至當也。文字既非圖繢之比，故所謂象形者，非可畢類悉肖；有象其偏旁者，有合體見意者，求其類例，其說亦異。鄭樵曰：

象形之别有十種：有天物之形，有山川之形，有井邑之形，有草木之形，有人物之形，有鳥獸之形，有蟲魚之形，有鬼物之形，有器用之形，有服飾之形，是象形也。推象形之類：則有象貌，象數，象位，象气，象聲，象屬，是六象也。與象並生，而統以象形。又有象形而兼諧聲者，則曰形兼聲；有象形而兼會意者則曰形兼意。十形猶子姓也，六象猶適庶也，兼聲兼意猶姻婭也。六書略序

此象形分類之最古者。十形，則所謂「正生」也。六象，則所謂「側生」也。兼聲兼意，則所謂「兼生」也。趙古則承之，舍其「側生」，襲其「兼生」，而分「正生」爲天文，地理，人物，草木，虫獸，飲食，宮室，器用十類。楊桓則删其「側生」「兼生」而分象形爲十類曰：「一曰天文，二曰地理，三曰人品，四曰宮室，五曰衣服，六曰器用，七曰鳥獸，八曰虫魚，九曰草木，十曰怪比異」。皆依實物之形而爲區分者也。然物形無定，類例難求，强爲分析，

實足自陷，故鄭氏所謂「側生」之字往往混入指事；所謂「兼生」之字，亦往往混入形聲會意，分類過繁，其例遂雜。段玉裁說文敘注曰：

有獨體之象形。有合體之象形。獨體如日月水火是也。合體者，從某而又象其形，如眉從目，而以𠃜象其形；箕從竹，而以甘象其形；衰從衣，而以冄象其形；疇從田，而以己象耕田溝詰詘之形是也。獨體之象形，則成字可讀；附于從某者，不成字不可讀。

一破宋元舊說，特致意於象形非象形之辨，就文字結體而分象形為二類，可謂洞見文字之本原矣。其後王筠說文釋例，依其說而廣之。一曰象形正例。其類有五，即天地類，人類，羽毛鱗介昆虫類，植物類，器械類，是也。二曰象形變例。其類有十，即一字兩形者，由象形減之而仍為象形者，變他字而變形側觀之而後合者，有所兼而後能象形者，象形兼意者，或兼意而小異者，以會意定象形而別加一形者，兼意又兼聲者，似會意然非從某字者，全無形而反成形者是也。條分縷析，惟過於繁瑣，未足為訓。鄭知同乃就段王二氏之說分爲六類：一曰獨體象形，二曰合體象形，三曰象形兼聲，四曰象形字加偏旁，五曰象形字有重形，六曰象形字有最初本形。可謂繁簡適宜，得其大齊矣。孫詒讓名原曰：「文字之流變，唯象形至爲繁雜；說文五百四十部首，象形幾居大半。蓋書契權輿，本於圖象，其初制必如今所傳巴比倫埃及古石刻文，象成其物，全如作繢；此原始象形文字也。其形奇詭，不便書寫，又不能較若畫一，於是省易之。或改文就質，微具匡廓。或刪繁成簡，物舉大意，或舉偏賅全，略規一體；此省變象形也。最後整齊之，以就篆刻之體，而後文字之與繢畫，其界乃截然別異，此後定象形字。今說文所載，大略如是」。說文部首，象形者十之七八。大氏天地之文皆從正象，草木器用諸文亦以正象爲多。至於飛潛動走之類，惟象其背側，蓋以或飛或潛，變動不居，不能不以一端求之也。茲參稽衆說，區分類例如下：

一 獨體象形。 此近人所謂純象形也；或象其正面，或象其側形，大抵視物之形而全畫之；與圖繢雖繁簡殊科，然實出於圖繢，蓋最初之象形文也。

日 實也，象充實不虧形；外象其輪廓，中象黑影。

月 闕也，月圓時少，闕時多，故作上下弦時形。中象月中黑影。

雲 古文雲，象雲气回轉之形。

山 宣氣散生萬物，有石而高，象形。

水 準也，象衆水並流。

泉 水原也，象水流出成川形。

火 燬也，象火燄迸射之形。

田 陳也，樹穀曰田，象四囗；十阡陌之制也。

屮 草木初生也，象形，古文或以爲草字。

竹 冬生草也，象形，下垂者箁箬也。

木 冒也，冒地而生，下象其根也。

朿 木芒也，象形。

禾 嘉穀也。禾木也，从木，象垂穗形。

大 天大，地大，人亦大；故大象人形。

子 象小兒初生形。

心 人心象形。

首 頭也，象形。

口 人所以言食也，象形。

自 鼻也，象鼻形。

米 粟實也，象粟實之形。

來 來麰也，象芒束之形。

冊 符命也，象其札一長一短，中有二編之形。

豆 古食肉器也，象形。

鼎 三足兩耳，利五味之器也。

鬲 鼎屬，象腹交文三足。

网 从冂，下象網交文。

齊大印刷所承印

畢 𠦒 箕屬，所以推棄之器也，象形。

貝 貝 海介虫也，象形。

缶 缶 瓦器，所盛酒，象形。

壺 壺 昆吾圜器也，象形，大象蓋也。

角 角 獸角也，象形。

㐭 㐭 從入，回象屋中有戶牖。字或作廩。

牛 牛 大牲也，象頭角三與封尾之形。

羊 羊 祥也，象頭角足尾形。孔子曰：「牛羊之字以形舉。」

囟 頭會腦蓋也，象小兒腦未合形。

手 手 拳也，舒之曰手，卷之曰拳，象五指與掌形。

車 輿輪之總名。象形。

矢 矢 弓弩矢也，象鏑括羽之形。

琴 珡 禁也，象形。今字作琴。

燕 玄鳥也，象形。

虫 一名蝮，博三寸，首大如擘指，象其臥形。

萬 虫也，象形。

它 虫也，從虫而長，象寃曲垂尾形。

魚 水虫也，象形，魚尾與燕尾相視。

龜 古文龜，象形。

黽 黽也象形。

禹 虫也，象形。

隹 鳥之短尾總名也，象形。

鳥 長尾禽總名也，象形。

鳳 神鳥也，象形。

舄 鵲也，象形。舄篆文舃，從隹昔。

焉 焉鳥也，黃色，出於江淮，章炳麟曰：「焉卽蓄鷟鳥。」文始

入 天地之性最貴者也，象人臂脛之形。

犬 狗之有縣蹏者，象形。孔子曰：「視犬之字，如畫狗也。」

舟 船也，象形。

二 合體象形。 單形不能肖物，因加他體，或同類之字以象之也。

雲 山川气也，從雨，云象回轉之象。因形不顯著，故加雨以足之。

眉 目上毛也，從目象眉之形，上象額理也。

屯 難也，從屮毌一，一地也。象草木之初生，屯然而難。

耑 物初生之題也，上象物初生形，下象其根，一地也。

巢 鳥在木曰巢，在穴下曰窠。從木象居巢。

果 木實也，從木，田象果形。

首 古文百也，巛象髮鬈曲形。

旦 明也，從日見一上。一地也。

韭 菜名，象形，在一之上。一地也。

石 山石也，在厂之下，口象形。

鹵 西方鹹地也，從籀文西，㐅象鹽附着形。

西 鳥在巢上也。日在西方而鳥西，故以爲東西之西。

瓜 蓏也，外象其蔓，中象其實。

臼 春也，古者掘地以春，其後穿木石，象形，中米也。

雨 水從雲下也，象雲覆之，水零其間也。

三 變體象形。 字有不可從實象者，或變更其位置，或減省其筆畫；易其體勢，以求肖物，所謂形局而意通也。

尸 陳也，從橫人，象臥之形。此當是屍之初文。

県 到首也，此斷首到縣本字。

目 人眼，象形。朱駿聲曰：「外象匡，中象童子，橫視之肖」

𣥂 蹈也，從反止。

夨 傾頭也，從大象形，借其象以爲一切傾側字。

齊大印刷所承印

天　屈也，從大象形，借其象以爲一切夭屈字。

𣎵　伐木餘也。此櫱之古文，從木無頭，謂木禿其上，僅餘根株。

片　判木也，從半木。

交　交脛也，從大象交形。

丫　羊角也，象羊之省形。

卂　疾飛也，從飛而羽不見。

烏　孝鳥也，不點睛者，色純黑不見其精也。

虍　虎文也，省虎，象虎皮有文采形。

𠫓　不順忽出也，從到子。

非　違也，從飛下翄，取其相背。

第三章　指事論

指事象形同爲六書中之單體字，象形本於圖繢，指事原於符號，理至簡單，無俟曲解。許氏釋之曰：「指事者，視而可識，察而見意，上下是也。」視謂初視，察謂審察；蓋符號簡單，標識卽曉，究其奧恉，有待深察。惟是六書之中，指事最少，亦最難辨。「視而可識，」則近於象形；察而見意，則鄰乎會意；非徒取象於外，抑又參酌乎內也。唐宋以來，異說紛綸。衞恆曰：「指事上下是也，在上爲上，在下爲下。」賈公彥曰：「處事者，上下之類是也。人在一上爲上，人在一下爲下；各有其處，事得其宜，故名處事也。」徐鍇曰：「無形可載，有勢可見，則爲指事。上下之別，起於互對；有下而上，上名所以立，有上而下，下名所以生：無定形也。故立一而上下引之，以見指歸，故曰指事。」張有曰：「事猶物也；指事者，加物於象形之文，直著其事，指而可識者也，如本末之類。」戴侗曰：「何謂指事？指事之實以立文，一二上下之類是也。」楊桓曰：「指事者何？或形或意，隨體隨用，遠在所主之事。或特一畫二畫三畫直指其事之所在，或立形立意未明，復以其屬指之；或偶同他形他意，復以體類各別而指之；或形意互相指；或以注指；或以聲指；事明而止，使人覩之，而自趨其事之所在，故謂之指事。上承乎象形會意，而下生乎轉注形聲，文之末，字之道也。」劉泰曰：「指事者，文既成乎象形會意，而理不能該者，則事生焉；如本末之類，指其木之下者爲本，指其木之上者爲末也。」趙古則曰：「事猶物也。聖人造書，形不可象，則屬諸事；是以其文繼象形而出。象形文也，指事亦文也，象形文之純，指事文之加也，故曰正生附本。蓋指事之本附於象形，如本末朱禾未束之類是也。夫木象形文也；加一於上，則指爲末，加一於中，則指爲朱，以其首曲而加，則指爲禾，以其枝葉之繁而加，則指爲未，以其枝幹有物而加，則指爲束。其字既不可謂之象形，又不可謂之會意，故謂之指事。」王應電曰：「以形以意，合數文而爲經綸之象；從又持肉于示，爲祭事，從手持弓矢爲射事，從哭亡爲喪事，從目加木爲相度之事，故曰處事；謂以人處事。又曰指事，謂指人之事；卽古語象事之謂也。」張位曰：「指事謂著其事而可知也；如人目爲見，鼻臭爲齅，兩戶相向爲門，兩手齊下爲拜之類是也。」吳元滿曰：「形不可象，則屬諸事。始以象形易位爲增減，次以象形變體爲差別，三以象形

依形而製字為象形

因事而生形為指事

指事區意之別

加物爲指事。其文有加，旣不可謂爲象形，而所加之畫，又不成字，亦不可謂之會意，間文字之間，故曰指事。」趙宧光曰：「指事者，指而可識也。一二三之類，彼將曰象其數；獨不知數可心通，不可目取；事也，非物也。趙古則諸人所引，當在後例，所謂變例，非正法也。」王筠曰：六書之中，指事最少，而又最難辨，所謂「視而可識」則近於象形，「察而見意」則近於會意。然物有形也，而事無形；會兩字之意，以爲一字之意，而後可會；而上下之兩體，固非古本切之丨，於悉切之一也。明於此，指事不得混於象形，更不得混於會意矣。」諸家所論，並屬皮傅之譚。至於江聲謂：「依形而製字爲象形，因事而生形爲指事。」段玉裁謂：「形謂一物，事晐衆物」並非的解，張行孚辨之審矣。其言曰：

六書之例，惟指事一門，說文言之最少。故諸家說指事，往往與會意相溷，且有與象形相溷者。愚按指事與會意，其字雖皆兩體相成，然必兩體皆字，而可會合兩字之意者，爲會意。字雖兩體，而或兩體皆非字，或一體爲字，一體非字，但可察見其意，而未嘗有兩字會合之意者爲指事。王氏筠以爲「凡指事之字，兩體相成，必非兩字。」是也。夫一在一上爲二，口含一爲甘，日出一上爲旦，到入於一爲干，其字亦似有意相成；然其意止可察而見之，不能比而合之，此其所以異於會意也。乃自兩字皆字，兩體不皆字之例剖析不明，人往往以察而見之意，爲比類而相合之意。如冃訓重覆，以一上有冂見意，冂爲字而一非字；匸訓有所夾藏以乚上有一見意，乚爲字而一非字；土訓地生萬物，以丨出二中見意，二與丨皆非字，皆無意可會，而段氏以爲會意矣。又如立訓侸以亣在一上見意，亣爲字，而一非字，亦無意可會；而徐氏以爲會意矣。原夫段氏之意，固謂獨體爲指事，而凡字之兩體者，皆會意也。而抑思一在一上爲上，一在一下爲下，許氏所謂指事者，固莫非兩體之字乎？段氏譏徐鍇江聲以會意爲指事，而自忘以指事爲會意，殆遠見千里，而近不見目睫已，若夫王筠謂指事之字形，非合字而成，或合他字而成，而其中仍有不成字者。此其於指事會意之例，固剖析甚淸矣。然指事與象形亦有定例，蓋其形本可變易而以字定其形者，謂之指事。如一二三二一之形，本可橫可竪，一二諸形且可正其表；而造字者定爲一二二二之形，始一成而不變，此指事也。其形本一定難易，而以字依其形者，謂之象形。如日月鳥獸之形，本生成難改，造文者苟任意變亂，則歧異而不似，此象形也。乃許氏於八字云：「別也。象分別相背之形。」蓋謂一物而並列，此定形也；尚八字一橫一到，則不似一物分而相背之形矣，而王氏以爲指事。許氏於業下云：「叢生艸也，象形。」蓋謂業象叢生艸，此定形也；尚業字一橫一到，則不似叢生艸之形矣，而王氏亦以爲指事。餘如毛垂毋齊等字，許氏云象形者，王氏每以爲指事；豈此等字如一二三二一之可變易乎？必不然矣。且王氏於旁下云：「此以會意定指事。」不知指事之字，本有綮而可見之意，初非以會意定指事也。王氏乃云以會意定指事，不亦疏乎？愚嘗反覆推究，竊謂指事之異於會意

齊大印刷所承印

者，會意兩體皆字，指事兩體不皆字。指事之異於象形者，象形之形有定，指事之形無定也。」

其論指事所以別於象形會意者，深切精審，與鄭漁仲之言可以互相發明矣。鄭氏曰：「指事類乎象形，指事事也，象形形也。指事類乎會意，指事文也，會意字也。獨體爲文，合體爲字。形可象者曰象形，非形可象者指其事，曰指事。此指事之義也。」蓋有形者物，無形者事；物本自然，事由心造。依質制文，象形之純例；虛擬叚託，指事之正軌；校然著明，無俟曲解。至於指事會意，同涉想像，正名定詁，易致含混。然一爲單體，一爲合體，即其犖較，區分甚易。其有同爲合體，本屬例外，區而別之，亦非難事。蓋所合各體，俱自成文者，會意也。俱不成文，或一成文，一不成文者指事也。緣事制名，畛界斯分，學者復何疑焉。

鄭樵分指事爲二類，一曰正生，二曰兼生。兼生又分爲三，一曰事兼聲，二曰事兼形，三曰事兼意。楊桓分指事爲九類，一曰直指其事，二曰以形指形，三日以意指意，四日以意指形，五日以形指意，六日以注指形，七日以注指意，八日以聲指形，九日以聲指意，務爲穿鑿，泥而不通，宋明之際，言指事分類者惟吳元滿之說爲近是。其六書正義曰：

或轉變以別意，或變形以別象，或加畫於形體之上以成文，或省形體之半以取義。其正生者三種：一曰轉體指事，二曰變體指事，三曰加體指事。其變生者一種，曰省體指事。其兼生者一種，曰事兼會意。以是五類推之，而指事之義盡矣。

以五類別指事，雖無以解一二丄丅諸文，然「所加之畫不成字」一語，王菉友所謂指事之字，兩體相成，必非兩字之所本也。淸儒之言指事類例，大氏區分過密，失之拘迂。如王氏既分獨體爲正例，合體爲變例。而變例之中又有以會意定事，卽意卽事，指事兼意與聲，增體指事，省體指事，形不可象變爲指事者，借形指事，指事兼意，諸類，務爲纖密，不憚辭費。近人于鬯運分指事爲十類。六書存微 廖平分指事爲八類。六書舊義 每至牽引會意形聲，含混不淸，蓋無足比數矣。茲參照王氏之說，加以是正，具如左方：

一　正體指事　卽近所謂純指事也。蓋爲指事正例，多屬單體，不至與象形會意相混也。

一　數之始也，段玉裁曰：「一之形於六書爲指事。」

二　高也，在一之上者爲上，下者爲下，段氏所謂「不泥其物而言其事也。」

丨　上下通也，引而上行讀若囟，引而下行讀若退。

丶　有所絕止，而識之也。意有所存心識其處者皆是。

八　別也，象分別相背之象。

入　內也，象從上俱下也。

冂　覆也，平而下垂，謂其自上覆下也。

厶　姦衺也，韓非曰：「蒼頡作字，自營爲厶。」此公私本字。

十　數之具也，一爲東西丨爲南北則四方中央備矣。

△ 三合也，象三合之形。

乃 曳詞之難也，象气出之難。張行孚曰「乃爲難之本字。」

凶 惡也，象地穿交陷其中也。

冂 邑外謂之郊，郊外謂之野，野外謂之林，林外謂之冂，象遠界也。

回 古文回，象回轉形。

文 遣畫也，象交文。

九 陽之變也，象其屈曲究盡之形。

勹 裹也，象人屈形有所包裹。

癸 冬時水之平可揆度也。象水，從四方流入地中形。

亞 醜也，象人屈背之形，賈侍中說，以爲次第也。

彳 小步也，象人脛三屬相連也。

工 巧視也，象人有規矩。

爻 交也，象易六爻頭交也。

齊大印刷所承印

丂 氣欲舒出，上礙於一也。

囘 囘也，象囘帀之形。

匚 受物之器，象形，讀若方。

叕 綴聯也，象形。

二 合體指事。合兩體而成文，或因形之一部不能象，而指之，或先設一文，加以點畫符識以指之，或兩體俱不成文，合之則其事乃見。皆是類也。

音 生於心有節於外謂之音，從言含一。

示 天垂象見吉凶以示人也，從上，三垂日月星也。

刃 刀堅也，從刀，一之指其處也。

畺 界也，從畕，三其界也。

寸 人手却一寸爲動脈，謂之寸口。從又，又手也，一以記寸口。

尹 治也，從又，丿握事者也。

㡀　敗衣也，從巾，四點以言其破敗。

甘　美也，從口含一，不定何物，故作一以指之。

只　語已詞也，從口，象气下引之形。

曰　詞也，從口，乚象口气出也。

尒　詞之必然也，從丨八，八象气之分象。孔廣居曰：「个楷作丁，所以固器物者，丁寧亦詞之必然也。八象口鼻出气形，與余只等同意。」

亦　人之臂亦也，從大，八指其處。

牟　牛鳴也從牛，厶象其聲氣從口出。

叉　手足甲也，從又，二指甲形。

丑　紐也，從又而縶之。

血　祭所薦牲血也，從器一象血形。

不　鳥飛上翔不下來也，從一，一猶天也，象形。

齊大印刷所承印

至 鳥飛從高下至地也，從一，一猶地也，象形。

立 住也，從大立一之上。

氐 本也，從氏下箸一，一地也。

本 木下曰本，從木一在其下。

[illegible] [illegible]也，象氣從口出。

支 去竹之枝也，從手持半竹。

束 縛也，從囗木。

三 變體指事。此指事之變形也。取一字而變易其位置，增損其筆畫，使人察而可以見意者也。

凵 張口也，干筠曰：「張口事也，祇有下唇者，人之張口，下唇獨奢也。」

夕 莫也，從月半見。莫日冥也，莫且冥則月見矣。然不如夜月之明，故從半月以見意也。

匕 匕 變也，從到人。人而到變化之意也。此變化本字。[redacted]

帀 帀 周也，從反之而帀也。之象草木出地，枝葉益大，反之，故周也。

幻 𠃨 相詐惑也，從反予。周書曰：「無或譸張爲幻。」

廴 廴 長行也，從彳引之。

𠂢 𠂢 水之邪流別也，從反永。

㫗 㫗 厚也，從反享。段玉裁曰：「到享者，不奉人而自奉厚之意也。」

司 司 臣司事於外也，從反后。后繼體君也，在內，臣宣力四方，在外，故從反后。

第四章 會意論

六書除形聲外，以會意爲最多。會意者，合象形指事之兩文，或三文以見意，亦有多至五六文者。蓋中古以來，名物漸繁，獨體之文，既難周用。將欲隨事制名，形不可盡象，事不可悉指，乃增立會意形聲之法，俾便孳乳。於是字體加繁，而其用亦應變無窮矣。許君曰：「會意者，比類合誼，以見指撝，武信是也。」說文解字敘 段玉裁注之曰：「誼者，人所宜也。先鄭周禮注曰：今人用義，古書用誼，誼者本字，義者假借字。指撝與指麾同，謂所指向也。比合人言之誼，可以見必是信字；比合指戈之意，可以見必是武字；是會意也。會意者，合誼之謂也。」王筠釋之曰：「會合也，合誼即會意之正解。說文用誼，今人用義，合二字三字之義，以成一字之義。」蓋止戈爲武，人言爲信，皆合二文以見義也。老從人毛化，祭言祀神，而從又持肉於示前，此合三文以見義也。事至簡單，無待曲說。自唐以來，諸家言會意者，多本許書。賈公彥曰：「會意者，武信之類是也。人言爲信，止戈爲武，會合人意，故云會意也。」徐鍇曰：「會意者，人事也。無形無勢，取義垂訓，故作會意。載戢干戈，殺以止殺，故止戈爲武。君子先行其言，而後從之，去食存信，故人言爲信。」張有曰：「會意者，或合其體而兼乎其義，或反其文而取其意，擬之而後言，議之而後動者也，如休信明之類。」戴侗曰：「何謂會意？合文以見意。兩人爲從，三人爲衆，兩火爲炎，三火爲焱之類是也。」楊桓曰：「會意者何？形者體也，常也。而其用也，其動也，其變也，各有主意焉。故必假其形之用，之動，之變，以示其意，使人觀之而自悟，故謂之會意。」劉泰曰：「會意者，天地景物之形既異，其文又不一而足，故摹庶物變動之意以成文，如從比之類，取義兩人相從爲從，相比爲比也。」周伯琦曰：「事不可該，則屬諸意，信義是也。」張位曰：「會意者，合文以成其意也。如止戈爲武，力田爲男，女帚爲婦，人言爲信，人爲爲僞，吏於人爲使之類。」吳元滿曰：「事不能該，則屬諸意。合象形指事之文以成字，擬議以成其變化，故曰會意。」趙宧光曰：「會意者，事形不足，合文爲之，二合以至多合也。」會意一書，本無紛歧之論，諸家所說，大抵因緣許書，利其齒牙。惟楊劉二氏變動之說，其辭繳繞。且以會意之例，專屬鄭樵所謂「同母之合，」其「異母之合，」則置之弗論，蓋未嘗詳究許書而誤解鄭說者也。鄭氏云：「會意字也，文合而成字。文有子母，母主義，子主聲，一母一子爲諧聲，二母合爲會意。會意者，二體俱主義，合而成字也。」其言本不可爲訓。其六書略，於會意一門，所收諸字，尤多刺謬，轉足啓後人之疑。如並木爲林，並生爲甡之類，入之會意。而並玉爲珏，並山爲屾，又入之象形。重夕爲多，重戈爲戔之類，入之會意。而重火爲炎，重田爲畕，又入之形象。三耳爲聶，三馬爲驫之類，入之會意。三車爲轟，三隹爲雥，又入之象形。四魚爲[illegible]，四工爲㠭入之會意，而四口爲㗊，四屮爲茻，又入之象形。二邑相向爲𨛜之類，入於會意，兩𠂤相向爲𨺅又入之象形。兩臣相背爲臦之類，入於會意，兩人相背爲北，又入之象形。」本書說自相抵牾，致令後人有象形通於會意之論。近人劉師培曰：

會意者，兩形並列之字也。吾爲兩形並列之字，亦出於古代圖畫。例如武字從止從戈，在上古時必畫一人作止戈之形。信字從人從言，在上古時，必畫一人作欲語之形。又如舞字從人從舞，即畫一人而加以舞蹈形也。位字從人從立，即畫一人直立之形。伐字從人從戈，即畫一人荷戈之形。男字從力從田，卽畫一人耕田之形。婦字從女從帚，卽畫一女持帚之形。苗字從草從田，卽畫草生於田之形。焚字從林從火，卽畫一火燒林之形。鳴字從口從鳥，卽畫羽族發聲之形。吠字從口從犬，卽畫犬属發聲之形。嵩字從山從高，卽畫山峯最高之形。由是言之，則會意者，兩形並列之謂也，亦卽古代之圖畫也。故會意出於象形。又如祭字從又從示肉，卽古人祭神以手持肉之圖也。集字從木從鳥，卽鳥在木之圖也。牢字從宀從牛，卽牛在屋下之圖也。此皆會意之正例　餘可類推。故說文列會意各字，約分二類，例如天，皇，周，閏，仁，吏諸字王筠以順遞爲義之字釋之。案此類文字之中，有出於象形者，亦有出於指事者。然以出於象形爲正例。又如祝，韋，咸，啓，正竟，癸諸字，王氏筠曰：「此對峙爲意之字也。此類之字，不以所從之兩體三體連貫而直捷言之，由其用意多委曲也，凡兩言從者皆是。」要而論之，會意雖以意爲主，然每字之義皆起於字形。故說文所列會意之字，有以字形發明字義

齊大印刷所承印

會意與象形不同

會意與指事不同

者如莫，𥁕，杲，之，𦤎光，坐，或，𦍒諸字，是與順遞爲義者爲一類。然字義卽見於字形，則古圖畫變形也。又如雈，夔，三字，皆會意而兼象形者也。又如葬，父，腦三字，皆於會外另加一形者也。舉此數證觀之，則會意一體，卽象形中複雜之字也。小學發微

因會意之文多出於象形，故言會意者，多泥於象形會意之相通。不知象形爲獨體，會意爲合體。象形類物之狀，會意類物之情。會意雖以拼合象形之文爲主，亦有兼事兼聲者，不可限以象形。形實意虛，其別甚顯，此會意與象形不同也。又兩體皆字爲會意；兩體非字，或一體爲字，一體非字爲指事。事意之混，區分亦易，此會意與指事不同也。

鄭樵分會意爲二類：一曰「正生，」二曰「續生。」正生之別有二：曰「同母之合，」曰「異母之合。」於會意分類，雖未詳備，宋明以來，未之或外。張有之分「合體兼義，反文取意」戴侗之主「同體相合，」皆上承漁仲之說者也。楊桓襲戴氏之說，分會意爲十六類。一曰天運之意，二曰地體之意，三曰人體

之意，四曰人倫之意，五曰人倫事意，六曰人品之意，七曰人品事意，八曰數目之意，九曰采色之意，十曰宮室之意，十一曰衣服之意，十二曰飲食之意，十三曰器用之意，十四曰飛走之意，十五曰蟲魚之意，十六曰生植之意，吳元滿分會意爲六類：一曰本體會意，二曰合體會意，三曰二體會意，四曰三體會意，謂之正，生。五曰省體會意，六曰意兼聲，謂之變生。趙宧光分會意爲七類，一曰同體合，二曰異體合，三曰省體合，四曰讓體合，五曰破體合，六曰變體合，七曰側倒會意，支離破碎，均無當於許說也。王筠說文釋例，列會意之正例三，變例十二，文繁不具錄。鄭知同分會意爲會意正體，會意重形，會意中有象形，會意中有反形，會意中有聲旁，會意中有省旁，六類。孔廣居分會意爲正例，省體、獨體三類。大率依傍前修，後起加密。茲綜合以上諸說，特爲區分如下：

一　正體會意　卽所謂純意也。或順遞見意，或並峙見意，或卽形見意，不雜他書，會意之正例也。

甲　順遞爲意。

走　趨也，從夭止。夭者屈也，疾趨則足屈，故會夭止二字以見意。

公　平分也，從八從厶，八猶背也。韓非曰：「背厶爲公」

前　不行而進，謂之前，從止在舟上。

是　直也，從日正，日中則正是之意也。

老　考也，七十曰老，老從人毛七，言須髮變白也。

㬥　晞也，從日出廾米，言日出則手持米而曬之也。

辛　皋也，從干，二古文上字，讀若愆。張林說。

及　逮也，從又從人。徐鍇曰：「及前人也。」

寒　凍也，從人在宀下，以茻薦覆之，下有冰。

各　異辭也，從口夊，夊者，有行而止之不相聽也。

喿　鳥羣鳴也，從品在木上。

扁　署也，從戶冊，戶冊者，署門之文也。

肃 持事振敬也，從聿在㴋上，戰戰兢兢也。

取 捕取也，從又從耳。周禮「獲者取左耳。」司馬法曰：「載獻聝。」聝者耳也。

祭 祀也，從又持肉以示也。

貸 恃也，從人寺貝，有所恃也。一曰受貸不償。

用 可施行也，從卜中。衞宏說。

香 芳也，從黍從甘。春秋傳曰：「黍稷馨香。」

穿 通也，從牙在穴中。

杳 冥也，從日在木下也。

東 動也，從日在木中。

賈 市也，從网貝，孟子曰：「登壟斷而网市利。」

解 判也，從刀判牛角。

命 使也，從口從令，謂從口出號令也。

奞 奞 鞏也，從奞在田上。詩曰：「不能奮飛。」

臽 臽 小阱也，從人在臼上。

采 采 木成秀，人所收，從爪禾。

耒 耒 手耕曲木也，從木推丯。古者垂作耒耜以振民也。

典 典 五帝之書也，從冊在丌上，尊閣之也。莊都說典大冊也。

印 印 執政所持信也，從爪從卩。

危 危 在高而懼也，從厃，自卪止之。

夾 夾 持也，從大俠二人。

悳 悳 外得於人，內得於己也。從直心。

閒 閒 隙也。從月在門中。徐諧曰：「夫門夜閉，閉而見月光，是有間隙也。」

乙 並峙為意。

皇 皇 大也，從王從自。自始也，始王者三皇，大君也。自讀若鼻，今俗以始生子爲鼻子。

熏　火烟上出也，從屮從黑。屮黑，熏象也。

半　物中分也，從八，從牛。牛爲物大，可分也。

名　自命也，從口從夕。夕者冥也，冥不相見，故以口自名。

分　別也，從八刀，刀以分別物也。

悉　詳盡也，從心從釆。

㕯　言之訥也，從口從內。

章　樂竟爲一章，從音從十，十數之終也。

筋　肉之力也，從肉力，從竹。竹，物之多筋者。

辟　法也，從卩從辛，節制其辠也。從口用法者也。

廛　二畝半也，一家之居，從广里八土。在野曰廬，在邑曰廛，廛民居也，在當二畝半。字從广，屋也，里居也，八分也，八土猶分土也，言民分土而營屋以居也。

奉 奉也，受也，從手，從卩，從収。

奏 奏進也，從本、從収、從屮。屮上進之意。

詹 多言也，從言，從八、從厃。

幾 微也，殆也，從𢆶從戍。戍兵守也，𢆶而兵守者危也。

相 省視也，從目從木，易曰：「地可觀者莫觀於木」詩曰：「相鼠有皮」

典 分也，從収，從畀。畀予也。

善 吉也，從誩從羊，此與義美同意。

圉 囹圉，所以拘罪人，從㚔，從囗。

封 爵，諸侯之封也。從之，從土，從寸，守其制度也。公侯百里，伯七十里。子男五十里。徐鍇曰：「各之其土也。」

等 齊簡也，從竹，從寺，寺官曹之等平也。

興 舉也，從同，從舁，同力舁之則舉也。

孰 食飪也，從丮𦎫，物𦎫可丮食之也。

棄　捐也，從廾推華棄之。從𠫓，𠫓逆子也。

獄　訟也，從二犬守言。言訟者也，所謂犴獄也。

柬　分別擇之也，從束從八。

祝　祭主贊詞者，從示，從人口，一曰從兌省。易曰：「兌為口為巫。」

辯　治也，從言在辡之間。辡者罪人相與訟也，言在其間，以言折獄也。

二　複體會意。　卽重文見意之謂也。或重兩文，或重三四文，或兩文相背，或兩文相對，其例如左：

吅　驚呼也，從二口。

䀠　左右視也，從二目。

兹　黑也，從二玄。春秋傳曰：「何故使吾水兹？」

雔　雙鳥也，從二隹，讀若酬。

辡　罪人相與訟也，從二辛從，二辛言二罪人也。

齊大印刷所承印

炎 火光上也，從重火。

多 重也，從重夕。

㕛 同志爲友，從二又相交友也。

臦 乖也，從二臣相違，讀若誑。

北 乖也，從二人相背。

癶 足剌癶也，從止少，讀若撥。

舛 對臥也，從夊㐄相背。

𠬞 竦手也，從𠂇從又。

𦥑 叉手也。

鬥 爭也，兩士相門，兵杖在後。

行 人之步趨也，從彳從亍。

焱 火華也，從三火。

猋 犬走皃，從三犬。

茻　眾艸也，從四屮。

㗊　眾口也，從四口，讀若戢，又讀若呶。

㠭　極工巧視也，從四工。

三　變體會意。意不可悉會，或加他文以足之，或省體見意，均會意之變例也。其例如左：

甲　會意兼象形。

爨　齊謂炊爨，𦥑象持甑，冂爲竈口，廾推林內火。按同冂非字，象甑及竈口形。

矦　射矦也，有射矦必有射者，故會人與矢以見意，厂象張布形。

爵　禮器也，象爵之形，中有鬯酒又持之也。

鼓　革樂也。朱駿聲曰「從壴，從又，手擊之也。屮象垂飾，如崇牙樹羽之屬，俗字作皷，與從支之鼔別。」

磬　樂石也，從石殳擊之也。聲象磬及縣虛之形。

乙　會。意。兼指事

畫　界也，象田四界，聿所以畫之。聿筆也，會聿田以見意、於田之四旁加四畫以指之。

葬　藏也，從死在茻中，一其中所以薦之。易曰古之葬者厚衣以薪。

鬱　芳草也，十葉爲貫，百廿貫築以煮之爲鬱，從臼冂缶鬯，彡其飾也。

亙　常也，從心從舟在二之間，上下一心，如舟施恆也。

開　古文開，從門，從収，一者關也，収拔關開之也。

𤔔　治也，幺子相亂，𠬪治之也。徐鍇曰：「冂坰也，界也。

丙　會意。兼形。聲。

㝷　繹理也，從工，從口，從又，從寸。工口亂也，又寸分理之，彡聲。

化　教行也，從七人，七亦聲。

政　正也，從攴正，正亦聲。攴正者。謂攴之使即於正也。

吏　治人也，從一從史，史亦聲。

禮　履也，所以事神致福也，從示從豊，豊亦聲。

丁　會省體爲意

舂　擣粟也，從廾持杵臨臼上，午杵省也。

晝　日之出入，與夜爲界，從畫省，從日。

喬　高而曲也，從夭，從高省，詩曰：「南有喬木。」

佞　巧諂高材也，從女信省。徐鉉曰「女子之信近爲佞也。」

會　合也，從亼，從曾省，曾益也。

隶　及也。從又，從尾省，又持尾者，從後及之也。

酎　三重醇酒，從酉，從時省。明堂月令「孟秋天子飲酎。」

軍　圜圍也，四千人爲軍，從車從包省。

第五章　形聲論

六書以形聲爲最多，亦以聲爲最便，意不可會，則諧諸聲，班固謂之象聲，鄭衆謂之諧聲。名或不同，意無兩指，象聲謂以一字爲聲，象語言之聲，諧聲謂以文字之聲，諧語言之聲：循名責實，固以許氏形聲一詞爲確，班許兩名，亦未可謂之非是也。晉唐以來，或遵鄭名，或守許誼，班氏象聲之辭，已無爲之述說矣。許君曰：「形聲者，以事爲名，取譬相成，江河是也」蓋形聲字半體表音，半體表義，以事爲名者，指表義之體而言，亦卽形也；取譬相成者，指表音之體而言，亦卽聲也。如江河皆水，以左從水，以水爲名也。其右工聲可聲，取譬字音以成字也。至後世形聲諧聲之辨，其說互異，述之如下：

一、形聲說。衞恆曰：「形聲江河是也，以類爲形，配以聲也。」楊桓曰「形聲者何？形者非專象形而言也，蓋總其象形會意，以賓主言之也，主爲形，賓爲聲也。故必於形之旁，取一文一字，直附其聲，使人呼之，自知其何形何意也，故曰形聲。」王應雷曰「主一字之形，而以他字之聲音合之；因其形之同，而知爲是類，是其聲之異，而知爲是物是聲，故曰形聲。」鄭知同曰：「形聲者，合二字成文，以一旁定其形，以一旁擬其音也。推其意，卽會意有聲字減省之法，如山水土石草木虫魚各字，第加之山水等旁，不煩更用多形，而取同一音字配之卽成字。」此主形聲而爲之說也。

二

諧聲說。徐鍇曰：「諧聲第四，無形可象，無事可指，無意可會，故作諧聲。江河四瀆，名以地分；華岱五岳，號隨境異；逶迤峻極，其狀本同，故立體於側，各以聲韻別之。」張有曰：「諧聲者，或主母以定形，或因母以主意，而附他字爲子，以調合其聲者也。」鄭樵曰：「諧聲於五書同出，五書有窮，諧聲無窮。五書尙義，諧聲尙聲。天下有有窮之義，而有無窮之聲。諧聲者，合聲成字，不可勝舉。」戴侗曰：「何爲諧聲？以晶而諧以生爲星，從甘而諧以匕聲爲旨，從又而諧以卜聲爲攴之類是也。」周伯琦曰：「意不可盡，則諧諸聲，江河是也。」

趙古則曰：「六書之要在於諧聲，聲原於虛，妙於物而無不諧故也。然其爲字則主母以定形，因母以主意，而附他字爲子，以調合其聲者也。」張位曰：「諧聲謂本一字，以定其體，而附他字以諧其聲也。如江河左從水以定其體，而諧聲在右。鵝鴨右從鳥以定其體，而諧聲在左。拳裳諸聲在上，箎箈諸聲在下，圜圙諸聲在內，徽輿諸聲在外之類是也。」吳元滿曰：「未立文字先有聲音，意有盡而聲無窮，故因聲以補意之不足，立部爲母以定意，附他字爲子，以調協其聲音，故曰諧聲。」此主諸聲而爲之說也。

別目兩名，合義則一。故王筠曰：「以造字之本言之，則云諧聲自可。蓋先有江河之名，而後有江河之字。其所以成字者，在工可之聲，故曰可也。」若以用字之法論之則云形聲乃爲賅備。如杠柯亦以工可爲聲，而既以木定其形，則杠爲步渡，柯爲斧柄矣。不得偏重聲也。」旨哉言乎！主賓主子母之說，以爲聲者賓也，子也；形者主也，母也；因形生義，聲無與於義。其說似是，而實非也。蓋形聲乃半主形，半主聲，形聲兩體相合而成，其義卽寓於形聲二者之間。雖義生於形，已爲常則。而由聲得義，亦數見不鮮也。龔自珍曰：

古者先有聲音，而後有文字，是故九千字之中，從某爲聲者必同是某義。如從「非」聲者，定是赤義。從「番」聲者，定是白義。從「于」聲者，定是大義。從「酉」聲者，定是臭義。從「力」聲者，定是文理之義。從劦聲者，定是和義。全書八九十端，此可以窺上古之語言，于劦部發其凡焉。述段玉裁論說文以聲爲義條見說文通訓定聲

近人儀徵劉師培論之尤詳。其言曰：

衷忠仲三字，從中得聲，然咸有中字之義。濛朦曚幪幪五字，從蒙得聲，然咸有句曲之義。价玠界三字，從介得聲，然咸大字之義。惇敦醇諄啍焞錞淳八字，皆從享可聲，然咸有敦厚之義。稜棱掕陵四字，皆從夌得聲，然咸高峭之義。菁精鶄彰晴清婧情婧綪十字，皆從青得聲，然咸

有清明之義，梃侹頲挺四字，皆從廷得聲，然咸有直字之義。莖挳脛桱頸勁輕陘八字，皆從巠得聲，亦咸有直字之義。論倫淪綸四字，皆從侖得聲，然咸有條理成文之義。訓順馴紃四字，皆從川得聲，然咸有順從之意。㸾訒忍紉仞五字，皆從刃得聲，然咸有隱藏之意。諓殘棧賤俴綫錢淺餞九字，皆從戔得聲，然咸有小字及盡字之意。變欒彎三字，咸從䜌得聲，然咸有更字及屈字之義。橫廣璜黌曠獷六字，咸從黃得聲，然咸有大字之義。禳讓蠰攘四字，咸從襄得聲，然咸有除字及却字之義。暗暗窨瘖罯黯湆七字，咸從音得聲然咸有幽暗之義。沈耽忱妉四字，咸從冘得聲，然咸有沈溺之義。謙慊歉濂四字，咸從兼得義，然咸有不足之義。酣柑鉗苷泔五字，咸從甘得聲，然咸有甘字之義。墳蕡豶羵轒濆六字，咸從賁得聲，然咸有大字之義。侅該荄孩垓刻骸核八字，咸從亥得聲，然咸有終字及稚字之義。濡懦儒三字，咸從需得義，然咸有柔字之義。逾踰愈三字，咸從俞得聲，然咸有過字之義。侍峙恃三字，咸從寺得聲，然咸有獨字之義。是故形聲之字，必兼有義，而義每取於聲。說文所言亦聲者，固聲兼義。卽不言亦聲者，亦大半兼義。如衷仲忠三字從中得聲皆有中字之義。誹扉排三字從非得聲，皆有違背之義。是則「因以主意，」「立部爲母以定意，」之說，殆不可爲訓矣。王筠曰：「聲之來也，與天地同始。未有文字以前，先有是聲。依聲以造字，而聲寓於文字之內；故不獨形聲一門然也。先有日月之名，因造日月之文，先有上下之詞，因造上下之文。執文以求聲，則象形指事其聲在字外。而溯其始以論聲，卽形聲字亦聲在字先也。」張行孚曰：「古人造字之始，旣以字形象物之形，復以字音象物之聲。如牛字象牛之形，而牛字音卽與牛鳴相似。羊字象羊之形，而羊字音卽與羊鳴相似。豕字象豕之形，而豕字音卽與豕鳴相似。木字象木之形，而木字音卽與擊木相似。石字象石之形，而石字音卽與擊石相似。竹字象竹之形，而竹字音卽與擊竹相似。金字象金之形，而金字音卽與金聲相似。至馬字大字燕字亦象形之字，而字音

不甚與物聲相似者　則字音展轉讀別爾。若夫形聲會意之字，雖字形不象物形，而字音亦有象物之聲者。如雞字從隹奚聲，而雞字音則與雞鳴相似。鵲字從隹昔聲，而鵲字音則與鵲鳴相似。雀字從小隹會意，而雀字音則與雀鳴相似。……此等字音，眞天地之元音，無論何時何地，皆一成不易。」是知形聲之字，必非苟且配合，以其字之形，代表其物之聲，亦即以其字之聲，代表其字之義，蓋一種純粹音之象徵也。

賈公彥曰：「書有六體，形聲實多。」亦分形聲爲六類：

一　左形右聲　如江河之類。

二　右形左聲　如鳩鴿之類。

三　上形下聲　如草藻之類。

四　上聲下形　如婆娑之類。

五　外形內聲　如圃國之類。

六　外聲內形　如閩問衡銜之類。

鄭樵分形聲爲二曰：正聲，曰變生。正生之類一，變生之類六：一曰子母同生，如孳字之類，二曰母主聲，如瞿字之類。三曰主聲不主義，如匏字之類。四曰子母互爲聲，如靡字之類。五曰聲兼義，如禮利之類。六曰三體諧聲，如歸奉之類。楊桓分形聲爲四：一曰本聲，如磯從幾聲是也。二曰諧聲，如嶽從獄聲是也。三曰近聲，如磺從黃聲也。四曰諧近聲，如漸從斬聲是是也。趙古則衍鄭楊二氏之說，而更加密。其言曰

原夫諧聲之法，或取聲以成字，或取音以成字，聲者，平上去入四聲也，音者，宮商角徵羽半徵半商七音也。有同聲者，則取同聲而諧，如倥銅而諧空同聲之類是也。無同聲者，則取轉聲而諧，如控洞而諧空同之類是也，無轉聲者，則取旁聲而諧，如叨江而諧刀工之類是也。無旁聲者則取正音而諧，如蕭呢而諧肅尼之類是也。無正音者，則取旁音而諧，如知咸而諧矢戌之類是也。有惟同音而諧者，如風開而諧凡幵之類是也，此其大畧也。

形聲與象形指事會意之別

轉聲，旁聲，正音，旁音之說，拘牽過當，均可以雙聲赅之，殊不值識者一笑也。清儒之言形聲者，約分三類：一就造字原則而考形聲之類別者，有王筠說文釋例，張度說文索隱，鄭知同說文淺說，王闓運六書存微，呂翼文說諧聲等。二就形聲字偏旁以求古音分部者，有段玉裁六書音韻表，江沅音韻表，孔廣居說文疑疑，陳澧聲表，苗夔說文聲讀表，及聲訂，朱駿聲說文通訓定聲，江有誥諧聲表，章炳麟文始，嚴可均說文聲類，張成孫諧聲譜，陳立諧聲孳生述，張行孚說文審音等。三主聲亦兼義力申王聖美右文之說者，有焦循魏源黃春谷及劉師培等。雖各出所獲，時標新義，然皆戴段之所啓示也。段玉裁曰：

形聲別於象形指事者，象形指事獨體，形聲合體。其別於會意者，會意合體之義，形聲合體之聲。聲或在左或在右，或在上，或在下，或在中，在在外。亦有一字二聲者。有「亦聲」者，會意而兼形聲也。有省聲者，既非會意，又不得其聲，則知其省某字爲之聲也。

此王筠以來分類之所本也。戴震答若膺書曰：「諧聲半主義，半主聲。說文九千餘字，以義相統。今作諧聲表，若盡取而別之，使以聲相統，條貫而下加譜繫，則亦必傳之絕作也。」則江沅以來以聲貫字，以韻繫聲之所本矣。茲參稽衆說，示例如下：

一　正體形聲　字之聲旁無所乘，亦無所省，只以注明其字之音讀為主。惟古今異勢，方俗異語，致使所從之聲，與今字不能悉同，或為雙聲，或為疊韻，要皆形聲之正例也。茲再析之如下：

甲　同音為聲　字與其声符同音

璵　璵璠也，從玉，與聲。

祉　福也，從示，止聲。

茵　車重席也，從艸，因聲。

珠　蚌之陰精，從玉，朱聲。春秋國語曰：「珠以禦火災，是也。」

吾　我自稱也，從口，五聲。

桐　榮也，從木，同聲。

簞　笥也，從竹，單聲。漢律令「簞小筐也。」傳曰：「簞食壺漿。」

瞻　臨視也，從目，詹聲。

圜　天體也，從囗，睘聲。

饘　糜也，從食，亶聲。

乙　雙聲爲聲。

短　有所長短，以矢爲正。從矢，豆聲。（端母）

普　日無色也，從日，並聲。（滂母）

敄　彊也，從攴，矛聲。（明母）

儺　行人節也，從人，難聲。詩曰「佩玉之儺。」（泥母）

杕　樹貌，從木，大聲。詩曰：「有杕之杜。」（定母）

風　八風也，從風，凡聲。（非母）

閼　遮擁也，從門，於聲。影母

文字學　四十五　齊魯大學

玟　玟瑰火齊珠也，一曰石之美者，從玉，文聲。

宄　姦也，外爲盜，內爲宄。從宀，九聲。

婪　貪也，從女林聲。杜林說「卜者讙相詐驗爲婪。」

丙　疊韻爲聲。

碧　石之青美者，從玉石，白聲。

衡　牛觸橫大木其角。從角，從大，行聲。詩曰：「設其楅衡。」

岫　山有穴也，從山，由聲。

翁　頸毛也，從羽，公聲。

俗　習也，從人，谷聲。

徙　迻也，從辵，止聲。

魂　陽氣也，從鬼，云聲。

寶　珍也，從宀玉貝，缶聲。

祠　春祭曰祠，品物少，多文辭也。從示司聲。

齊大印刷所承印

時 時 四時也，從日寺聲。

二 變體形聲 或省形爲聲，或形聲兼意，均形聲之變例也。述之如下方：

甲 省形爲聲

齋 齋 戒潔也，從示，齊省聲。

咺 咺 朝鮮謂兒泣不止曰咺。從口，宣省聲。

家 家 居也，從宀，豭省聲。

殤 殤 不成人也，人年十九至十六死爲長殤，十五至十二死爲中殤，十一至八歲死爲下殤。從歺，傷省聲。

瑑 瑑 圭上起兆瑑也，從玉，篆省。周禮曰：「瑑圭璧。」

梓 梓 楸也，從木，宰省聲。

望 望 出亡在外，望其還也。從亡，朢省聲。

夜 夜 舍也，天下休舍也，從夕，亦省聲。

巠 水脈也。從川在一下。一地也，壬省聲。

溼 幽溼也。從一，覆也。覆土而有水，故溼也。從㬎省聲。

乙 形聲兼會意。

斐 分別文也。從文，非聲。易曰「君子豹變，其斐也。」

嫁 女適人也。從女家聲。

薪 蕘也。從艸，新聲。

增 益也。從土，曾聲。

季 少稱也，從子，從稚省。稚亦聲。

岸 岸高也，從屵厂。厂亦聲。

酒 就也，所以就人性之善惡。從水，從酉，酉亦聲。一曰造也，吉凶所造也。古者儀狄作酒醪，禹嘗之而美，遂疏儀狄。杜康作秫酒。

吁 驚呼也。從口，從于，于亦聲。

執 捕罪人也。從丮，从卒，卒亦聲。

第六章　轉注論

六書之中，其前四書命名或有不同，而說解則無二致。轉注假借，稱謂悉同，論其指誼，家有殊說。而轉注一書，尤多分歧之論，或混於會意，或混於形聲，或混於假借，或混於訓詁，自來無定論也。轉注一辭，始見於漢志。許祭酒爲之說曰：「轉注者，建類一首，同意相受，考老是也。」論者咸奉此爲金科玉律，本此數語，各爲解說，或陷於膚淺，或淪爲支離，言人人殊，迄今無一定之解釋。衞恆曰：「轉注者，以老爲壽考也。」賈公彥曰：「建類一首，文意相受，左右相注，故名轉注。」諸家之論，此爲最古，然言簡意晦，仍無以解於轉注也。自來論轉注者，約有三說。茲稱引如下，以俟研討：

一　形轉說。形轉之說，始於唐裴務齊切韻序，所謂「考字左回，老字右轉」也。陳彭年重修廣韻曰：「六曰轉注，左轉爲考，右轉爲老是也。」戴侗六書故曰：「何謂轉注？因文而轉注之，側山爲𨸏，反人爲匕

正反為乏

（其）婆價也　（無）葉也　（尐）不多也　（長）非短也

二

，反欠爲旡，反子爲𠫓之類是也。」周伯琦六書正譌曰：「轉注者，聲有不可窮，則因形體而轉注焉，帀乏是也。」吳善述六書約言其說亦同。或混於象形，或混於指事，昧文字之構造，失六書之指歸，是以徐鍇詆爲俗說，郭忠恕以爲野言也。

聲轉說。　張有曰：「轉注者，展轉其聲，注釋他字之用也。如其無少長之類。」又曰：「轉注者，轉其聲，注其義。」趙古則曰：「轉注者，展轉其聲，而注釋爲他字之用者也。有因其意義而轉者，有但轉其聲而無意義者，有再轉爲三聲用者，有三轉爲四聲用者，至於八九轉者，亦有之。其轉之之法，則與造諧聲相類，有轉同聲者，有轉旁聲者，有轉正音者，有轉旁音者，有惟取其書而轉者。」楊愼曰：「轉注者，轉音而注義；如敦本敦大之敦，旣轉音頓，而爲爾雅敦北之敦，又轉音對，而爲周禮玉敦之敦，所謂一字數音也。」六書索隱 王應電曰：「轉注者，聲出於天，或有餘焉，或不足焉。聲之有餘也，一義而合爲一聲。不能聲爲之制字也，故以一字而轉爲數聲，轉注之謂轉注。」顧炎武曰：「凡上去入之字，各有二聲或三聲四聲，可遞轉而上，同至於平，古人謂之轉注。」又曰：「唐人詩律至嚴，其中略舉一二，如翰字或平或去，看字或平或去，望字忘字，或平或去，醒字或平或上，且得謂兩義乎？此正六書所謂轉注之字。」音論 近人章炳麟曰：「字者，孳乳而浸多，字之未造，語言先之矣。以文字代語言，各循其聲，方語有殊，名義一也。其音或雙聲相轉，疊韻相移，則爲更制一字，此所謂轉注也。何謂建類一首？類謂聲類，首謂語基，……考老同幽部 其義相互容受，其音小變。……類謂聲類不謂五百四十部也；首謂聲首，不謂凡某之字，皆從某也。夫聲韻紐位不同，則非建類也；語言根柢各異，則非一首也。」國故論衡

三

義。轉說。 其說始於徐鍇說文繫傳。其言曰：「轉注者，屬類成字，而復於偏旁加訓，博論近譬，故爲轉注。人毛七爲老，壽耆耋亦老；故

役他，異声
役己同声
飆即為役己

以老字注之，受意於老，轉相傳注，故謂之轉注。」又曰：「祖考之考；故銘識通用丂，于丂之本訓轉其義，而加老注明之。犬走爲猋，爾雅：扶搖謂之猋，于猋之本訓轉其義，飆則加風注明之。」鄭樵曰：「轉注別聲與義，故有建類主義，亦有建類主聲。有互體別聲，亦有互體別義。」又曰：「諧聲轉注一也，役他爲諧聲，役己爲轉注。轉注也者，正其大而轉其小，正其正而轉其偏者也。」趙宧光曰：「轉注之體，大類形聲；轉注同聲，形聲異聲，此二書之分。而其剏法之初，絕然不混也。」又曰：「同聲者爲轉注，如考同丂之類。轉聲者爲諧聲，如耆諧句，耆諧占之類。」說文長箋 曹仁虎曰：「欲定轉注之義，仍當以說文建類一首，同意相受二語求之。既曰建類一首，則必其字部之相同；而字部異者，非轉注也。既曰同意相受，則必其字義之相合；而字義殊者，非轉注也。說文於轉注，特舉考老以起例。而考字從丂得聲，則必字音之相近，而字音別者，非轉注也。」上舉三說，或以形聲

齊大印刷所承印

中之同聲者爲轉注，或以一部中與部首同義之形聲字，而聲復兼意者爲轉注，是以轉注混於形聲，而爲形聲之附庸，此一派也。徐鍇又曰：「轉注者，建類一首，同意相受，謂如老之別名，有耆，有耋，有壽，有耄，又孝字養老是也。此等字皆取類於老，則皆從老轉注之；言若水之出源，分歧別派，爲江爲漢，各受其名，而本同主於一水也。」江聲曰：「轉注統于意。轉注者，轉其意也，如挹彼注茲之注；故立老字以爲部首，取所謂建類一首。考與老同意，故受老字，而從老省。考字之外，如耆耋壽耇之類，凡與老同意者，皆從老省而屬老；是取一字之義，以概數字，所謂同意相受。叔重但言考者，舉一以例其餘爾。由此推之，則說文解字一書，凡分五百四十部，其始一終亥五百四十部之首，卽所謂一首也。下云凡某之屬，皆從某，卽同意相受也。」六書說許宗彥曰：「轉注者，由一字爲數字，由數字爲數十百字，從偏旁轉相注，亦言體也。小學家言轉注者，尤多歧說，考之說文，則所言極明白易曉。而學說文者，求深而反失之。祭酒曰：轉注者，建類一首，同意相受，老老是也。後叙曰：其建首也，立一爲端；卽建類一首之謂也。如示爲部首，從示之偏旁，注爲神祇等字；從神祇，注爲祠祀祭祝等字；從祠祀祭祝，復注爲祓禧禠祐等字，展轉相注，皆同意爲一類。其偏旁悉從示，故示爲建類之首。許君舉考老以見例，是已。注本言水相輪灌通流，字之從一首相注，亦猶水之從一原相注爾。所謂同意相受，蓋如水之受水也。」鑑止水齋集轉注說 張行孚曰：「竊謂轉注之說，莫堅確於徐氏鍇，而後人之能申明者，則江氏聲及許氏宗彥也。……由此推之，則說文解字一書，凡分五百四十部，其始一終亥五百四十部之首，卽所謂一首也。下云凡某之屬皆從某，卽同意相受也。」說文發疑 孫詒讓曰：「許君之說轉注云：建類一首，同意相受，考老是也。徐楚金繫傳以說文部首說解凡某之屬皆從某釋之，其義最確。」名原 則許氏所謂類者係部類，說文五百四十部

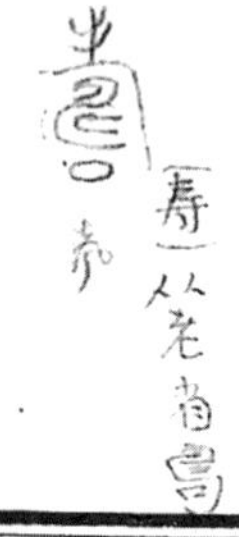

也。首者係部首，五百四十部首也。同意相受者，同部中之字，皆承部首之意，說文所謂凡某之屬皆從某。此又一派也。徐鍇又曰：「散言之曰形聲，總言之曰轉注。謂耆耄耋壽耇皆老也，凡五字。試依爾雅之類言之，耆耄耋壽耇老也。又耇壽耋耄可同謂之老，老亦可同謂之耆，往來皆通。故曰轉注，總而言之也。」戴震曰：「轉注之云，古人以其語言，立爲名類，通以今人語言，猶曰互訓云耳。轉相爲注，互相爲訓，古今語也。說文於考字訓之曰老也，於老字訓之曰考也，是以序中論轉注舉之。爾雅釋詁有多至四十字共一義，其六書轉注之法歟？別俗殊言，古雅殊語，轉注而後可知。故曰：建類一首，同意相受。」六書論 段玉裁曰：「轉注猶言互訓也。注者灌也，數字展轉互相爲訓，如諸水相爲灌注，交輸互受也，數字同義，則用此字可，用彼字亦可。建類一首，謂分立其義之類，而一其首，如爾雅釋詁第一條說始是也。同意相受，謂無慮諸字，意恉略同，義可互受，相灌注而歸於一首，如初哉首基肇祖元始俶落權輿，其於義或近或遠，皆可互相訓釋，而同謂之始是也。」說文叙注 近人劉師培曰：「戴東原論轉注也，謂轉注猶言互訓。說文訓考爲老，訓老爲考，凡數字共一義者，皆曰轉注，故曰同意相受。段氏王氏皆從之，然於轉注之起源，言之頗簡。蓋上古之時，一字僅有一義，一物僅有一名，後因方音不同，乃各本方音造文字。故義同而形不同者，音必相近，在古代亦只爲一字。試觀爾雅釋詁諸篇，于字之一義，數字相互釋訓，即爲轉注之公例。然音皆相近，如初哉基三字皆訓爲始，而音即近於始；弘旁寵洪戎穹六字皆訓爲大，而音多相同；予吾二字皆訓我，而音復近於我。舉斯三例，餘可類推。」小學發微 則皆以互訓爲轉注。此又一派也。

轉注之說，無慮數十百家。曹仁虎轉注古義考已采錄二十餘說，今之論者，不與其列，其糾紛亦云極矣。然綜覈諸說，大氏依傍前修加以附會，細繹其義，不出上論。其自爲新解者，有汪榮寶劉大白二氏，其說然否，未敢遽定

齊大印刷所承印

，錄之以備一說也。汪氏之言曰：

轉注者，以改字爲造字者也。試先從考老論之，老從人毛七會意，此字之先起特造者也。老字旣成，則凡言語之義近於老者，更不必爲之特創一體，而卽以老字爲根本，略變其體以別之。故取老爲首，存人毛，而去七；施丂則爲考，考亦老也。施子則爲孝，孝者善事老之稱也。施至則爲耋。施旨則爲耆。施[illegible]則爲壽。施句則爲耇。皆老之異名也。夫是之謂建類一首，同意相受。譬之大川之水，別爲衆流，而還相灌輸，夫是之謂轉注。故轉注也者乃取一合體之字，削其一體而代之以他體，以爲新字，而其義則仍與原字之義通，或相承者也。夫考以丂爲聲，似形聲字；然不爲形聲，而成爲轉注者；以丂雖是聲，而人毛非形，考之從老，乃老字之殘體，非從人毛七，不可隸人部，亦不可以隸毛部也。考於文從子，似會意字，然不成爲會意，而成爲轉注者，以人毛與子，無意可會；孝之爲義，乃以子承老，非以子承人毛也。因此可悟許書之例

，凡特立一字爲部首，而其例屬之此部之字，從部首之省以爲形者，此轉注之類也。轉注說

此以改字釋轉注，則轉注猶省形省聲，爲會意形聲之變例矣。信如其言，則必以減損部首筆畫爲例，說文五百四十部中，僅者履歛鹽等十數部，略足當此，則轉注之字，不其少歟？且字從簡省，意在便於結體，形雖不全，而所從之聲與義固具在也。考字非從人毛匕，實從老首，丂聲，非形聲而何？孝字從考省從子，卽以子承老之意，非會意而何？汪氏之說，原於曾國藩。曾氏之言曰：「竊不自揆，謬立一說，篤守許氏考老之指，以謂老者會意字也　考者轉注字也。部首之可指數者，如 部，䜌部，畫部，眉部，冓部，筋部，稽部，耂部，夊部，重部，老部，履部，歛部，鹽部，弦部，酉部，皆轉注之部也。凡形聲之字，大抵以左體爲母，右體之得聲者爲子；而母字從無不省畫者。省畫則母子之形不全，何以知子之所自來？惟好學深思，精心研究，則形雖不全　而意可相受。如老字雖省去匕字，而可知考耋等字之

意，從老而來；履字雖省去舟文，而可知履屣等字之意，從履而求；橐字雖省去豕字，而可知橐囊等字之意從橐而來；寢字雖省去夢字，而可知寤寐等字之意從寢而來。推之[illegible]等[illegible]部莫不皆然。其曰建類一首者，母字之形模尚具也。其曰同意相受者，母字之畫首而意存也。」與朱太學書 豈知小篆整齊筆畫，輒省改古籀，以就篆體，而於六書之例，則無所變更。如老部諸字，見於金文者，多不省筆；豈非於小篆爲轉注，於古籀則又非邪？亦不通之甚矣。劉氏之言曰：

形聲字的形符加聲符，是專從實物的形體的純形符字上加一個聲符，就是從象形字上加一個聲符，並非不論那一個成形的文字上加一個聲符。試看許愼氏所舉的形聲字的例是「江」「河」兩字；這兩字所從「水」字，是專象實物形體的象形字，而「工」和「可」都是聲符。他所以不舉「考」和「𨒪」等字爲形聲字的例，而舉「江」「河」兩字爲例，正因爲「江」「河」二字所從，是專象實物形體的水字，而「考」和「𨒪」等所從的「老」字和「是」字

劉大白之說
轉注之說

都是會意字，不是象實物形體的象形字。形聲的定義既然明白了，形聲的界限也弄清楚了，於是凡是從非象形的字上，加一個聲符上去，都不是形聲字，換句話說，就是從指事字，或形聲字，或會意字上加一個聲符上去，都不是形聲字，而都是轉注字。轉注的「注」是「屬」的意義，是「綴」的意義。所以轉注的意義，是說意義雖然同出一源，聲音已經轉變，不能仍用元來本字，於是於元來本字之上，屬綴一個聲符上去，造成一個新字。「老」是一個元來的本字，聲音已經轉變而爲「考」便綴屬一個「丂」的聲符上去，就成考字。許愼說轉注的定義是：「轉注者，建類一首，同意相受，考老是也。」類是合已經轉變的聲音相類的聲符；建是立的意思，也就是轉注的「注」的意思；首就是始，就是元來本字。「建類一首，是說一個元來本字的聲音已經轉了，於是把那合已經轉的聲音相類的一個聲符，建立在一個元來的本字的旁邊。「同意相受」的受，合「據形系聯」的系聯意思相似。所以從轉注一書所造的新字，也有合元

轉注之的解也

來的本字完全同意的，如「考老也，」「老考也，」可以說是意義完全相同。

轉注正解

此誤形聲爲轉注，謂形聲之形，乃象形之形，非形體之形。凡非象形之文，而從某得聲者，皆轉注而非形聲。是則許書五百四十部，九千三百五十三字中，其轉注之字且多於形聲之字，而許氏皆曰從某，某聲，未嘗以轉注一辭別之，其爲無徵不信明矣。戴震曰：「指事象形形聲會意四者，字之體也。轉注假借二者，字之用也。」惟一字之用，必形音義三者俱備，則轉注一書，亦宜兼就三者而言。所謂「建類」之「類」亦猶「依類象形，」「比類合誼」之「類，」亦卽指形而言。故凡轉注之字，必有共同之形，其形雖不必指同一部首，然非同部之字不能轉注也。所謂「一首」者，謂語根也；殊方異語，其聲不同，然皆有語根可尋，故音系絕異者，亦不得謂轉注也。「同意相受」者，謂形同音近，其意義復互相容受也。如考老二字，其形通，其音近，其意復互相灌注此轉注之的解也。故轉注本不指形，然不能離本字而說轉注；轉注本不指聲，然亦不能離語根說轉注也。惟六書肇端之初，無後世聲韻之分部；以後世聲韻分部說轉注，其言固不可通；然古今異語，條貫則同，推研聲勢，即當今以覽往古，實不能出於雙聲疊韻二途也。

一　疊韻轉注。

標　木杪末也，從木票聲。

杪　木標末也，從木少聲。

標杪同在豪韻，古音同在宵韻。

芋　大葉，實根駭人，故謂之芋。從艸，于聲。

莒　齊謂芋為莒，從艸，呂聲。

芋莒同在模韻，古音同在魚韻。

刑　剄也，從刀幵聲。

剄　刑也，從刀巠聲。

刑剄同在青韻。

遲　徐行也，從辵也，犀聲。

遟　徐也，從辵，黎聲。

　　遲遟古音同在脂部。

妹　女弟也，從女未聲。

媦　楚人謂女弟曰媦，從女胃聲。

　　妹媦同在沒韻。

傀　偉也，從人，鬼聲。

偉　奇也，從人，韋聲。

　　傀偉同在灰韻。

勞　劇也，從力熒省。熒火燒冖，用力者勞。

勦　勞也，從力巢聲。

　　勞勦同在豪韻。

二　雙聲轉注。

謀　慮難曰謀，從言某聲。

謨　議謀也，从言莫聲。

謀謨同在明紐。

竅　空也，從穴，敫聲。

空　竅也，從穴，工聲。

窒　空也，從穴，巠聲。詩曰「缾之窒矣。」

窠　空也，從穴，果聲。一曰鳥巢也，在樹曰巢，在穴曰窠。

上四字同在溪紐。

強　蚚也，從虫弦聲。

蚚　強也，從虫斤聲。

強蚚同在見紐。

顛　頂也，從頁，眞聲。

頂　顛也，從頁，丁聲。

顚頂同在端項。

逆　迎也，從辵屰聲。關東曰逆，關西曰迎。

迎　逢也，從辵，卬聲。

逆迎同在疑紐。

臞　少肉也，從肉瞿聲。

脙　齊人謂臞脙也，從肉。求聲。

臞脙同在羣紐。

恩　惠也，從心，因聲。

炁　惠也，從心，旡聲。

恩炁同在影紐。

三　同音轉注。

譸　詶也，從言壽聲，讀若醻。周書曰：「無或譸張爲幻。」

詶　詛也，從言，州聲。

譸詶同在端紐蕭韻。

擊　旁擊也，從手，敫聲。

搉　敲擊也，從手隺聲。

擊搉同在溪紐宵韻。

焜　火也，從火尾聲。

燬　火也，從火毀聲。

焜燬同在曉紐灰韻。

黹　箴縷所紩衣也，從㡀，丵省，象刺文也。

𧝓　紩衣也，從衣黹，黹亦聲。

黹𧝓同在端紐灰韻。

㕯　言之訥也，從口內。

訥　言難也、從言口。

㕯訥同在泥紐沒韻。

以不造字爲造字
假借是也

迋 往也，從辵，王聲。

往 之也，從彳，㞷聲。

迋往同在影紐唐韻。

第七章 假借論

六書之序，假借最後。許慎釋之曰：「假借者，本無其字，依聲託事，令長是也。」蓋事變無窮，觸口成聲，苟必事爲之文，聲爲之字，事物無限，其道常窮。因假他字之音，以其字之音；因借他字之義，以爲其字之義；以不造字爲造字，而造字之法，乃應變無窮矣。如令本號令之令；縣令爲發號施令之人，故借號令之令，以爲縣令之令。長爲長久之長；長者必較幼者爲長，故借長久之長，以爲長幼之長。縣令之令，長幼之長，昔所未見，故云「本無其字」也。縣令之令，其義爲號令之令所引申，而音亦與之同；長幼之長，爲長久之長所假借，而音亦與之近；故云：「依聲託事」也。義至明顯，不煩解說。茲證引昔賢之論，以爲參校，固不必以爲至當也。衛恆曰：「假

假借與轉注之異

借令長是也；數言同字，其聲雖異，文意一也。」賈公彥曰：「假借者令長之類是也；一字兩用，故曰假借也。」徐鍇曰：「五者不足，則假借之，古人簡易之意也。出令所以使令，或長於德，或長於年，皆可爲長，故因而假之；若衣在體爲衣，巾車爲巾之類也。此聖人制字之大倫。而中古之後師有愚智，學有工拙，智者據義而借，令長之類是也。淺者遠而假之，若山海經以俊爲舜，列子以進爲益也。又有本字堙滅，假借獨行，若春秋莅盟，本當作𨽻，今則爲莅。省者減媘之字，本當從女，今之媘字，世所不行。」戴震曰：「一字數義者，依于義以引伸，依于聲而旁寄，假此以施于彼曰假借。」六書論段玉裁曰：「託者寄也，謂依傍同聲而寄於此，則凡事物之無字者，皆得有所寄而有字。如漢人謂縣令曰令長，縣萬戶以上爲令，減萬戶爲長。令之本義發號也，長之本義久遠也，縣令縣長本無字，而由發號久遠之義，引申展轉而爲之，是謂假借。」上舉諸說，其義並同，蓋假借與轉注異，轉注一義而有數字，假借則一字而具數義。其義相反，其用則同，皆所以遂文字之孳乳者也。

鄭樵分假借爲十二類，其大要不外借義與借音二者而已，宋元以來，論者雖多，大率無關宏旨也。朱駿聲曰：「假借之例四：有同音者，如德之爲悳，服之爲𠬝。有疊韻者，如冰之爲掤，馮之爲淜。有雙聲者，如利之爲賴，答之爲對。有合音者，如茺蔚爲蓷，蒺藜爲茨也。」說文通訓定聲 張行孚曰：「有依於義以引申而假借者，如人之身從首始，故借首爲始，中國爲最大，故借夏爲大，此有其字而託事假借者也。有依於聲而旁寄以假借者，如借雕爲琱，借牽爲達，借妖爲祅，義無可通，但取其同音，此既有其字，而依聲以假借者也。」說文發疑 黃以周曰：「凡假借有二例：一有其本字，依聲通用者，爲造字後之假借。一本無其字，依聲託事者，此造字時之假借也。而造字之借假又有二例：一本無其字之借假，而後又造本字，如洒疋丂臥哥詖……諸字所云古文以爲者是也。一本無其字，既假借後，遂不復更造本字，甚至本義反爲假借所奪，如烏朋子韋西諸字所云以爲者是也。」六書通故 以上諸人之分類，均不足以盡假借之用。按假類例，有引申本義者，有比況口語者，有音變假借者，引申本義之假借，亦謂之引申義，卽就本義而推廣其用，若令長之類，凡一字兼具兩義三義，而其義又展轉相通者皆爲此類。所謂借義也。比況口語者，僅借字音，不出字義，如蓬萊，陸離，抑，若，爾，汝之類，凡託名標識，假辭稱代，任意發聲，無關本義者，皆爲此類，所謂借音也。音變假借者，音變而不造字，因借音近之字著諸竹帛，若登降之爲升降，波瀾之爲波浪之類，語變而字亦變，因假雙聲疊韵之字以相攝代者，皆此類也。至若經典相承，同聲通用，則所謂倉卒不得其字，以音類比方爲之，如逆之與屰，增之與曾，僅可謂之通借，於造字無與也。玆分假借爲三類，示例如下：

一　引申本義例。

來　周所受瑞麥來牟，一來二縫，象其芒束之形。此本義也。詩曰「貽我來麰」，是也。說文又曰：「來麰天所來也，故爲行來人來」

。詩采薇「我行不來」，傳「至也」，爾雅釋詁「來至也」，皆引申義也。論語「來者猶可追」，皇疏「來者謂未至之事也」。詩大東「職勞不來」，傳「勤也」則又爲行來之來所引申。

州

水中可居者曰州，水周繞其旁，從重州。昔堯遭洪水，民居水中高土，故曰九州。詩曰：「在河之州」，此本義也。九州爲州之引申義。禮記王制「二百一十國以爲州，州有伯」。鄭注「州猶聚也」。論語「雖州里行乎哉」！鄭注「萬二千五百家爲州」。則又九州之義所引申也。

自

鼻也，象鼻形，此自之本義也。王部皇下云「自始也讀若鼻，今俗以始生子爲鼻子」，是其引申義。圖象貌者必自鼻始，故以鼻爲始，猶言首也。始義引申則爲從爲已，萬事莫先乎已也，引申義行而本義廢矣。

韋

相背也，從舛囗聲，獸皮之韋，可以束物，枉戾相韋背故借以爲

襄 从衣䍧声

一借义

襄除也

襄反也

二借音

襄駕也

襄上也

懷山襄陵。

皮韋·是韋字以韋背爲本義，皮韋爲引申義。今皮韋字尙作韋，韋背之韋，則借違爲之，違行而韋之本義廢矣。

西

鳥在巢上，象形。日在西方而鳥西，故因以爲東西之西。則西爲棲之本字，故象鳥棲於巢形，其本義爲棲。鳥之棲巢，必於日夕，有日在西方之義，故引申爲東西之西。今鳥西之西，專作棲，借義行而本義廢矣。

襄

漢令，解衣耕謂之襄。段玉裁曰：「此襄字所以從衣之本義。惟見於漢令也。引申之爲除去，爾雅釋言，詩牆有茨出車傳皆曰：襄除也。又引申之爲反復，詩大東傳云：襄反也，謂除此而復乎彼者也。今人用襄爲助，古義未嘗有此」。

承

奉也，受也。承受與繼承義近，故廣雅釋詁承訓繼。繼承又與次第義近，故小爾雅廣詁訓次，皆引申義也。

麗

旅行也，鹿之性，見食急則必旅行，從鹿丽聲。禮麗皮納聘，蓋

齊大印刷所承印

鹿皮也。旅行不孤，故以爲耦麗之麗、物耦則相附，故又以爲附麗、耦麗相配，始有文采可觀，故又引申爲華麗之麗。

解　判也，從刀判牛角。解者分析之名，本謂析特，莊子曰：「庖牛解牛」是也。引申爲分析事理之稱，則解說講解是也。分析斯離散，故又引申爲解脫解除解免。

能　熊屬，足似鹿，從肉，目聲。能獸堅中，故稱賢能，而彊壯稱能傑也。又忍耐之耐，古皆作能，堅則能忍也。此皆用引申義，而本義不行矣。

操　把持也，從手喿聲，能把持者必有操守，故引申爲節操之操。風俗通曰「其遇閉塞，幽愁而作者，命其曲曰操」。言遇菑遭害，雖怨恨失意猶守禮義也。

二　比況口語例。

爾　麗爾，猶靡麗也。借以爲爾汝之字。

烏　孝鳥也，象形。取其助氣故以爲烏呼。

焉　焉鳥黃色，出於江淮，象形。段玉裁曰：「今未審何鳥，自借爲詞助而本義廢矣。古多用焉爲發聲，訓爲於，亦訓爲於是」。

之　言之間也，詩「在河之州」。其本義爲艸出益大。

所　指事之詞，論語「視其所以」？其本義爲伐木聲。

余　我也，左傳「余嘉乃勳」。其本義曰語之舒也。

夫　人所指名也，左傳「夫不惡汝乎」，其本義爲丈大。

昆侖　山名，在西北，河之所出。爾雅釋丘「三成爲昆侖丘」。字亦加山作崑崙，又作崐崙。案昆之本義爲同，侖之本義爲思。

伯勞　鳥名，說文：「鶪伯勞也」。字亦作百鷯，又作勞。伯之本義爲伯仲，勞之本義爲勤勞。

猶豫　疑不定貌。離騷：「心猶豫而狐疑兮，欲自適而不可」。猶之本義爲猴屬之獸，豫之本義爲大象；二字同爲影紐，故借雙聲爲連

追琱同用

果敢二字在古紐同用

烝衆同用

語。

孟浪　不精之言，莊子：「夫子以爲孟浪之言，而我以爲妙道之行也」。
孟之本義爲長，浪之本義滄浪，水名；二字同在唐韻，故借爲雙
聲連語。

三　變音假借例。

追　逐也，此追逐字。詩曰：「追琢其章」，毛傳：「追琱也」，則爲假
借義。案追琱同在端聲。

果　木實也，从木，象果形，在木之上，此果實字。左傳曰：「殺敵
爲果」，與勇敢義近，卽借爲敢字。果敢同爲見紐。

烝　火气上行也，此烝熱字。詩曰：「天生烝民」，毛傳「烝衆也」，爲
假借義，烝衆同在端紐。

求　皮衣也，象形，此求葛字。穀梁傳曰：「求之爲言，得不得未可
知之辭也」則借爲祈字，祈求同在見紐。

醜　可惡也，此美醜字。詩曰：「仍執醜虜」，鄭箋醜訓衆；孟子曰：「今天下地醜德齊」，趙注醜訓類；並借爲雔同在蕭韻。

治　治水出東萊曲城陽丘山南入海，本水名。借爲治理之字，治理同在咍韻。

上舉數例，假借之用可以推知。孫經世曰：「六書之有假借也，……後聖所爲濟指事象形形聲會意轉注之窮，而通其用於不窮者，舍是無由」。說文解字假借考　蓋假借一書用之至廣。古今載籍，用本字者十只一二，用借字者十恆八九。說文九千字中，其不可借爲他義之字，蓋無幾焉。六書之用，前三者主形，後三者主聲；主形者謂之意符，主聲者謂之音符。音符之字，其別有二：

一　半音符。

二　純音符。

形聲之字，半體表義，半體表音，則所謂半音也。假借則純音符也。半音符之用，牽於形體，頗多扞隔不便之處。遂於是有純音符以濟其窮。蓋以不造字爲造字，所謂爲「借字表音法」者也。鄭玄曰：「其始書之也，倉卒無其字，或以音類比方假借爲之，趣於近之而已」。蓋借一字以別成一字之用，指誼雖殊，形體則同，而造字之用，遂於此無窮矣。

第三編　訓詁論

第一章　敘指

王應麟曰：「文字之學有三：其一體制，謂點畫有衡從曲折之殊，說文之類。其二訓詁，謂稱謂有古今雅俗之異，爾雅方言之類。其三音韻，謂呼吸有清濁高下之不同，沈約四聲譜及西域反切之學」。玉海 自劉略標小學之名，隋志析之爲訓詁體勢音韻三類，王氏蹤爲之說，具見每一文字，其形其義其音，均當著爲科條，溯其繁變。聲韻之學，雖有古今之不同，國別之殊異；然其發音收聲，部位式均，理趣若一；今已長足競進，爲世界特種科學之一矣。訓詁之學，隸於形體，可以探誼訓之變遷，資諷籀之考鏡，雖亦與聲韻有關，然終不能以近世科學比附之也。

陳澧曰：「時有古今，猶地有東西南北，相隔遠，則言語不通矣。地遠則有翻譯，時遠則有訓詁。有翻譯則能使別國如鄉鄰，有訓詁則能使古今爲旦莫」。東塾讀書 蓋人心所畜意義，宣之以聲音，是爲語言，著之以形象，是爲文字。二者之程途不同，功用各異，然皆所以存意義於異地異時。故訓詁者，所以通古今之郵，辨雅俗之殊詞，正名物之異制，隨字之所施，而詮說之也。名不正，則言不順，言不順，則事理不明。宋元學者每高談性理，詆訓詁爲支離。以此言學，是猶登山而厭嶝磴，涉川而絕舟楫，棄其所以爲學之具也。夫時有古今，猶地有東西南北，語文互異，非訓詁不能通其郵。訓詁錯，則語意錯，執古人之書，以事理相標榜，斷以已意，其去古益遠。試起古人而問之，則必曰吾所言不若是矣。然則欲明古人之事理，舍訓詁奚由？此訓詁之學所由興也。自「語宗宣聖，正以雅言；詩美樊侯，式於古訓」，肇訓詁之端，於是羣經諸史每多自爲訓釋，發凡起例，由來已久。易文言曰

：「元者善之長也，亨者嘉之會也，利者義之和也，貞者事之幹也」，說卦曰：「乾健也，坤順也，震動也，巽入也，坎陷也，離麗也，艮止也，兌說也」，國語周語曰：「敬文之恭也，忠文之實也，正德之道也，端德之信也」，凡此皆訓詁之濫觴。至於「春曰祠，夏曰礿」，公羊「春曰田，夏曰苗」，穀梁公穀以存古制。「無患曰樂，樂義曰終」，大戴記「約信曰誓，涖牲曰盟」，二戴以辨名物。周書之謚法曰：「和會也，勤勞也」，孟子之述學校曰：「夏曰校殷曰序，周曰庠」。或以今制釋古制，或以此名况彼名，訓詁之學，於茲已肇其端，降及兩漢，遂臻極盛。離經辨志，斷以己意，舉其名則曰傳，曰注，曰箋，曰釋，曰義，曰通，曰微，曰章句，曰解故，而皆謂之訓詁。故言斯學者，無不以兩漢爲不祧之祖也。

訓詁之道有二：一曰「代言」，以今字釋古字，以雅言釋方言之類也。一曰「義界」，以數字統明一字之義者也。張楫雜字曰：「詁者古今之異言，訓者謂字有意義也」。釋文引郭璞曰：「此所以釋古今之異言，通方俗之殊語」。

爾雅釋詁注是則詁所以通異言，訓所以陳字義，蓋詁古故三字同韵互通。漢書儒林傳「司馬遷從安國問故」大戴禮小辨篇「爾雅以觀於古」，故古並卽詁訓之詁。訓與順通，書洪範「于帝其訓」，「是訓是行」，史記並引作順。說文「順理也」，謂陳述文字之義理，然則詁乃古今之代語，訓爲文字義界，區分甚著，不煩言說。然析言之則異，通言之則同，要皆所以詮釋異義，通古今之扞隔也。

郭璞曰：「爾雅者，所以通詁訓之指歸，叙詩人之興咏，綜絕代之離詞，辯同實而殊號者也」。爾雅序 阮元曰：「揚雄方言自署曰：輶軒使者絕代語釋別國方言。夫絕代別國尙釋之，况本近正者乎！言由音聯，音在字前；造字以赴音，音簡而字繁，得其簡者以通之，此聲韻文字訓詁之要也」。與陳皐蘭論爾雅書 然則訓詁之道，聲韻爲其綱，文字爲其紐，卽字形字音以求字義，方得其變通，是當求之於說文，爾雅，方言，釋名，廣雅以及古書義訓，以資考鏡；察事理之宜，通古今之變，而不背作者之恉，述者之意；更參之他書，證以成訓，事更千載，晤同一室，此訓詁之學所以不容緩也。

第二章　釋例

荀子曰：「名定而實辨，道行而志通。」錢大昕曰：「有文字而後有訓詁，有訓詁而後義理。訓詁者，義理所由出，非別有義理出於訓詁之外也。」經籍纂詁序段玉裁曰：「聖人制字，有義而後有音，有音而後有形。學者考字因形以得其音，因音以得其義。治經莫重於得義，得義莫切於得音。」廣雅疏證序故求訓詁義例，必須參之形體，佐以聲韻，通古書之文例，庶能得其指歸，而不致有所缺失也。茲參照近人之說爲之區分如左：

一　形訓。形訓者，義存於形，不俟他求，如左傳「止戈爲武，」「皿蟲爲蠱，」韓非子「自環者謂之私，背私者謂之公。」之類，即字形以釋字義，皆所謂形訓也。舉例如下：

甲　即形爲形。

王，天下所歸往也。董仲舒曰：「古之製文者，三畫而連其中謂之王

二

。三者天地人也，參而通之者王也。」孔子曰：「一貫三爲王」說文

閏，餘分之月，五歲再閏，告朔之禮，天子居宗廟；閏月居門中。周禮曰：「閏月王居門中終月也。」說文

△，三合也，象三合之形。說文

集 羣鳥在木上也，從雥木。

乙 別體爲訓。

遹述也。馬融書康誥今民將在祗遹文考注 孫炎曰「遹古述字。」爾雅釋文引

正名謂正書字也；古者曰名，今世曰字。」論語必也正名字鄭注

並併也。爾雅釋言 按儀禮古文並字，今文通作併。

䰈丘一曰嗟丘。山海經海外東經郭注 字林云：「䰈乃古嗟字。」書堯典釋文引

賡續也。書皋陶謨帝乃賡歌孔傳 按說文賡乃續之古文。

丙 俗體爲訓。

凝冰也。文選懷舊賦引字林 按說文冰下云：「水堅也，從人從水，俗冰從

疑。」

舃菲也。說文按鵲爲舃之俗體。

先首笄也。从人．七象簪形。簪俗先字，從竹朁」說文

衮冕，衮卷，畫卷龍於衣也。釋名按禮記王制注「卷俗讀也，其通則曰衮。」

二　音訓。

章炳麟曰：「語言者，不憑虛起，呼馬而馬，呼牛而牛，此必非姿意妄稱也。何以言雀？謂其卽足也。何以言雅？謂其音亞亞也。何以言雁？謂其音岸岸也。此皆以音爲表者也。何以言馬？馬者武也。古音馬武同在魚部何以言牛？牛者事也。古音牛事同在之部何以言羊？羊者祥也。何以言狗？狗者事也。何以言人？人者仁也。何以言鬼？鬼者歸也。此皆以德爲表者也。乃至天之言顚，地之言底，火之言毁，金之言禁，有形者大抵皆爾。以印度勝論之說儀之，實德業三各不相離，人云馬云，是其實也。仁云武云，是其德也。金云火云，是其實也。禁云毁云，是其業也。太古草昧之世，其言

請惟以表實，而德業之名爲後起。後世稍文，則德業之語早成，而後施名於實。」是則未有文字，先有語言，事物名稱，往往定於造字之先。凡同一聲類，誼輒相似。求其語原，恉義斯著，音訓之法，蓋緣於此。其例如下：

甲　同音爲訓。

士者，事也，任事之稱也。白虎通義爵

羽者，宇也，物聚盛宇象之也。漢書律曆志

衣，依也，人所衣以庇寒者也。釋名

人者，仁也。說文

乙　雙聲爲訓。

蓏者，材也。易

粵，于也。爾雅

融，長也。爾雅

禮者，人之所履也。荀子大略篇

男者，任也，言任天地之道。大戴禮本命篇
畜君者，好君也。孟子
序者射也。孟子
星，散也，列位布散也。釋名
雪，綏也。釋名
火，毁也。說文
禍，害也。說文
瀆，溝也。說文
旁，溥也。說文
祈，求也。說文
丙 疊。韻。爲。訓。
乾，健也。易
坤，順也。易

坎，陷也。易
基、始也。爾雅
穀，祿也。爾雅
暱，亟也。爾雅
春之爲言蠢也。禮記
夏之爲言假也。禮記
秋之爲言愁也。禮記
冬之爲言終也。禮記
庠者，養也。孟子
卿之爲言章也，章善明理也。白虎通
王者，往也，爲天下所歸往。風俗引尚大傳
木之爲言觸也，言觸地起動躍也。御覽引元命苞
諫之爲言間也。論衡譴告 古文間爲干，干犯也，言臣子干君之過，犯

顏而諫也。禮記聘禮注

三　義訓　義訓者訓詁之常法，通殊語，辨名物，前人所以詔後，後人所以識古。邢昺爾雅疏叙曰：「一物多名，繫方俗之語。片言殊訓，滯今古之情。將使後生若爲鑽仰，繇是聖賢間出，詁訓遞陳。蟲魚草木，爰自爾以昭影。禮樂詩書，盡由斯而紛郁」。蓋爾雅者所通古今之鈐鍵也。義訓之例，實肇於茲。其法有直言其義，有直陳其事，有以虛義釋實義，有以狹義釋廣義，類例雖衆，惟以借義釋本義最爲切至。茲陳其要如下：

甲　以本義釋借義。

祖，始廟也，從示且聲。說文

田，獵也。周禮以田以鄙注

童，稚也未冠之稱。易蒙匪我求童蒙鄭注

精，日月之光明也。呂覽圜道精行四時高注

布戎，陳兵也。韋昭國語周語注

乙　以人事釋字義。

以名生爲信，以德命爲義，以類命爲象，取于物爲假，取於文爲類。左傳桓公六年傳

善父母爲孝，善兄弟爲友。爾雅釋訓

同門曰朋，同志曰友。白虎通引逸禮

貪財爲饕，貪食爲餮。賈逵左傳解詁

同門曰朋，同志曰友。逸禮

丙　以狹義釋廣義。

道，謂仁義也。欲，謂邪淫也。禮記樂記注

矜，謂自尊大也。禮記表記注

修，謂埽糞也。中庸修其宗廟注

宇，謂屋邊也。易繫辭上棟下宇注

四縣爲都，都方二十里也。呂覽貴因注

丁　以。虛。義。釋。實。義。

樂者，樂也，君子樂得其道，小人樂得其欲。禮記樂記

婿親御授綏，親之也。親之也者，親之也。禮郊特牲

通商賈

商之爲言商，商其遠近，度其有無，通四方之物，故謂之商也。白虎

周人百畝而徹，徹者徹也。孟子滕文公

蒙者，蒙也，物之穉也。易序卦

四　共。名。與。別。名。相。訓。

荀子正名篇曰：「萬物雖衆，有時而欲偏舉之，故謂之物。物也者，大共名也。推而共之，則有共至於無共而後正。有時而欲偏舉之，故謂之鳥獸。鳥獸也者，大別名也。推而別之，別則有別，至于無別而後止」。是故正名百物，本有共名別名之殊，或舉共名以釋別名，或舉別名以釋共名，兪樾古書疑義有其例矣。玆陳於下：

甲　以。共。名。釋。別。名。

禋，祀，祠，蒸，嘗，禴，祭也。爾雅釋詁

懷，惟，慮，願，念，惄，思也。爾雅釋詁

暴雨謂之涷，小雨謂之霢霂，久雨謂之淫。爾雅釋天

蘭，香草也，姦，香草也。薰，香草也。說文艸艸部

蒚，草也，可以束。莞，草也，可以作席。說文艸艸部

一穀不升曰歉，二穀不升曰饑，三穀不升曰饉，四穀不升曰缺，五穀不升曰大侵，皆災異也。廣雅釋天

乙　以別名釋共名。

王者孰謂？謂文王也。公羊隱公元年傳

玉珪璧也。國語吳語執玉之君皆入朝注

牛羊之無角者曰童。釋名釋長幼

自河入濟，自濟入淮，自淮達江，水經周通，故有四瀆之名也。水經河水注

嵩高中嶽也；東謂太室，西謂少室，總名嵩也。戴延之西征記

五　雅言與方言相訓　九服殊語，八方異言，著於竹帛，各循其聲，彼此互歧，不可通曉。蓋語言之變，有縱有橫，縱之則今古懸殊，橫之則畛域有異。一郡之內，音有不同，一國之間，語或未曉。齊傳楚咻，非以雅言釋之，則不能求其通。以雅以南，不以方言釋之，則不能通其意。雅謂雅正，標準語也。方謂方土，蓋方音也。玆舉其例如下：

甲　以雅言釋方言

黨曉，哲知也。楚謂之黨，或曰曉；齊宋之間曰哲。方言

曾訾，何也。湘潭之原，荆之南鄙，謂何爲曾，或謂之訾，若中夏言何爲也。方言

莒，齊謂芋爲莒。說文

𨞛，或也、沅湘之間，凡言或如此者，曰𨞛如此。說文

緉緛，絞也，關之東西，或謂之緉，或謂之緛。絞其通語也。

楚人謂躓爲蹪。淮南子說山高注

乙　以方言釋雅言

詩庭燎「夜如何其？夜未央」。顏師古曰：「今關中俗呼三更二更爲夜央」。匡謬正俗

公羊「焚咸丘，焚之者何？樵之也」。何休曰「樵之齊人語」。

螮蝀謂之雩，螮蝀虹也。爾雅釋天 郭璞注：「俗名爲美人虹，江東呼雲爲芋」。

鏑，齊人謂之鏃；鏃族也，言其所中皆族滅也。關西曰釭；釭鉸也，言有交刃也。其旁曰羽，齊人曰衞，所以導衞矢也。釋名釋兵

六　一言與重言相訓。短言之不足，則長言之，故一言重言，往往其意相同，或以一言釋重言，或以重言釋一言。茲舉例如下：

甲　以一言釋重言

肅肅，敬也，雝雝，和也。禮記樂記

明明斤斤，察也。爾雅釋訓

條條秩秩，智也。爾雅釋訓

殷殷，惸惸，忉忉，慱慱，欽欽，京京，忡忡，惙惙，炳炳，奕奕，憂也。爾雅釋訓

洸洸，武也。潰潰怒也。詩有洸有潰傳

乙　以重言釋一言。

詩「咥其笑矣」。傳箋皆云：「咥咥然笑。」

詩「垂帶悸兮」傳箋皆云：「悸悸然有節度。」

詩「條其歗矣」傳曰：「條條然歗。」

詩「零露漙兮」。傳曰：「漙漙然盛多。」

詩「子之丰兮」。箋曰：「面貌丰丰然。」

詩「匪風發兮，匪車偈兮」。傳曰：「發發飄風，非有道之風。偈偈疾驅匪有道之車。」

七　以今釋古。立言遣辭，今古不同；制度名物，與時俱變。是以執今人語言以讀古書，固扞格難通；昧古時制度以釋今制，亦易致韋迕。非通古今之郵，無以研幾載籍也。舉例如下：

甲　以今語釋古語。

書曰：「洚水警余」。洚水者洪水也。孟子

儀禮士冠禮「爵弁皮弁，緇衣各匴」，注「匴竹器名，今之冠箱也。古文匴爲篹。」

禮記檀弓「衽每束一」，鄭玄云：「衽今小要，或作漆，或作髹」。

爾雅釋言「唆農夫也」。郭璞曰：「今之嗇夫是也。」

爾雅釋親「長婦謂稚婦曰娣婦，娣婦謂爲似婦」。郭璞曰：「今相呼先後，或云妯娌。」

乙　以今制釋古制。

周禮地官「司門」鄭玄曰：「司門若今城門校尉，主工城十門。」

周禮「大司徒掌邦國土地之圖」。鄭玄曰：「土地之圖，若今司空郡國輿地圖。」

儀禮覲禮「天子設斧依戶牖之間」。注依，如今，綈素屏風也。有斧繡文，所以示威也。」

漢書高帝紀「賈人毋得衣錦繡綺縠絺罽」。顏師古曰：「罽，織毛，若今毼及氍毹之類也。」

八　遞訓。字有展轉相從，仍為本字；亦有展轉相訓，其義俱通，蓋遞相為訓，猶言互訓也。示例如下：

甲　三文遞訓。

適遵率循由從，自也。適遵率，循也。爾雅釋詁

唐蒙，女蘿。女蘿，菟絲。爾雅釋草

敝，敗也。詩敝笱序文　敗，破也。呂覽貴義注

垣，牆也。牆，蔽也。說文

征伐必因蒐狩以閑之。閑之者何？貫之。貫之者何？習之。（尚書大傳）

乙　二文互訓。

宮謂之室。室謂之宮。（爾雅釋宮）

萊，莿也。莿，朿也。（說文）

蔆，芰也。芰，蔆也。（說文）

蓨，苗也。苗，蓨也。（說文）

梡，棞木薪也，棞，梡木未析也。（說文）

訓詁之例略如上述。其他如郭璞爾雅注曰：「以徂爲存，猶以亂爲治」。此反訓也。鄭玄周禮注曰：「典，常也，經也，法也」。此歧訓也。此外爲例尚多，「兌說也」，（易）「政者正也」。（論語）是以偏旁爲訓，「凡師一宿爲舍，再宿爲信，三宿爲次」。（左傳）是同事異訓。凡之類，或爲通轉，或具前例，茲故從略云。

文字學終

文字學參考書

說文解字十五卷　許慎
說文繫傳四十卷　徐鍇
說文解字注三十卷　段玉裁
說文句讀三十卷　王筠
說文釋例二十卷　王筠
說文解字義證五卷　桂馥
說文通訓定声二十四冊　朱駿声
殷虛書契類編十四卷　商承祚
殷虛書契前編八卷　羅振玉
殷虛書契後編二卷　羅振玉
殷虛書契攷釋一卷　羅振玉
殷商貞卜文字攷一卷　羅振玉
戩壽堂殷虛文字一卷　攷釋一卷　王國維
殷虛卜辭一冊　美明義士
契文舉例二卷　名原二卷　孫詒讓
金文編十四卷　容庚
說文古籀補十四卷　吳大澂
說文古籀補補十四卷　丁佛言
古籀拾遺三卷　孫詒讓
古籀餘論二卷　孫詒讓
周金文存六卷　鄒安
殷文存二卷　羅振玉
古籀篇百卷、補遺十卷　日本高田忠周
說文解字詁林六十冊　丁福保

音韵学讲义

（周榦庭撰，民国齐鲁大学石印本）

音韻學

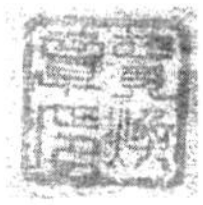

音韻學參攷書

劉復 比較語音學概論 商務印書館出版

魏肇基 英語發音學 同上

高元 國音學 同上

趙元任 猺歌記音 中央研究院出版

羅常培 廈門音系 同上

魏建功 陰陽入三声攷 北大國學季刊中

唐寫本切韻殘卷三卷 王國維寫印

唐寫本唐韻殘卷 神州國光社影印

原本廣韻五卷 古逸叢書本

重修廣韻五卷 通行本

集韻十卷 揚州局本

切韻指掌圖二卷 石印本

陳第 毛詩古音攷四卷 學津討原本

又 屈宋古音義三卷 同上

顧炎武 音學五書 經解本

江有誥 音學十書 原刻本

江永 韻學五書 原刻本

錢大昕 声類四卷 粵雅堂本

段玉裁 六書音韻表 附段注說文後

孔廣森 詩声類十二卷 續經解本

章炳麟 國故論衡

周德清 中原音韻 鐵琴銅劍樓影元本

音韵學

第一章　緒論

南史謝莊傳曰：「王宏謨問莊何者為雙聲，何者為疊韻？莊曰、玄護為雙聲，磝碻為疊韻。」張行孚說文發疑曰：「夫古人用韻、止取諧和，本無所謂雙聲疊韻。而可以雙聲疊韻名之者，由古人所謂諧和，即後人所謂雙聲疊韻也。」是則雙聲疊韻之理，古人早知，溯其命名，實始六代。所謂雙聲者，指發音相同之字，取一字以標之，謂之聲類，西文所謂子音Consonant也。所謂疊韻者，指收音相同之字，取一字以標之，謂之韻部，西文所謂母音Vowel也。音韻學者，蓋辨析音素之構成，發音之類別，並考鏡中國古今韻紐之變遷及其分合者也。

音韵之學，自成科條，可以窮人類之音，驗方俗之別，分肌擘理，有待專研。昔人以之附庸小學，能歸字形，遂至絕代離詞，殊方異語，昧其大原，罕識條貫。豈知辨章舊聞，考證古史，通厥滯疑，述為藻繢，皆非通其音讀，識其流變，不可相得益彰也。茲分述其功用如下：

（1）通殊語

阮元曰：「楊雄方言自署曰輶軒使者絕代語釋別國方言。夫絕代別國尚釋之，況本近正者乎？言由音聯，音在字前；聯音以為言，造字以赴音，音簡而字繁，得其簡者以通之，此聲韵文字訓詁之要也。」（與郝蘭皋書）

康有為曰：「文字之流變，皆因自然，非有人造之也。南北地隔則音殊，古今時隔則音亦殊；蓋無時不變，無地不變，此天理也。然當其時地相接，則轉變之漸可考焉。」新學偽經考三蓋洞達音理，旁推交通，下窮方言，上推古語，皆有賴於音韵學也。

(2)資校讀。劉台拱曰：「予所雅言，詩書執禮。雅言者，誦詩讀書從周之正言，不為魯之方言也。執禮者，詔相禮儀，亦以周音說禮儀也。小雅大雅，皆周時之正言也。」阮元研經室一集引王念孫曰：「夫入韵之字，或有譌脫，或經妄改，則其韵遂亡。有因字誤而失其韵者，有因字脫而失其韵者，有因字倒而失其韵者，有因句倒而失其韵者，有句倒而又移注文者，有錯簡而失其韵者，有改字而失其韵者，有改字以合韵而實非韵者，有改字以合韵而反失其韵者，有改字而失其韵又改注文者，有改字而失其韵又删注文者，有加字而失其韵者，有句讀誤而又加字以失其韵者，有既誤且脫而失其韵者，有既誤且倒而失其韵者，有既誤且改而失其韵者，有既誤而又加字以失其韵者，有既脫而又加字以失其韵者。」讀書雜志是知校讀古書，詮明解故，非洞悉古今音變，聲韵通例，鮮有不失之謬妄也。

(3) 通文字。

章炳麟小學略說曰：「六籍雖遙，文猶可讀。古字或以音通借，隨世相沿，今之聲韵，漸多訛變。由是董理小學，以韵學為喉人，譬猶旌旗辨色，鉦鐃習聲，耳目之治，未有不相資者焉。」又與人論小學書曰：「凡治小學，非專辨章形體，要於推尋故言，得其經脈，不明音韵，不知一字數義所由生。」蓋諸夏文字，雖主衍形，諧聲之字，實居大半，而假借轉注恒以音聲為其樞機，是故研治文字形誼，非通聲韵，未易得其條理也。

（十）著文辭　聲畫妍蚩，寄在吟咏，吟咏滋味，流於字句，辨聲宜判陰陽，歎詞必分輕重。沈約曰：『夫五色相宣，八音協暢，由乎玄黃律呂，各適物宜。欲使宮商相變，低昂合節，若前有浮聲，則後須切響妙達此旨，始可言文。』宋書謝靈運傳論阮元文韵說曰『八代不押韵之文，其中奇偶相生，頓挫抑揚，皆有合乎宮羽者，詩騷而後，莫不皆然，而沈約矜為創獲。』自來高言妙句，莫不準聲署字，非深知音理者，必不克咏歎聲情也。

據上所述，是知音韵之學，其用至廣，通古今之郵，辨雅俗之制，岐方殊語，兼解俱通，參校互呈，審音必當；皆非深通音韻之學不可也。

第二章　發音之説明

語音之構成，有兩方面：一為生理的，一為物理的。蓋語音之成立，自生理方面觀察，乃由於肺內呼出之氣流，經喉頭口鼻之作用，生出種種變化。故氣流為語音之原料，喉頭口鼻為制造此原料之機關。此原料及機關，均語音成立之要素也。自來語音學者恒分此發音機關為二類：一為呼吸機關，一為節制及共鳴機關；肺屬前者，喉頭口鼻則屬後者。然肺只具發氣作用，不具發音作用；氣雖為發音之要素，然非發音之機關。茲將肺除去，分語音機關為二類

(1)樂音機關 organs of vocalization

(2)節制機關 organs of articulation

所謂樂音機關者，即喉頭中之聲帶。節制機關者，口與鼻也。當發音時，氣流經過聲帶，聲帶居被動狀態，無何等之活動，此種語音，謂之氣音。有時聲帶緊縮，氣流遇聲帶之阻，向上衝擊，於是聲帶發出振動，而起一種樂音。語音中如無樂音，則發聲低微，不可辨析，言語將無從表現矣。然樂音在語音上雖屬至要，僅由樂音之連結，不加他種變化，殆如鳥啼樂奏，可以表現情感，不能表現思想也。故人類除表現情感之樂音外，尚須有表現思想之聲韻。此聲韻為樂音化或非樂音化之氣流，受口腔或鼻之節制而生種種變化。其節制之類有二：(一)張歛之節制，(二)阻礙之節制；後者為成聲之要素，前者為成韵之要素。當節制機關開張時，則氣程寬；歛時則氣程窄。此一開一歛之間，即聲韵之所由分矣。

自物理方面觀之，語音成立之作用，可分三類：

(1)簧管之作用。

(2)氣質摩盪之作用。

(3)前兩作用之混合。

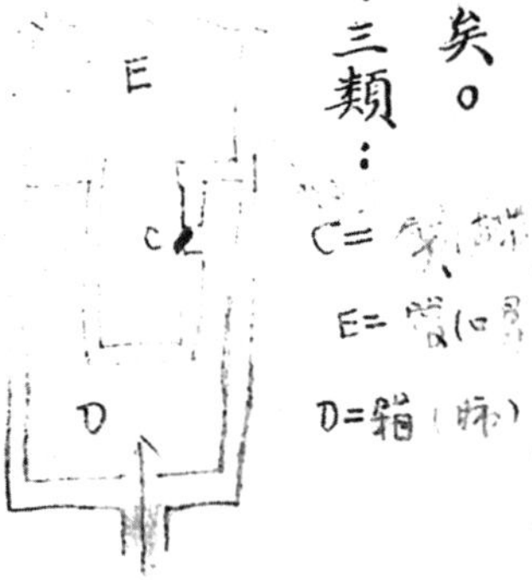

簧管最好之例為風琴管。風琴管由兩部而成。一管內貯空氣，具調和音節高下之作用，是為共鳴器。一管具保持空氣振動之作用，是為發聲體。語音成立之原理，適與此合，聲帶如簧，發聲體也。口腔鼻腔如管，共鳴器也。肺內呼出之氣，經過喉頭時，聲帶作適宜之收縮。以阻氣流，氣流衝擊聲帶，遂振動成音。氣流緩，則聲帶

共鳴作用多用於母韵子音中亦用鼻如乜九亡字是也

振動緩，而次數少，音節遂低。氣流急，聲動振動快而次數多，音節遂高。此與風琴管因風力緩急，生出音節高下之理如出一轍。蓋聲帶所發出之音，受口腔之影響甚大；因口腔之作用，實為最善於變化形式與容積之共鳴器。故口腔不特能放大聲帶所出之音，並能變化之使成種種不同之音也。上口壁與舌相助，肺內呼出之氣流，通過其間，遂摩盪成音。氣程或寬或窄，而所成之音遂有不同，此氣質摩盪之作用也。由聲管作用所成之音，口腔或鼻腔必須無甚阻礙，使能容納多量空氣，以成共鳴之作用。氣質摩盪作用所成之音，必口腔發生重大阻礙，氣流始能摩盪成音。使一方由聲帶振動作用發聲，他方又由氣流衝口腔而發聲，則成所謂濁音矣。

第三章 聲母論

自肺内呼出之氣，經過口腔時，氣程上必發生種種不同之阻礙，或破裂而出，或摩擦而出，或由鼻洩出。此種阻礙，實具有節制之作用，遂以造成種種不同之聲。故凡氣自肺內呼出時，經發音器官之阻礙或節制而成聲者，謂之聲母 Initial 或謂之字母，聲類，音紐，簡稱之曰聲，近世所謂輔音 Consonant 也。聲母因發音之部位，及成音之狀態可分為若干類。茲分述之如下：

一、部位　氣程阻礙之部位，即指節制機關某一部分對於氣程行使節制作用，而因分聲母為若干類也。惟發音器官之變化，無法為明白之規定。是以中西學者之所分，頗難齊一。就法國之語音言，可分為唇音，齒音，口蓋音，後口蓋音，小舌音，喉頭音，肺管支音七類。就英語言，則可分為兩唇音，唇齒音，齒音，口蓋音，軟口蓋音，喉頭音六類。就國際音標言之，則可分為雙唇音，唇齒音，齒縫音，舌尖前音，舌尖中音，舌尖後音，混合舌葉音，舌面前音，舌面中音，舌根音，小舌音，喉音十二類。此第就音理而言，按其實際，世界各國語音，皆不能如此之完備也。茲就國音所有者，述其發音部位如下：

(1)雙唇聲 Bilabial 舊稱重唇音，由上唇與下唇接觸，節制外出之氣而成。國音ㄅㄆㄇ，等韻字母之幫滂並明等均屬之。

(2)唇齒聲 Labiodental 舊稱輕唇音，由上門齒切下唇之內緣，節制外出之氣而成。國音ㄈㄪ，等韻字母之非敷奉微等均屬之。

(3)舌尖聲 Alveolar 由舌尖緊抵上齒齦，節制外出之氣而成。

國音ㄉㄊㄋㄌ，等韻字母之端透定來泥等均屬之。

(4) 齒頭聲 Dental 由齒頭與舌尖接觸，節制外出之氣而成。國音ㄗㄘㄙ，等韻字母之精清從心等均屬之。

(5) 翹舌聲 Retroflex 舌葉翹起，與後齒齦相抵，節制外出之氣而成。國音ㄓㄔㄕㄖ，等韻字母之照穿牀審等屬之。

(6) 舌前聲 Prepalatal 由舌面前部與硬顎接觸，節制外出之氣而成。國音ㄐㄑㄬㄒ，等韻字母之知徹澄皆屬之。

(7) 舌根聲 Velar 由聲根與軟顎接觸而成。國音ㄍㄎㄫㄏ，等韻字母之見溪羣疑曉匣等屬之。

(8) 喉頭聲 Glottal 由聲帶緊張節制外出之氣而成，與發音器官其他之部位不相接觸。國音無此母，等韻字母之影喻等屬之。

右八類我國古今聲母發音之部位，略具於茲。江永音學辨微曰：「牙音氣觸牡牙，舌頭音舌端擊齶，舌上音舌上抵齶，重脣音兩脣相搏，輕脣音穿脣縫，齒頭音在齒尖，正齒音在齒上，喉音音出中宮，半舌音舌稍擊齶，半齒音齒上輕微。」其所審辨，雖未盡當，與上述可互相參證也。

(二)狀態。發音時，氣流至口腔必有若干之阻礙。因其阻礙之程度不同，故成音時之狀態及方法亦有異。茲就成音之狀態及方法，述為五種如下：

1)爆發聲 Plosive 一名閉裂聲，或破裂聲，簡稱之曰塞聲。

當發音時，發音器官閉合，氣道停塞，後然驟除口程之阻礙，破裂而作爆發狀者，謂之爆發聲。國音ㄅㄆㄉㄊㄍㄎ，等韵字母之邦滂並端透定見溪群影等均屬之。

(2)鼻聲 nasals 當發音時，口腔閉塞，氣從鼻腔洩出而成聲者，謂之鼻聲。國音ㄇㄋㄫㄬ，等韵字母之明泥娘疑日等屬之。

(3)邊聲 laterals 亦稱分聲。當發音時，氣道中部閉塞，氣流從舌之兩邊流出，而成聲者，謂之邊聲。國音之ㄌ等韵字母之來母屬之。

(4)摩擦聲 Fricatives 發音時，口腔較窄，氣流外出不能充分自由，因以摩擦成音者，謂之摩擦聲，簡稱擦聲。國音ㄈㄪㄏㄒㄕㄖㄙㄦ，等韵字母之心邪審禪等屬之。

声由帶振動發生之音謂之濁音
由口腔阻礙發生之音謂之清音

(5) 抖聲 Rorales 發音器官連續抖動，氣道不住開合。此類聲母，實見彈性作用，故謂之抖聲，亦稱顫聲，又名滚舌聲。國音無此母，惟德法語中有之，如「R」是也。

按上五類，其中鼻聲，邊聲，抖聲，又可以流聲一詞賅之。又因除去阻礙後發聲之久暫，可分為暫聲久聲兩類。暫聲僅於除阻時有聲音可聞。久聲則成阻時始有聲可聞，且能使之延長。上述五類，僅爆發聲為暫聲，其他皆久聲也。

(三) 清濁 發音時，氣流經過聲帶，聲帶居被動狀態，並無何等活動者，此種語音，謂之氣音，Breathed 亦名無聲音，voiceless 或謂之噪音，noise 中國韵書之所謂清音也。有時聲帶緊張，聲門閉塞，肺內呼出之氣流衝開聲門，致聲帶發生振動而成音者，謂之有聲音，voiced 或曰樂音 musical sound 中國韻書之所謂濁音也。國音之「ㄅ」「ㄆ」「ㄈ」「ㄉ」「ㄊ」「ㄍ」「ㄎ」「ㄏ」「ㄐ」「ㄑ」「ㄒ」「ㄓ」「ㄔ」「ㄕ」「ㄗ」「ㄘ」「ㄙ」，等韻字母之「幫」「滂」「端」「透」「知」「徹」「精」「清」「心」「照」「穿」「審」「影」「曉」等，皆清音也。國音之「ㄪ」「ㄇ」「ㄋ」「ㄌ」「ㄫ」「ㄬ」「ㄖ」，等韻字母之「並」「奉」「定」「澄」「羣」「從」「邪」「牀」「禪」「喻」「匣」「明」「微」「泥」「娘」「來」「日」等，皆濁聲也。凡韻皆濁，聲則有清濁之別。隋書潘徽傳曰：「李登聲類、呂靜韻集，始判清濁，纔分宮羽」。孫愐唐韻序後論云：「切韻者，本乎四聲，引字調音，各自有清濁」。則清濁之名，由來已久。第以命名含混，易滋淆亂，後之論者，至有所謂全清、次清、全濁、次濁、純清、純濁、半清半濁之名。甚至附會陰陽，支離其說，今所不取矣。茲以國音為主，列表如下：

發音部位 / 發音狀態 清濁	雙唇聲 清	雙唇聲 濁	唇齒聲 清	唇齒聲 濁	舌尖聲 清	舌尖聲 濁	齒頭聲 清	齒頭聲 濁
爆發聲	ㄅㄆ				ㄉㄊ			
流聲 鼻聲		ㄇ				ㄋ		
流聲 邊聲						ㄌ		
摩擦聲			ㄈ	万			ㄙ	
塞擦聲（摩擦聲十爆發聲）							ㄗㄘ	

ㄗ＝ㄊ＋ㄙ＝tz
ㄘ＝ㄊ＋ㄙ＝ts
ㄓ＝ㄊ＋ㄖ＝tʒ
ㄔ＝ㄊ＋ㄕ＝tʃ
ㄐ＝ㄊ＋ㄒ＝tʑ
ㄑ＝ㄊ＋ㄗ＝tç

翹舌聲		舌前聲		舌根聲	
清	濁	清	濁	清	濁
				ㄍ ㄎ	
			广		兀
尸	日	ㄒ		厂	
ㄓ ㄔ		ㄐ ㄑ			

表中塞擦聲一類，係複合聲母，為爆發聲與摩擦聲所結合，簡稱為塞擦聲。上文未列入，茲並及之。蓋隨時因發音之狀況而添置也。

第四章　韻母論

韻母者，肺內呼出之氣流，因聲帶之振動，口腔鼻腔之共鳴，遂發出種種不同之音；此類音蓋為純粹樂音，謂之韻母，簡稱曰韻，近所謂母音，元音vowel也。韻母因口腔張斂之節制而生變化，欲詳悉韻母之變化，必須將口腔張斂之節制作用，分析研究。此種作用、不外舌之前後升降、口之開合、唇之圓否。茲先爲圖表之，以後説明。

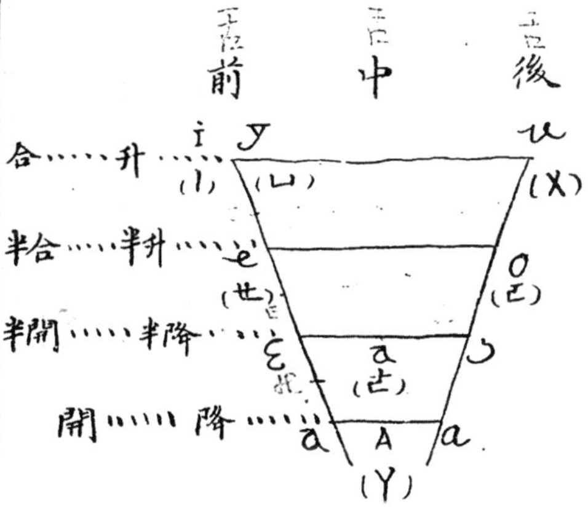

據上圖所示，韻之成因，雖由於聲帶之振動，若口舌諸器官不變易其位置，則僅能發簡單之音，而不能造成多數之新韻。蓋共鳴器之大小，繫於口腔之廣狹；口腔之廣狹，唇舌實司其關鍵。故韻因舌之升降前後，而有弇侈洪細之殊；因唇之平展圓斂，復有開齊合撮之異。故就音理言，韻之成因，實具下列諸作用：

(1)舌之升降前後。
(2)口之開合。
(3)唇之圓否。

由唇之前後運動，可分為左列三類：

(1)前韻。Front vowel 舌前部向顎之前部上升，使舌之全部由口腔前部向後傾斜。如國際音標之[i][e][ɛ][a]，國音之[ㄧ][ㄩ]

齶顎同用

硬顎前顎也

「ㄝ」之類是也。

(2)後。韵。Back vowel 因舌之全部後退、舌尖下壓、遂使舌根之節制佔優越地位。如國際音標之「u」「o」「ɔ」，國音之「ㄨ」「ㄛ」之類是也。

(3)中。韵。mixed vowel 此部之韵發音時、舌背與舌根間之一部分、向硬顎及軟顎之交界處彎起、其音質在不高不低之間。如國際音標之「a」「A」、國音之「ㄜ」「ㄚ」之類是也。

由舌之升降及口之開合、可區為左列四類：

(1)開。韵。open vowel 口腔開張、舌面下降。下顎角度至大、舌與上顎間距離至廣。如國際音標之「a」「A」「ɑ」、國音之「ㄚ」之類是也。

(2)合。韻。Close vowel 口腔幾合，下顎角度至小，舌與上顎間距離甚狹，舌已升至聲韻交界處，如再上升，即發生阻礙而為摩擦聲矣。如「i」「y」「u」，國音之「ㄧ」「ㄩ」「ㄨ」之類是也。

(3)半開韻。Half-open vowel 口腔漸開，舌漸下降，如國際音標之「ɛ」「œ」「ɔ」，國音之「ㄜ」之類是也。

(4)半。合。韻。Half-close vowel 口腔漸合，舌漸上升，如國際音標之「e」「o」，國音之「ㄝ」「ㄛ」之類是也。

因舌之張歛節制，亦可區為二類如下：

(1)圓。唇。韻 Rounded vowel 兩唇收歛而成圓形者，謂之圓唇韻，如國際音標之「y」「ʊ」「o」「ɔ」「ɑ」，國音之「ㄩ」「ㄛ」「ㄨ」之類是也。

(2)平。唇。韻。Spread vowel 兩唇舒展而成扁平形，或保持自然狀態者、謂之平脣韵，或自然脣韵。如國際音標之「i」「e」「ɛ」「a」、國音之「丨」「ㄝ」之類是也。

當韵之發出時，舌前後升降，脣不用力，一任其自然趨勢，故舌與脣之間，恒有相應之動作；舌愈後升，則脣愈圓，舌愈前升，則脣愈平，故脣之平圓，常與舌之進退為正比例。等韵家分開齊合撮四等，實本於此。就國音言之「丨」為齊齒，「ㄨ」為合口，「ㄩ」為撮口，餘則開口也。

國際音標	國音字母
i	丨
u	ㄨ
y	ㄩ
A	ㄚ
o	ㄛ
ə	ㄜ
e	ㄝ
ai	ㄞ
ei	ㄟ
au	ㄠ
əu	ㄡ
an	ㄢ
ən	ㄣ
aŋ	ㄤ
əŋ	ㄥ
ər	ㄦ

韻之種類	舌之部位	舌之升降	唇之圓否
單韻	前	升	不圓
單韻	後	升	圓
單韻	前	升	圓
單韻	中	降	不圓
單韻	後	半升	圓
單韻	中	半降	不圓
單韻	前	半升	不圓
複韻	ㄚ與ㄧ結合		
複韻	ㄝ與ㄧ結合		
複韻	ㄚ與ㄨ結合		
複韻	ㄛ與ㄨ結合		
附聲韻	ㄚ韻附ㄋ聲		
附聲韻	ㄝ韻附ㄋ聲		
附聲韻	ㄚ韻附ㄫ聲		
附聲韻	ㄛ韻附ㄫ聲		
聲化韻	ㄜ韻受ㄦ聲化		

無此圖

據上表所示、則韻之種類，猶不僅前述數者而已。蓋前述諸者均為單韻。此外尚有所謂複韻、聲化韻、附聲韻、茲依次述之如下：

(一)複韻。 二韻或三韻相結合者，謂之複韻。二韻結合，常因勢之升降，而分為二類。其第一韻音勢較大者，謂之降複韻。Descending Diphong 第二韻音勢較大者，謂之升複韻。According Diphong 就國音言之屬於前者有四。屬於後者有八。録之如下：

(1) 降複韻

韻	複	降
ㄚ+ㄧ	=	ㄞ
ㄝ+ㄧ	=	ㄟ
ㄚ+ㄨ	=	ㄠ
ㄛ+ㄨ	=	ㄡ

(2) 升複韻

韻	複	升
ㄧ+ㄚ	=	ㄧㄚ
ㄧ+ㄛ	=	ㄧㄛ
ㄧ+ㄝ	=	ㄧㄝ
ㄧ+ㄨ	=	ㄧㄨ
ㄨ+ㄚ	=	ㄨㄚ
ㄨ+ㄛ	=	ㄨㄛ
ㄩ+ㄛ	=	ㄩㄛ
ㄩ+ㄝ	=	ㄩㄝ

此音國音中無有特別註出

所謂降複韵，皆為之特造韵母，而升複韵則無之。非洞悉音理者，未易剖析至當也。三韵結合，於國音有四：

ㄧ十ㄚ十ㄧ＝ㄧㄞ
ㄧ十ㄚ十ㄨ＝ㄧㄠ
ㄨ十ㄚ十ㄧ＝ㄨㄞ
ㄨ十ㄝ十ㄧ＝ㄨㄟ

○○○

(二)聲化韵 Consonant-modified vowels

聲化韵者，雖尚為韵，而已鄰於聲。蓋因受聲之推移，非細辨之，幾不能知矣。如韵母之ㄦ，韵，即ㄜ韵受而ㄦ聲母化者。蓋當發ㄜ韵時，舌漸向後退，舌背隆起，舌尖下垂；至此舌尖轉而向上，幾與發ㄦ聲母時近似，惟尚未成阻而已。又廣韵中支紙寘質職諸韵，皆為聲化韵，

an ɛn

ɛn an

聲化韻與附聲韻之區別

國音尚未能爲之特定韻母也。

三、附聲韻 一名聲隨韻。vowel followed by consonant 一韻之後，有一聲母與之結合者，謂之附聲韻。其與聲化韻之區別；彼則韻與聲之價值，在相異之時間表出，此則韻與聲之價值同時表出。故此爲音素，而彼非音素也。附聲韻有四類，述之如下：

(1) 附塞聲韻 如 ap, at, ak, 之類。

(2) 附鼻聲韻 如 am, an 之類。

(3) 附分聲韻 如 al 之類。

(4) 附通聲韻 如 ad, az, 之類。

國音中只存附鼻聲韻一種。如「ㄚ」韻附「ㄋ」聲爲「ㄢ」，「ㄝ」韻附「ㄋ」聲爲「ㄣ」，「ㄚ」韻附「ㄫ」聲爲「ㄤ」，「ㄛ」韻附「ㄫ」聲爲「ㄥ」是也。古音有陰陽入三聲之別。單

閩廣入聲與中部入聲不同

純為韵者，陰聲也。附鼻聲ㄇㄋㄫ者，陽聲也。附塞聲ㄅㄊㄎ者，入聲也。今惟閩廣語音中有入聲及陽聲之ㄇ一類。中部及北部，入聲已完全消滅矣。今之中部一代所謂入聲，與閩廣實異其趣。蓋一為音調的，一為音綴的，二者固截然兩事也。

第五章　古今音韵之變遷

聲音之道，與時俱變，於是有古音今音之別。今欲推迹既往，陳其嬗變，載籍不詳，未遑一一論定也。試就其可考者言之：一曰古音期，周秦兩漢是也。二曰韵書前期，魏晉唐宋是也。三曰韵書後期，元明清是也。四曰音標期，今之國音是也。其間區分，代有不同，綜其大端，率如左方：

（一）古音期　在古之世，韵書未興，欲徵古音，語焉難詳。近三百年來，治古音者輩出，於是參稽往籍，古音大明。惟時期較長，非可一貫，周秦之音，必不同於兩漢之音，又當析而為二：

(1)周秦古音

(2)兩漢古音

欲明此期之音，當據三百篇、楚辭、易傳、老子、方言釋名、及其他韻文之音讀，說文之偏旁以求之。蓋往諧聲字之音讀，恒與聲母相同；聲某在某韻，從其聲者皆與之同韻。周秦字形，猶為篆籀，體正聲顯，故雖無韻書，不難得其韋較也。下逮兩漢，漸有歧變，雅言不作，韻書未興。於時作者，往往憑借方音，姿為述造。故兩漢古音最難得其條貫也。欲知此期音韻之大概，可參考段玉裁六書音韻表，嚴可均說文聲類，洪亮吉漢魏音，胡元玉漢音鈎沈諸書也。

。

二、韵書前期　此期韵書肇興，周秦以聲母為準之法，至此已不適用。而字音任情變易，妨礙甚多，作韵書者，逐字記音，標以反切，其意至善。茲再析之如下：

1、魏晉六朝

2、唐宋

魏晉六朝之際，韵書繁多，舉其著者，有魏李登聲類，晉呂靜韵集、王延文字音，段宏韵集，李概音韵決疑、音譜，王該五音韵，釋靜洪韵英，周研聲韵，楊休之韵略，杜臺卿韵纂，潘徽韵纂，齊梁之際，周顒有四聲切韵，沈約有四聲譜，於是王斌四聲論，張諒四聲韵林，劉善經四聲指歸，夏侯詠四聲韵略，轉相祖述，有功聲韵，殆非淺尠。惜書皆不傳，不知其分韻分紐，與後來之廣韻異同如何？惟隋陸德明之經典釋文足資考覽而已。唐宋為韻書極盛時期，切韻唐韻廣韻集韻四書，為此期至有價值之書。昔切韻唐韻俱亡，今惟切韻再見人間，亦殘缺不完，而廣韻集韻具在。廣韻一書，賅古今南北之音，實為治音韻之階梯，而唐末沙門守溫增損梵文，著為三十六字母，實諸夏聲母所自始，廣韻四十一紐蓋本之也。

三、韻書。後期

廣韻之音，兼賅南北、音系複雜，罕能共喻。故在應用方面，不能無他韻書以濟其窮。蓋胡元御宇，樂曲蹤興，於是以北音為主之韻書遂以產生，如周德清中原音韻，菉斐軒詞林韻釋，降至明初，更據此以作洪武正韻，六百年來，浸假而成『官音』。遂為一種不成文之國語，抱殘守缺之士，詆其去古愈遠，失廣

切語　即反切也

現今國音字母

㣲之統緒，亦徒見其昧於音韻變遷之理而已。

四、音標期。　古代記音之法，大率有二：一曰直音，二曰反切。惟以音素不清，聲有轉變，切語讀若，其道常窮。朱明以來，西土教士，感於華語之不易學，恒以羅馬字母標漢音。近數十年來，國人感於我國字音緐難，研習匪易，實為教育前途之障礙，於是王照官話字母、勞乃宣簡字譜相繼發生，欲以音標之形式，代舊日之反切。雖尚有缺失，未即推行，卒於民國二年，教育部開國音統一會，制訂國音字母三十有九，民國七年公布之。民國十七年，復公布國語羅馬字為國音字母之第二式，自此中國字音，遂脫離韻書時代，而入於音標時代矣。

第六章　歷代韵書概述

魏晉以降，韵書蠭興，述造雖多，散亡益衆。隋陸法言撰切韵，傳本久佚，後世學者，競相推究，咸謂唐韵本於切韵，廣韵原於唐韵，頃載以來，切韵唐韵發現於燉煌石室，唐寫本刊謬補缺切韵亦於清故宫得之，雖書缺簡脫，未爲完帙，然足徵昔賢之說，非實錄也。茲將廣韵前後諸韵書述爲兩類如下：

一）與廣韵同一系統者

1）切韵。 隋陸法言與顏之推、盧思道、薛道衡、辛德源、蕭該、劉臻李若輩著切韵，宋代以來，其書久佚。惟夏竦古文四聲譜、徐鉉及弟鍇之說文篆韵譜間有證引，自存書亡，近人王國維就法國巴黎圖書館所藏切韵殘卷三種合之，傳抄行世，惟去聲全缺。近從清內府得王仁昫刊謬補缺切韵，彼此參校，漸可窺其全豹。茲將諸

唐寫本切韻

54
51
32
137

本韻目，分錄如左：

(a)唐寫本切韻韻目　平聲凡五十四韻：一東，二冬，三鍾，四江、五支、六脂、七之，八微，九魚，十虞，十一模，十二齊，十三佳，十四皆，十五灰、十六咍，十七真、十八臻、十九文、二十殷、二十一元、二十二魂、二十三痕、二十四寒、二十五删、二十六山，為上平。一先、二仙、三蕭、四宵、五肴。六豪，七歌、八麻、九覃、十談、十一陽、十二唐、十三庚、十四耕、十五清、十六青、十七尤、十八侯、十九幽。二十侵，二十一鹽、二十二添、二十三蒸、二十四登、二十五咸。二十六銜。二十七嚴、二十八凡、為下平。

上聲五十一韻：一董、二腫、三講、四紙、五旨、六止、七尾、八語、九麌、十姥、十一薺、十二蟹、十三駭、十四賄、十五海、十六軫、十七吻、十八隱、十九阮、二十混、二十一很、二十二旱、二十三潸、二十四産、二十五銑、二十六獮、二十七篠、二十八小、二十九巧、三十皓、三十一哿、三十二馬、三十三感、三十四敢、三十五養、三十六蕩、三十七梗、三十八耿、三十九靜、四十迥、四十一有、四十二厚、四十三黝、四十四寢、四十五琰、四十六忝、四十七拯、四十八等、四十九豏、五十檻、五十一范。入聲三十二韵：一屋、二沃、三燭、四覺、五質、六物、七櫛、八迄、九月、十没、十一末、十二黠、十三鎋、十四屑、十五薛、十六錫、十七昔、十八麥、十九陌、二十合、二十一盍、二

王昫仁切韻

54
52
57
52
32
175

十二洽、二十三狎、二十四葉、二十五帖、二十六緝、二十七藥、二十八鐸、二十九職、三十德、三十一業、三十二乏。共一百三十七韻，去聲全缺。

(13) 刊謬補缺切韻　計平聲五十四韻：一東、二冬、三鍾、四江、五陽、六唐、七支、八脂、九之、十微、十一魚、十二虞、十三模、十四齊、十五皆、十六灰、十七臺、十八真、十九臻、二十文、二十一斤、二十二登、二十三寒、二十四魂、二十五痕、二十六先、二十七仙、二十八删、二十九山、三十元、三十一蕭、三十二宵、三十三肴、三十四豪、三十五庚、三十六耕、三十七清、三十八冥、三十九歌、四十佳、四十一麻、四十二侵、四十三蒸、四十四尤、四十五侯、四十六幽、四十七鹽、四十八添、四十九覃、五十談、五十一咸、五十二銜、五十三嚴、五十四凡。其中之「之」韵缺下半、「肴」韵缺上半。微、魚、虞、模、齊、皆、灰、臺、真、臻、文、斤、登、寒、魂、痕、十六韵、只存其目。先、仙、刪、山、元、蕭、宵、七韵、並目亦不存。上聲五十二韵。存者：一董、二腫、三講、四養、五蕩、六紙、七旨、八止、九尾、十語、十一麌、十二姥、十三薺、十四駭、十五賄、十六待、十七軫、十八吻、四十三厚、四十四黝、四十五琰、四十六忝、四十七禫、四十八淡、四十九減、五十檻、五十一广、五十二范。存目者：十九謹、二十等、二十一旱、二十二混、二十三佷、二十四銑、二十五獮、二十六潛、二十七產、二十八阮、二十九篠、三十小、三十一絞、三十二皓、三十三梗、三十四耿、三十五請、三十六茗、三十七哿、三十八解、三十九馬、四十寑、四十一拯、四十二有。去聲五十七：一涷、二宋、三種、四絳、五樣、六宕、七寘、八至、九志、十未、十一御、十二遇、十三暮、十四霽、十五祭、十六泰、十七界、十八夬、十九廢、二十誨、二十一代、二十二震、二十三問、二十四靳、二十五嶝、二十六翰、二十七慁、二十八恨、二十九霰、三十線、三十一訕、三十二襉、三十三願、三十四蕭、三十五笑、三十六教、三十七號。三十八更、三十九諍、四十清、四十一暝、四十二箇、四十三懈、四十四禡、四十五沁、四十六證、四十七宥、

切韵分三派
唐写本切韵
王仁昫刊謬補缺切韵
徐鍇所据本說文篆韵譜

四十八候、四十九幼、五十豔、五十一忝、五十二醰、五十三鬫、五十四陷、五十五覽、五十六嚴、五十七梵。入聲三十二韵：一屋、二沃、三燭、四覺、五藥、六鐸、七質、八櫛、九物、十訖、十一德、十二褐、十三黠、十四紇、十五屑、十六薛、十七鍇、十八月、十九隔、二十覓、二十一緝、二十二職、三十三葉、二十四帖、二十五沓、二十六蹋、二十七洽、二十八狎、二十九格、三十昔、三十一業、三十二乏。

其他徐鍇原本說文篆韵譜、所引梟氏切韵韵目、列韵之次序，與唐寫本切韵及唐韵同，而韵目則與廣韵相近。夏竦古文四聲韵所引唐切韵韵目，列韵之次序亦與唐寫本切韵、唐韵及徐鍇說文篆韵譜所引之切韵同、而韵目亦與廣韵相近。徐鉉改定本說文篆韵譜所引李舟切韵、其列韵之次序、與切韵唐韵、徐鍇夏竦所引之切韵不同、而與廣韵完全相同。蓋李舟改法言之舊次、而廣韵即用李氏之次序也。

(二)唐韵

唐韵亦久失傳、顧炎武有唐韵正、紀容舒有唐韵考、清末蔣氏得唐寫本唐韵殘本、無上下平、去聲稍缺、入聲全。另有燉煌所出之唐寫本唐韵殘卷、神州國光社已印行、列其目如下：

平聲五十八韵：一東、二冬、三鍾、四江、五支、六脂、七之、八微、九魚、十虞、十一模、十二齊、十三移、十四佳、十五皆、十六灰、十七咍、十八真、十九諄、二十臻、二十一文、二十二殷、二十三元、二十四魂、二十五痕、二十

唐韵

六寒、二十七桓、二十八删、二十九山，爲上平。一先、二仙，三蕭、四宵、五肴、六豪、七歌，八戈、九麻，十覃，十一談、十二陽，十三唐，十四庚，十五耕，十六清、十七青，十八尤，十九侯、二十幽、二十一侵、二十二鹽、二十三添、二十四蒸、二十五登、二十六咸，二十七銜，二十八嚴、二十九凡、爲下平。上聲五十四韵：一董、二腫，三講、四紙、五旨、六止、七尾，八語，九麌、十姥、十一薺、十二蟹、十三駭、十四賄、十五海，十六軫、十七準，十八吻、十九隱、二十阮、二十一混、二十二佷、二十三旱、二十四緩、二十五潸，二十六產、二十七銑、二十八獮、二十九篠、三十小、三十一巧、三十二晧、三十三哿，三十四果、三十五馬、三十六感、三十七敢、三十八養、三十九蕩、四十梗、四十一耿、四十二靜、四十三迥、四十四有、四十五厚、四十六黝、四十七寑、四十八琰、四十九忝、五十拯、五十一等、五十二豏、五十三檻、五十四范。去聲存者：惟一送、二宋、三用、四絳、五寘、六至、七至、二十廢、二十二稕、二十三問、三十四嘯、三十六枚、四十禡、五十二沁，十四韵。入聲存者：惟二沃、三燭、四覺、五質、七物、十三末、二十麥、二十一陌、三十鐸、三十二德、三十三業，凡十一韵。

一 九十三

三、廣韵 陸法言撰切韵，分韵為二百零部，其後孫愐增益之為唐韵、陳彭年等復增益之為廣韵，分別部居，大率仍舊。茲錄其目

廣韻

57
55
60
34
206

如下：

平聲凡五十七韻：一東、二冬、三鍾、四江、五支、六脂、七之、八微、九魚、十虞、十一模、十二齊、十三佳、十四皆、十五灰、十六咍、十七真、十八諄、十九臻、二十文、二十一殷、二十二元、二十三魂、二十四痕、二十五寒、二十六桓、二十七刪、二十八山、為上平。一先、二仙、三蕭、四宵、五肴、六豪、七歌、八戈、九麻、十陽、十一唐、十二庚、十三耕、十四清、十五青、十六蒸、十七登、十八尤、十九侯、二十幽、二十一侵、二十二覃、二十三談、二十四鹽、二十五添、二十六咸、二十七銜、二十八嚴、二十九凡、為下平。上聲五十五韻：一董、二腫、三講、四紙、五旨、六止、七尾、八語、九麌、十姥、十一薺、十二蟹、十三駭、十四賄、十五海、十六軫、十七準、十八吻、十九隱、二十阮、二十一混、二十二很、二十三旱、二十四緩、二十五潸、二十六産、二十七銑、二十八獮、二十九篠、三十小、三十一巧、三十二晧、三十三哿、三十四果、三十五馬、三十六養、三十七蕩、三十八梗、三十九耿、四十靜、四十一迥、四十二拯、四十三等、四十四有、四十五厚、四十六黝、四十七寑、四十八感、四十九敢、五十琰、五十一忝、五十二豏、五十三檻、五十四儼、五十五范。去聲六十韵：一送、二宋、三用、四絳、五寘、六至、七志、八未、九御、十遇、十一暮、十二霽、十三祭、十四泰、十五卦、十六恠、十七夬、十八隊、十九代、二十廢、二十一震、二十二稕、二十三問、二十四焮、二十五願、二十六慁、二十七恨、二十八翰、二十九換、三十諫、三十一襉、三十二霰、三十三線、三十四嘯、三十五笑、三十六效、三十七號、三十八箇、三十九過、四十禡、四十一漾、四十二宕、四十三映、四十四諍、四十五勁、四十六徑、四十七證、四十八嶝、四十九宥、五十候、五十一幼、五十二沁、五十三勘、五十四闞、五十五豔、五十六㮇、五十七陷、五十八釅、鑑五十九、六十梵。

入聲三十四韵：一屋、二沃、三燭、四覺、五質、六術、七櫛、八物、九迄、十月、十一沒、十二曷、十三末、十四黠、十五鎋、十六屑、十七薛、十八藥、十九鐸、二十陌、二十一麥、二十二昔、二十三錫、二十四職、二十五德、二十六緝、二十七合、二十八盍、二十九葉、三十帖、三十一洽、三十二狎、三十三業、三十四乏。

此外集韵，禮部韵略（宋丁度），韵會舉要（元黄公紹等撰），五音集韵（金韓道昭十五卷）、韵府羣玉（元陰時夫）等書，韵目之多少雖各不同，要皆因緣切韵。始則注明通用，繼則並通用者為一，而舊目固屹然在也。至清代修佩文詩韵，僅存並目，而原韵分部，至此遂不可復求矣。按此類韵書之分部，多本魏晋南北朝學者所注之舊音，就其分合之由，難以口喻。蓋聲韵之變，隨時不同；清濁之音，因地而異。魏晋作書，式準方俗；法言撰韵，裁决九人；時移世異，音讀已殊，勉從前韵，強為分合，宜其不能當也。

亦與中原音韵同一系統者

周德清中原音韵

中原音韵　十九

陸法言曰：「吳越之音，時傷輕淺。燕趙之音，多傷重濁。秦隴則去聲為入。梁益則平聲似去」。方音各別，今古同然，增改舊韵，必準雅言。顏之推「共以帝王都邑，參校方俗，考覈古今，為之折衷」。之言，可為隋唐以來作述者之自白。故切韵者蓋參取方俗古今以成書，論其分合，實多未明。周德清獨排衆議，不主故常，以元代中原之音為準，著中原音韵一書，分別部居，悉與前韵相殊。雖摭采不多，而一代之音，賴以畢存，變古開來之功，固不在陸法言下也。茲分述之如下：

（一）中原音韵　分部十九：一東鍾，二江陽，三支思，四齊微，五魚模，六皆來，七真文，八寒山，九桓歡，十先天，十一蕭豪，十二歌戈，十三家麻，十四遮車，十五庚青，十六尤

洪武正韵

侯，十七侵尋、十八監咸，十九廉纖，上去隸之。其後中州音韻，詞林韵釋，雖名不同，而部居悉以是為準也。

（乙）洪武正韵　平聲二十二韵：一東，二支、三齊、四魚、五模、六皆、七灰、八真、九寒，十刪，十一先、十二蕭，十三爻、十四歌十五麻十六遮十七陽十八庚十九尤二十侵二十一覃二十二鹽。上聲二十二韵：董、紙、薺、語、姥、解、賄、軫、旱、產、銑、篠、巧、哿、馬、者、養、梗、有、寢、感、琰、去聲二十二韵：送、寘、霽、御、暮、泰、隊、震、翰、諫、霰、嘯、效、箇、禡、蔗漾、敬宥、沁、勘、艷。入聲十韵：一屋、二質、三曷、四轄、五屑、六藥、七陌、八緝、九合、十葉。

(3)韵略易通　分韵二十：一東洪二江陽三真文四山寒五端桓六先全七庚晴八侵尋九緘咸十廉纖十一支辭十二西微十三居魚十四呼模十五皆來十六蕭豪十七戈何十八家麻、十九遮蛇、二十幽樓、上去入系之。前十韵有入，後十韵入。

此外韻略滙通、元韵譜、字母切韵要法、通雅、中州全韵、李氏音鑑、並以北音爲主，作者鋒起。雖其分部居、猶沿舊習，較之廣韵諸書，互相因襲，殆不可同日語矣。夫音存口齒，代有不同，標音之術，昔人所無，故諸家計載之音，未盡密合，究心音韵者，能據此以求其變遷之由，亦未嘗不可舉一反三也。

第七章　古今聲母分合

自來講音韵者，恒偏於韵，而略於聲。雙聲叠韵之旨，漢魏已明、而聲類、韻集、切韻、等書，均以『韻』為主；直至六朝唐代、沙門神珙守溫之徒，始制為聲母。玆分述之如下：

(一)神珙三十字母

神珙四聲五音九弄反紐圖曰：『東方喉聲、西方舌聲、南方齒聲、北方唇聲、中央牙聲』。周春小學餘論曰：『相傳神珙字母止三十，缺「孃」「奉」「微」「幫」「滂」「牀」六母』。魏了翁鶴山文鈔附師友雅言曰：『李肩吾曰：賈逵只有音，自元魏胡僧神珙入中國，方有四聲反切』。玆具錄之如下：

(1)深喉。影、喻。

(2)淺喉。見、溪、羣、曉、匣、疑。

(3)舌聲。端、透、定、泥、來、知、徹、澄。

(4)齒聲。精、清、從、心、邪、照、穿、審、禪、日。

（六）脣聲。並、明、非、敷。

（二）守溫。三十六字母。呂維祺同文鐸曰：『大唐舍利剏字母三十，後溫首座益以『孃』『牀』『邦』『滂』『微』『奉』六母，是為三十六母。是守溫字母，原於神珙。友人羅君詳加考定，謂『三十字母為守溫師仿梵文所造。其餘六母及五音分類，則宋人所增，託之守溫耳』。茲暫仍舊說，錄如下方：

（1）深喉。影、喻。

（2）牙聲。見、溪、羣、曉、匣、疑。

（3）舌聲。端、透、定、泥、來、知、徹、澄、孃。

（4）齒聲。精、清、從、心、邪、照、穿、牀、審、禪。

（5）脣聲。邦、滂、並、明、非、敷、奉、微。

（三）邵康節二十四聲　邵氏皇極經世聲音圖以二十四音、分列四十八行、標其清濁、併『褒』於『泥』、刪『敷』、而增『日』字之一音。茲列表如下：

	深喉	淺喉	舌聲	齒聲	脣聲
清聲	影	見溪曉疑	端透來泥	精清心日 照穿知徹審日	邦滂明 非敷
濁聲	喻	羣南音羣北音匣疑	定南音定北音來泥	從南音從北音邪日 牀南音牀北音澄南音澄北音禪日	並南音並北音明 奉微

（四）蘭樊二氏之二十聲　明正統間蘭氏作韵略易通、併舊聲之三十六母為二十、作詩一首以標目。詩曰：『東風破早梅、向暖一枝

閒。冰雪無人見、春從天上來凵。攀騰鳳五方元音亦為二十聲母。

兹排比之如下：

	蘭氏聲母	樊氏聲母
深喉	一	蛙 雲
淺喉	見ㄍㄐ 開ㄎ 向ㄏ	見 橋 火
舌聲	東ㄉ 枝ㄓ 天ㄊ 春ㄔ 來ㄌ 暖ㄋ	斗 土 雷 鳥
齒聲	早ㄗ 上ㄕ 從ㄘ 人ㄖ 雪ㄙ	剪 竹 鵲 蟲 系 石 日
脣聲	冰ㄅ 風ㄈ 破ㄆ 無ㄪ 梅ㄇ	梆 風 鉋 開

比国音字母少ㄅ ㄦ ㄏㄑ ㄒ 九四母

五、李如真二十二母　清嘉慶十年、如真著李氏音鑑、列字母三十三，韵二十二。其後著鏡花緣，於第三十一回中列一字母表、與音鑑悉同。若不分等，實只二十二母也。列之如下：

(1)深喉　影。喻。

(2)淺喉　見、溪、曉、疑。

(3)舌聲　端、透、來、泥。

(4)齒聲　精、清、心、照、穿、審。

(5)唇聲　邦滂、明、非、敷、微。

六、陳澧切韵考四十母　陳氏嘗著切韵考、據廣韵反切上一字以考切韵之聲類。其言曰「切語上字與所切之字為雙聲；則切語上字同用者、互用者、遞用者、聲必同類也。同用者如：冬，都宗切；

黃侃從廣韻[illegible]41[illegible]，[illegible]「明」「微」二字、
高本汉 47
曾運乾 51
廣韵究有多少聲母現在尚不可定

當、都郎切；同用都字也。互用者如＝當、都郎切；都，當孤切；都當二字互用也。遞用者如＝冬、都宗切；都，當孤切；冬字用都字，都字用當字也。今據此系聯之，為切語上字四十類。茲列之如下＝

(1)深喉：影，喻，于。

(2)淺喉：見、溪、羣、曉、匣、疑。

(3)舌聲：端、透、定、來、泥、知、徹、澄、孃、照、穿、神、審、禪、日。

(4)齒聲：精、清、從、心、邪、莊、初、牀、山。

(5)唇聲：邦、滂、並、明、非、敷、奉。

此外喬中和七十二母，不分等則為十九母。李松石三十三母、

毛奇齡二十八母、互有不同。總之欲考中古聲系者、應以守溫三十六母為準。欲分析近代中國語音者，則蘭茂樊騰鳳李如珍所制之聲母、參以口耳、十得八九矣。

第八章　古聲總論

鄭庠以後、叶韵之說大盛、言音之士、鮮有能知古音者。明末焦竑陳第、始能考明古音。然焦氏無書、而陳氏之書亦僅能就詩經楚辭用韵之字、以考證尚世之音讀。至於古今韵部異同、聲類分合、固猶未能道其詳也。自顧炎武江永以來、攷證古韵，漸趨精密、而古聲類之考訂，蓋寥寥無幾也。茲臚舉諸家之說如下：

(一)顧炎武江永戴震對於古聲之見解

言古音而成條貫者、實自顧炎武氏。然顧氏之於古音、只精於

顧氏　江氏　戴氏

韻」之一部分、異於古今聲類異同、從未道及；良由鄙夷字母之學、以為膚淺。不足以道古也」。繼顧氏而作者、為江永戴震。江氏最尊信守温三十六字母、以為「不可增減、不可移易」。因之言今韻古韻、悉據守温字母。其言今韻之書為四聲切韻表、於每韻每呼之上、皆列字母三十六文。其言古韻之書、為古韻標準；所注古音反切、與今音相較、僅異韻部、而聲類則悉與今同。如「幢、宅江切」，改為「宅工切」。「惷、丑江切」、改為「丑上切」。「裘、巨鳩切」、改為「渠之切」。「肬、羽求切」、改為「于其切」。是江氏以為古今聲類無異也。戴氏之聲類表、兼包古今之音；而其作書之意、則以古音為主、所列聲類、凡四十位、與守温略有異同。惟戴氏之意、實以此表兼言古今之音、是戴氏亦以古今聲類無異也。故江戴兩氏、於古聲紐皆無所發明也。

二、近代發明古聲之人

考明古今聲類有異者、始於錢大昕。錢氏據魏晉南北朝人所作反切、以校廣韻以下、知舌上聲「知徹澄」三類、古音讀入舌尖聲「端透定」三類；因作古音類隔之說不可信一篇、此其發明者一也。又知唇齒聲「非敷奉微」四類、古音讀入雙唇聲「邦滂並明」四類；因作古無輕唇音一篇。此其發明者二也。自斯以來、古無舌上聲及唇齒聲、遂成確切不移之公案、而宋元學者音和類隔及法門之說、殆已不攻自破。近人章炳麟承之、更明舌上聲之「娘日」二類，古者並讀同舌尖聲之「泥」紐、作古音娘日二紐歸泥說一篇。又明「喻」紐、古音讀入「影」紐。古聲之考明者、至此已十得八九矣。其弟子黃侃賡錢章二家之緒、又考得古聲為十九類。錢氏之說、見十駕齋養新錄、章氏之說、見國故論衡。文繁不具錄也。

三、章炳麟之古聲二十一類

章氏之論古聲、既明「娘」「日」二紐、古並歸「泥」、及古音有「影」無「喻」。又謂、古無齒頭、惟有正齒。其言曰：「「精」「清」「從」「心」「邪」本是「照」「穿」「牀」「審」「禪」之副音，當時不解分等、析為「正齒」「齒頭」二音。若「爾」、「來」之與「良」、「見」之與「貫」、亦可分為數紐。彼此混成，此何煩碎。古今音既非大異、故亦如律分配」。章氏之論如此。故所定古聲表為左列之二十一類。表中喉牙互易者、用晁公武郡齋讀書志說也。

喉音	見
牙音	曉
舌音	端知
齒音	照精
脣音	幫非

併三十一為十九 照穿神審禪 [illegible]

溪	羣	疑	
匣	影 喻		
透 徹	定 澄	泥 娘 日	來
穿 清	牀 從	審 心	禪 邪
滂 敷	並 奉	明 微	

四、黄侃之古聲十九類

近人黄侃承錢章二氏之緒，於廣韵二百六韵攷得有三十二韵為「古本韵」。復就此三十二韵中攷具聲類，則無「喻」「知」「徹」「澄」「娘」「日」「非」「敷」「奉」「微」十類。是以證明錢章二氏之說不可易。此外則喉聲無「為」、牙聲無「羣」、舌聲無「照」「穿」「神」「審」「禪」、齒聲無「莊」「初」「牀」「山」「斜」、凡二十二類。黄氏以為古本韵內所具之聲，皆「古本聲」也。此「喻」「知」等十類及「為」「羣」等十二類，既為「古本韵」之三十二韵所不具，則非「古本聲」，而為後世「變聲」明矣。

。由是斷定古聲只有左列十九類。

喉音	影（喻為）	曉	匣		
牙音	見（羣）	溪	疑		
舌音	端（知照）	透（徹穿審）	定（澄神禪）	泥（娘日）	來
齒音	精（莊）	清（初）	從（牀）	心（山斜）	
脣音	幫（非）	滂（敷）	並（奉）	明（微）	

第九章　古韻分部論

時有今古、音有轉變、或變於聲、或變於韻；古聲與今聲不同、古韻與今韻自亦不能齊一也。言古音古韻者、實自宋人吳棫始。

才老著補音、韻補二書，補音雖亡，韻補猶存；雖其所據之書，不無可議，而近世古音之學，才老實啟其端緒也。其所以名為韻補者，蓋據古書之韵，其音未變者，以正已變之音。如東韵本無江字，據晉童謠「江」「龍」「童」「江」為韵，「江」當讀「沽江切」，補入東韵。本無禽字，據湯淋「坎」「禽」「坊」為韵，「禽」當讀「渠容切」，補入東韵。本無登字，據漢書敘傳「終」「登」為韵，「登」讀「都籠切」，補入東韵。本無邦字，據韋孟詩「同」「邦」為韵，「邦」當讀「悲功切」，補入東韵。本無徵字，據班固靈臺詩「崇」「徵」為韵，「徵」當讀「陟隆切」，補入東韵。故韵補本無可議。世或謂「叶韵」之說，出自吳氏，其言亦似是而非也。故錢大昕為之辯曰：

世謂叶音出於吳才老，非也。才老博考古音，以補今韵之闕，雖未能盡得六書諧聲之原本，而後儒因是知援詩易楚辭以求古音之正、其功已不細。古人『依聲寓義』。唐宋久失其傳、而才老獨知之。可謂好學深思者矣。朱文公詩集傳閒取才老之補音而加以叶字，才老書初不云叶也。楊用修譏才老叶音『母氏劬勞』，『勞叶音僚』，『四牡有驕』、『驕叶音高』。考才老書，初無此文；殆誤認朱子之叶音，為皆出於才老爾。詩『外禦其侮』，吳讀『謨逢切』、朱不從吳氏、而讀『戎』為『汝』以叶『務』音。騶虞之『虞』、朱於第一章叶音『牙』，第二章叶『五紅反』。誰謂汝無家，朱於前章叶音『谷』、後章叶音『各空反』。皆吳氏所無、未可歸咎於吳也。

則是叶韵之說、實自朱熹始。元明以來、咸遵其說、凡文字音讀不同者，謂此字古音本與今同、以欲遷就上下用韵之字，因改其音，以求諧叶。本非出於才老，以才老始言古音；至朱熹以下附會引申，凡韻之不可通者，輒改其音以求叶；使才老於千載後蒙不白之冤，而不知其實近代言古韻者之鼻祖也。茲分述各家對於古韻分部之說如下：

(一)近代考明古韻之人

古韻分部，實始鄭庠。鄭氏作古音辨，分「陽」「支」「先」「虞」「尤」「覃」六部。「東」「冬」「江」「陽」「庚」「青」「蒸」，入聲「屋」「沃」「覺」「藥」「陌」「錫」「職」為一部。「支」「微」「齊」「佳」「灰」為一部。「魚」「虞」「歌」「麻」為一部。「真」「文」「元」「寒」「刪」「先」，入聲「質」「物」「月」「曷」「黠」「屑」為一部。「蕭」「肴」「豪」「尤」為一部。「侵」「覃」「鹽」「咸」入聲「緝」「合」「葉」「洽」為一部。其說有合有不合，而開來繼往之功，不可沒也。繼鄭氏之後言古韻部居者，首推顧炎武。顧氏作音學五書，分古韻為十部。江永繼之，作古韻標準，分十三部。段玉裁作六書音韵表，分十七部。戴震作聲類表，分二十五部。孔廣森作詩聲類，分十八部。王念孫分二十一部。章炳麟作成均圖，分二十三部。此數家之言古韵，成一系統，他如嚴可均、江有誥、張惠言、黃以周諸家，於古韵皆有論著，大致與上列諸家不甚相遠。嚴氏之說與孔氏略同，江氏張氏黃氏之說，與王氏畧同，並足以資參校也。

（二）顧炎武之古韵十部說

顧氏古音之說，見於古音表。其所采之資料，除經傳外間亦取文字偏旁。其音論之言曰『茲段本之五經，參之傳記，而亦取說文形聲之指。不惟通其本音，而又轉之於平上去，三代之音，九絕而後存，其必自今日始乎』。茲表之如左：

一部	二部	三部
東 冬 鍾江	支脂之 微齊佳 皆灰咍	魚 虞 模侯
董 腫 講	紙旨止 尾薺蟹 駭賄海	語 麌 姥厚
送 宋 用絳	寘至志未霽 祭泰卦怪夬 隊代廢	御 遇 暮候
	質術櫛昔職物 迄屑薛錫月沒 曷末黠鎋麥德	屋沃燭覺 藥鐸陌麥 昔

（屋二）廣韵 （沃）廣韵

不遵守廣韵

四部	五部	六部	七部
真諄臻文殷元魂痕寒桓删山先仙	蕭宵肴豪幽	歌戈麻	陽唐庚
軫準吻隱阮混很旱緩潸襇霰線	篠小巧晧黝	哿果馬	養蕩梗
震稕問焮願慁恨翰換諫襇霰線	嘯笑效號幼	箇過禡	漾宕映
	屋沃覺藥鐸錫		遺漏

八 耕部	九 蒸部	十 侵部
耕 清 青	蒸 登	侵 覃 談 鹽 添 咸 銜 嚴 凡
耿 靜 迥 梗	拯 等	寢 感 敢 琰 忝 儼 豏 檻 范
諍 勁 映	證 燈	沁 勘 闞 豔 㮇 釅 陷 鑑 梵
		緝 合 盍 葉 帖 洽 狎 業 乏

遵守廣韵

夏炘曰："鄭氏'東''陽''耕''蒸'不分，顧氏析而四之；又'魚''歌'不分，顧氏析而二之，故得十部。又'屋''沃''覺''藥'等韵，一析半入'魚'，一析半入'蕭''梗''映'等韵，一析半入'陽'，一析半入'庚'；江君晉山所謂始能離析

唐韻以求古韻也」。江永曰近世音學數家

(二)江永之古韻十三部說

江氏十三部、本於顧氏十部、加以縝密。所定平上去十三部、及入聲八部、謂上下與平聲無異、故舉平可以賅去也。夏炘曰：「江氏於真以下十四韻、析真諄臻文殷魂為一韻、元寒桓刪先為一韻、又分先之半兩屬之。侵以下九韻、析侵為一韻、添嚴咸銜凡為一韻、分覃談鹽以屬之。又析蕭宵肴豪為一韻、尤侯為一韻、故得十三部」。段玉裁曰：「江氏古韻標準二百六部、分為十三、東冬鍾江為一部。支脂之微齊佳皆灰咍、入聲麥昔錫職德為一部。魚虞模、入聲藥鐸陌為一部。真諄臻文欣魂痕、入聲質術櫛物迄沒為一部。元寒桓刪山先仙、入聲月曷末黠鎋屑薛為一部。蕭宵肴豪為一部。

歌戈麻為一部。陽唐為一部。庚耕清青為一部。蒸登為一部。尤侯幽入聲屋沃燭覺為一部。侵，入聲緝為一部。覃談鹽添咸銜嚴凡入聲合盍葉帖狎業乏為一部」。茲表之如下：

第一部	東冬鍾江	董腫講	送宋用絳	
第二部	脂之微齊佳皆灰咍分支分尤	旨止尾薺蟹駭賄海分紙分有分厚	至志未霽祭泰卦怪夬隊代廢分寘分宥（五部）	職德分麥分麥分錫分昔（六部）
第三部	魚模分虞分麻	語姥分麌分馬	御暮分遇分禡	藥鐸分沃分覺分陌分麥分昔分錫（四部）
第四部	真諄臻文殷魂痕分先	軫準吻隱很分銑	震稕問焮慁恨分霰分線	質術櫛物迄沒分屑分薛（二部）

第五部	第六部	第七部	第八部	第九部	第十部	第十一部
元寒桓刪山仙分先	宵分蕭分肴分豪	歌戈分麻分支	陽唐分庚	耕清青分庚	蒸登	侯幽分尤分虞分蕭分宵分肴分豪
阮旱緩潸產獮分銑	篠小分巧分皓	哿果分馬分紙	養蕩分梗	耿靜迥分耿	拯等	厚黝分麌分有分篠分巧分皓
願翰換諫襇分霰分線	笑分嘯分效分號	箇過分禡	漾宕分敬	諍勁徑分敬	證嶝	候幼分宥分效分號
月曷末黠鎋薛分屑（三部）						屋燭分沃分覺（一部）

第十二部	第十三部
侵分覃分談 分鹽	添嚴咸銜凡 分覃分談分鹽
寑分感分 忝	敢琰广豏檻 范分感分忝
沁分㮇	勘闞豔釅陷 鑑梵分㮇
緝分合分葉 分洽（七部）	盍怗業狎 乏分合分葉分洽（八部）

（四）段玉裁之古韻十七部說

段氏寄戴東原書曰：憶古韻標準所稱元寒桓刪山先仙七韻、與真諄臻文欣魂痕七韻、三百篇内分用，不如顧亭林李天生所云、自真至先合為一韻之說；與舍弟玉成取毛詩細繹之、果信。又細繹之真臻二韻與諄文欣魂痕五韻。三百篇内分用、而江氏有未盡也。蕭宵肴豪與尤侯幽分用矣；又細繹之則侯與尤幽三百篇内分用、而江氏有未盡也。支脂之微齊佳皆灰咍九韻，自來言古韻者、合為一韵。及細繹之、則「支」「佳」為一韵、「脂」「微」「齊」「皆」「灰」為一韵、之咍為一韵、而顧氏江氏均未之知也。又細繹其平入之分配、正二家之蹖駁、遂書詩經所用字、區別為十七部。是則段氏區分、蓋因江顧二家之說、訂其違失。為表凡五：一曰今韵古分十七部表、二曰古十七部諧聲表、三曰古十七部合用類分表、四曰詩經韵分十七部表、五曰羣經韵分十七部表、若網在綱、有條不紊、信乎「窮文字之源流、辨聲音之正變」者矣。茲迻錄其今韵古分十七部表如左

第一部	
之	咍
止	海
志	代
職	德

第二部	第三部	第四部	第五部
蕭宵肴豪	九幽	侯	魚虞模
篠小巧晧	有黝	厚	語麌姥
嘯笑效號	宥幼	候	御遇暮
	屋沃燭覺		藥鐸

第六部	蒸	拯	證	
	登	等	嶝	
第七部	侵	寢	沁	緝
	鹽	琰	豔	葉
	添	忝	㮇	怗
第八部	覃	感	勘	合
	談	敢	闞	盍
	咸	豏	陷	洽
	銜	檻	鑑	狎
	嚴	儼	釅	業
	凡	范	梵	乏

第九部	第十部	第十一部
東冬鍾江	陽唐	庚耕清青
董腫講	養蕩	梗耿靜迥
送宋用絳	漾宕	映諍勁徑

第十二部	第十三部	第十四部
真臻先	諄文欣魂痕	元寒桓刪山仙
軫　銑	準吻隱混很	阮旱緩潸產獮
震　霰	稕問焮慁恨	願翰換諫襉線
質櫛屑		

第十五部	第十六部	第十七部
脂微齊皆灰	支佳	歌戈麻
旨尾薺駭賄	紙蟹	哿果馬
至未霽祭泰怪夬隊廢	寘卦	箇過禡
術物迄月沒曷末黠鎋薛	陌麥昔錫	

（五）戴震之古韵二十五部説

戴氏之於周秦古韵，初定為七類二十部，後又改為九類二十五部。其答段若膺論韵書曰：「僕初定為七類者，上年改為九類，以九類分二十五部。阿第一，烏第二，堊第三，此三部皆收喉音，膺第四，噫第五，億第六，翁第七，謳第八，屋第九，央第十，夭第十一，約第十二，嬰第十三，娃第十四，戹第十五，此十二部皆收鼻音，殷第十六，衣第十七，乙第十八，安第十九，靄第二十，遏第二十一，此六部皆收舌齒音，音第二十二，邑第二十三，醃第二十四，諜第二十五，此四部皆收脣音，收喉音者，其音引喉。收鼻音者，其音引喉穿鼻。收舌齒音者，其音舒舌而衝齒。收脣音者，其音斂脣。以此為次，似幾於自然」。戴氏為段氏之師，而其古韵分部，則在段氏之後。茲就其說列表如下：

類	部	收音
(一)歌魚鐸類	(一)阿—歌戈麻	收喉音
	(二)烏—魚虞模	
	(三)堊—鐸	
(二)蒸之職類	(四)膺—蒸登	收鼻音
	(五)噫—之咍	
	(六)億—職德	
(三)東尤屋類	(七)翁—東冬鍾江	
	(八)謳—尤侯幽	
	(九)屋—屋沃燭覺	
	(十)央—陽唐	

今平上去爲十六部

今入聲爲九部

(七)元月類			(六)真脂質類			(五)庚支陌類			(四)陽蕭藥類	
(二十一)遏—月曷末黠鎋薛	(二十)靄—祭泰夬廢	(十九)安—元寒桓刪山先	(十八)乙—質術櫛物迄沒屑	(十七)衣—脂微齊皆灰	(十六)殷—真臻諄文殷魂痕先	(十五)戹—陌麥昔錫	(十四)娃—支佳	(十三)嬰—庚耕清青	(十二)約—藥	(十一)天—蕭宵肴豪
收舌齒音						音				

（八）侵緝類		（九）覃合類	
（廿二）音—侵鹽添	（廿三）邑—緝	（廿四）醃—覃談咸銜嚴凡	（廿五）諜—合盍葉帖業洽狎乏
收唇音			

（六）孔廣森之古韵十八部說

孔氏分古韵為十八部，陰聲九、陽聲九，兩兩相配，可以對轉。其詩聲類自序曰：『竊嘗基於唐韵、階於漢魏、躋稽於二雅、三頌、十五國風而繹之，而審之，而條分之，而類聚之，久而得之。有本韵、有通韵、有轉韵。通韵聚為十二，取其收聲之大同。本韵分為十八，乃又剖析於斂侈清濁，毫釐纖眇之際。曰『元』之屬、『耕』之屬、『真』之屬、『陽』之屬、『東』之屬、『冬』之屬、『侵』之屬、『蒸』之屬、『談』之屬，是為陽聲者九。曰『歌』之屬、『支』之屬、『脂』之屬、『魚』之屬、『侯』之屬、『幽』之屬、『宵』之屬、『之』之屬、『合』之屬、是為陰聲者九。此九部者、各以陰陽相配，而可以對轉。其用韻疎者，或『耕』與『真』通，『支』與『脂』通，『侵』與『冬』通，『之』與『宵』通，『宵』與『幽』通。然所謂通者，非可全部混淆，間有數字借協而已』。茲就《廣韻》韻目，錄孔氏十八部，分平上去，為表如下：

	原類第一	丁類第
陽聲	元寒桓刪山仙 阮旱緩潸産獮 願翰換諫襇線	耕清青 耿静迥
	歌類第十	支類第
陰聲	歌戈麻 哿果馬 箇過禡	支佳 紙蟹

二（cut off）

諍勁徑

辰類第三

真諄臻先文殷魂痕
軫準銑吻隱混很
震稕霰問焮慁恨

陽類第四

陽唐庚
養蕩梗
漾宕映

東類第五

東鍾江
董腫講
送用絳

冬（cut off）

冬

十一（cut off）

寘卦錫麥

脂類第十二

脂微齊皆灰
旨尾薺駭賄
至未霽祭泰怪夬隊廢
質術櫛物迄月沒曷末黠鎋屑薛

魚類第十三

魚模
語姥
御暮鐸陌昔

侯類第十四

侯虞
厚麌
候遇屋燭

幽類

幽尤蕭

類第六	侵類第七	蒸類第八	談類第九
腫 宋	侵覃凡 寑感范 沁勘梵	蒸登 拯等 證嶝	談鹽添咸銜嚴 敢琰忝豏檻儼 闞豔㮇陷鑑釅

第十五	宵類第十六	之類第十七	合類第十八
黝有篠 幼宥嘯沃	宵肴豪 小巧晧 笑效號覺藥	之咍 止海 志代職德	合盍緝葉帖 洽狎業乏

七）王念孫之古韵二十一部說

王氏古韵分部，見於經義述聞，與同時江有誥之所分殆無二致。王氏與李方伯書，謂其二十部分為二類。其言曰：『自「東」至「歌」之十部為一類，皆有「平」「上」「去」，而無「入」。自「支」至「宵」之二十一部為一類，或四聲皆備，或有「去」「入」而無「平」「上」，有「入」而無「平」「上」「去」；而「入」聲則十一部皆有之，正與前十類之無「入」者相反。此皆以九經楚辭之文為準，而不從切韵之例』。茲就其說，列表如下：

東第一	平	上	去
蒸第二	平	上	去
侵第三	平	上	去
談第四	平	上	去

陽第五	平	上	去	
耕第六	平	上	去	
真第七	平	上	去	
諄第八	平	上	去	
元第九	平	上	去	
歌第十	平	上	去	
支第十一	平	上	去	入
至第十二			去	入
脂第十三	平	上	去	入
祭第十四			去	入
盍第十五				入

緝第十六				入
之第十七	平	上	去	入
魚第十八	平	上	去	入
侯第十九	平	上	去	入
幽第二十	平	上	去	入
宵第二十一	平	上	去	入

（八）章炳麟之古韻二十三部說

章氏古韻分部以王懷祖二十一部為主，而兼采孔氏「東」「冬」分二之說，為二十三部。又以脂部「去」「入」諸字，詩多獨用，因析為隊部，故得二十三部。其二十三部音準曰：『「泰」「隊」「至」者，陰聲去、入韻也。「緝」「盍」者，陽聲去、入韻也』。又曰：『古音本無「藥」「覺」「職」「德」「沃」「屋」「燭」「鐸」

陌錫諸部，是皆宵之幽侯魚支之變聲也。有入聲者，陰聲有質櫛屑一類，曷月鎋薛末一類，術物沒迄一類；陽聲有緝類盍類耳。是入聲亦有陰陽二類矣。蓋章氏之意，以入聲為促音，收聲屬於陰聲則為陰，收聲屬陽聲則為陽。茲就其說，列表於左：

	弇					聲
陰聲	歌平聲韻	泰去入韻	隊去入韻	脂平聲韻	至至入韻	支平聲韻
陽聲	寒平聲韻		諄平聲韻		真平聲韻	青平聲韻
	上		舌		鼻	音

軸聲	侈聲						
魚平聲韵	侯平聲韵	幽平聲韵		之平聲韵			
陽平聲韵	東平聲韵	冬平聲韵	侵平聲韵	緝去入韵	蒸平聲韵	談平聲韵	盍去入韵
獨發鼻音	撮脣鼻音						

[illegible]母相同者可轉

[illegible]母相同者可轉

右黃侃之古韻二十八部說

黃氏古韻分部，與章氏二十三部大略相同。惟入聲依戴震之說，分列錫、鐸、屋、沃五部，故得二十八部。蓋黃氏本其師說，復於廣韵二百六韵中考得『古本韵』三十有二。其中『歌』『戈』『曷』『末』『寒』『桓』『痕』『魂』八韵，於古韵本為四部，以兼有開合、廣韵各分之遂成八韵；今仍合之適為二八韵。此二十八部中，陰聲八部、陽聲十部，入聲十部。茲舉平以該上去入、為表如下：

陰聲	歌戈	灰	齊	模	侯	豪
陽聲	寒桓	先	痕魂	青	唐	東
入聲	曷末	屑	沒	錫	鐸	屋

蕭	咍		
冬	登	覃	添
沃	德	合	帖

第叁章 論反切

顧炎武音論曰：『反切之名、自南北朝以上、皆謂之反』，孫愐唐韻則謂之切』。蓋當時諱反字，如荀子、「口行相反」，國策「上黨之民皆反為趙」、淮南子「談語而不稱師，是反也」。家語「其彊禦足以反是獨立」，今本並作返。梁書侯景傳、取臺城如反掌」，亦作返、皆是後人所改』。是故反切之名、或謂之反語、或謂之切語，反亦作翻。反切者、合二字之音，以為一字之音、所以濟直音之窮也。陳澧曰：

『古人音書、但曰：「讀若某」、「讀與某同」。然或無同音之字、則其法窮。雖有同之字、而隱僻難識、則其法又窮。孫叔然始為「反語」以二字為一字之音、而其用不窮、此古人所不及也』，此「反切」之所以作乎。

(一)反切之起原

反切起於何時？顏氏家訓曰：『九州之人、言語不同。自春秋標「齊言」之傳、離騷目楚辭之經、後有揚雄著方言、其書大備。然皆考名物之同異、不顯聲讀之是非也』。逮鄭玄注六經、高誘解呂覽淮南、許慎造說文、劉熹製釋名、始有「譬況假借」以證音字。而古語與今語殊別、其間輕重清濁、猶未可曉。加以「外言」「內言」「急言」「徐言」「讀若」之類、益使人疑。孫叔然創爾雅音義、是漢末人獨知「反語」。至於魏世、此事大行、高貴鄉公不解「反語」，以爲怪異。自茲厥後，音韻鋒出、各有土風，遞相非笑，共以帝王都邑，參校方俗，考覈古今，爲之折衷』。陸德明經典釋文敘錄曰：『古人音書，止爲譬况之說、孫炎始爲「反語」，魏朝以降漸繁』。張守節史記正義論例曰：『先儒音字，比方爲音。至魏祕書孫炎始作「反語」，又未甚切，今並依孫反音，以傳後學』。並主「反切」之起，實始叔然。徵之古書雅記，其說猶未盡合也」。章炳麟曰：『經典釋文序例謂漢人不作音，而王肅周易音，則序例無疑辭，所錄肅音，用反語者十餘條。尋魏志肅傳云：『肅不好鄭氏，時樂安孫叔然，授學鄭玄之門人，肅集聖證論以譏短玄，叔然駁而釋之』。假令反語始於叔然，子雍豈肯承用其術乎？又尋漢地理志，廣漢郡梓潼下，應劭注：「沓水所出，南入墊江。

墊音徒俠反」。遼東郡沓氏下，應劭注：「沓水也，音長答反」。是應劭時已有「反語」則起於漢末也」。斯則「反切」之制，昉自東漢。迨孫炎作爾雅音義，益廣其用，以代前人之「擬音」及「直音」。叔然猶非其朔也。

（二）反切之方法

反切者，合二字之音，以為一字之音。顧炎武曰：「反切之語，自漢以上，即已有之。宋沈括謂古語已有二聲合為一字者。如不可為叵，何不為盍，如是為爾，而已為耳，之乎為諸」。故「反切」為「合音」之異名，與西文拼音之理，不謀而合。西文以「子音」與「母音」相合而成音，而「反切」上一字為所切字之發音，故與所切字必同聲，猶西文之子音也。下一字為所切字之收音，故與所切字必同韻，猶西文之母音也。茲證之如下：

（1）麽　切韻莫可反，莫麽同爲明紐，可麽同爲哿韻。

（2）輣　切韻扶萌反，扶輣同爲並紐，萌輣同爲庚韻。

（3）風　廣韻方戎切，方風同爲非紐，戎風同爲東韻。

（4）邦　廣韻博江切，博邦同爲幫紐，江邦同爲江韻。

（5）貯　集韻展呂切，展貯同爲知紐，呂貯同爲語韻。

（6）篇　集韻紕延切，紕篇同爲滂紐，延篇同爲仙韻。

據上所引，可知反切雖與拼音有異，而其理則無不同。就上舉諸字之切語，取其上一字之聲，與下一字之韻切之。其所得之音，殆無二致。若易以國音字母，其結果亦無不同也。然發音止一開口，而收音則有開齊合撮四等，故反切下一字，不但與所切字當同韻，亦必同等。舉例如左：

知，陟離切，離、知皆齊齒呼。
腄，竹垂切，垂、腄皆撮口呼。
媧，古蛙切，蛙、媧皆開口呼。
涷，都貢切，貢、涷皆合口呼。

反切用字之例，自孫炎爾雅音義，以迄丁度集韻，悉皆沿用此法，故展一切語，無不可知其為何紐、何韻、何呼。然亦有註誤者。茲就廣韻考之，示例如下：

(1) 以開切合。如為，遠支切。為為撮口，支為齊齒。
(2) 以合切開。如刈，魚肺切。刈為齊齒，肺為撮口。
(3) 以洪切細。如鳳，馮貢切。鳳為撮口，貢為合口。
(4) 以細切洪。如⿰角秦，仄謹切。⿰角秦為開口，謹為齊齒。

若斯之類、或由用字偶殊、或由無同呼之字、不得不假借他類字以作切。要之皆為例外、非反切之正軌也。

以上所説、皆言反切下一字之違牾者。其反切上下、既無開合之分、宜無違失矣。顧又有所謂類隔切者、謂端透定泥、與知徹澄娘、幫滂並明、與非敷奉微、交互相切。示例如下：

椿都江切、椿知紐、都端紐。

捭諾皆切、捭娘紐、諾泥紐。

卑府微切、卑幫紐、府非紐。

鈹敷羈切、鈹滂紐、敷敷紐。

皮符羈切、皮並紐、符奉紐。

彌武移切、彌明紐、武微紐。

、反切上一字應與所切之字同紐，但往往有例外如下
宋人輒以為紐類隔解釋之

此由古音「知」「徹」「澄」「娘」、本讀「端」「透」「定」「泥」、「非」「敷」「奉」「微」、本讀「幫」「滂」「並」「明」、當作切時，音本諧協，宋人未明古韵，致有此「類隔」作切之說，無當於音理也。

（三）反切之弊短

記音之法，自「擬音」「直音」進而為「切音」，可謂此善於彼矣。然自來文人學士，白首鑽研而不得其解，至謂此乃經生專門之業，非可概諸人人者。固由未明音理，視淺為深；亦昔人立法未密，有以使之然也。說者謂：『反切二字，上字既為標「紐」之符號，則宜每紐取其一字，凡同紐者，皆以此字為反切上一字。下字既為標「韻」之符號，則宜每韵每等取其一字，凡同韵同等者，皆以此字為反切下一字。如此則以有定之符號，切無窮之文字，學者只須熟記符號百餘，便可盡識文字矣」。然此猶未盡善也。茲臚舉其弊如下：

(1)切語不統一 反切之法，造端東漢。乃自魏晉以迄陳隋，作者多家，不遵舊切，時易新文，此猶可委諸聲韵之變遷。若陸氏纂集切韵，於同紐同韵同等之字，反切用字多異。今考廣韵之反切，上一字有四百餘，下一字以千數，糾紛錯雜，音讀難明。茲即廣韵集韵二書言之，時代既近，切語自應從同，乃竟有大謬不然者。如「賓」字，廣韵作「府移切」，集韵作「賓彌切」。「皮」字，廣韵作「皮羈切」，集韵作「蒲糜切」。「胚」字，廣韵作「芳杯切」，集韵作「蒲杯切」。若此之類，舉不勝舉，雖可委之「音和類隔」，而切語不同，其音斯異，此其弊一也。

(2)紐、韵不純粹。 反切之理，相當於西文之拼音，上一字猶西文之「子音」、下一字猶西之「母音」，亦既略如上述矣。然細繹漢字讀音、必具「聲韻」兩部；「紐」非單純之「子音」，「韻」亦非單純之母音。近人所謂「影」「喻」諸文、紐下有韻；「東」「冬」諸文，韻上有紐；二字相切，中有窒礙，不能合成「一字」。此其弊二也。

(3)形體太複雜　標音之文、貴於畫一，則音讀易明；貴於簡單，則形體易識。我國文字、六書旅陳，別作符號，以標字音、較之西文、已多周折。反切之理、雖與拼音相同，用其共同之「紐」「韻」以切音，雖亦與西文之「子音」與「母音」相切無殊，而形體繁複，不可盡人而識。此其弊三也。

有此諸弊、可知反切之法、雖較「直音」「擬音」為善。終非至美之法、此「注音符號」之所由興也。

第十一章　論注音符號

注音符號之公布，已十數年於茲。此十數年間，於國語統一之功效，及國語教育之推行，已盡人而知矣。特尚有少數未明音理者，猶未能深信不疑。是當加以歷史之叙述，及音理之觀察；進可以助聲韵學之研究，退可以止懷疑者之非難。斯亦不可以已也。

(一)注音符號之淵源

一事之興，有其果必有其因。注音符號之產生也，始於民國二年。溯其遠淵。三百年前，殆已發其端矣。當明萬曆天啟間，耶穌教士西人金尼閣作西儒耳目資一書，思以西洋之音，通中國之音，創為「字父」二十，「字母」五十，已開中國字拼音之始。同時利瑪竇作勸人信基督教文，以羅馬字注音，其後英人威妥瑪著語言自邇集，亦以羅馬字拼中國音，此『注音符號第二式』所自始也。五十年來，國人感於國勢衰弱，由於文化不振。而文字艱深，實為普及教育之障礙，因有改良切音，或文字之主張。於是王炳耀著拼音字譜，沈學著盛世元音，蔡錫勇著傳音快字，爭思利用簡單之音符，以代舊日之反切。迨王照創官話字母，勞乃宣著合聲簡字，傳信日衆，聲勢甚盛。王氏所定官話字母，凡『音母』（即聲母）五十，『喉音』（即韻母）二十，共為七十母。其後勞乃宣本之，以作合聲簡字譜，定為一百十六母，二十韻，欲以之為『推行全國之權輿』。此『注音符號第一式』所自始也。民國二年，教育部召集國音統一會，集全國之代表，以審定字音，制定音標為職志。其最要之審議如下：

（1）定字母。 其先吳稚暉於巴黎創新世紀，主以萬國新語代漢音

速記法
的　他　個　可　不　平　這　你　我　們　何

。章炳麟著論駁之，主張合廣韻二百六韻為二十二韻，與守溫三十六字母併合而為五十八母。於三十六母及二十二韻中，選其最簡單之字，以為注音之符號。並主用篆文，免與楷書相混。國音統一會開議時，言說不一，有主用羅馬字者，亦有主自定字母者，最後決采章氏之說，定為『聲母』二十四，『韻母』十五，共為三十九母。

(2)定。標。準。音。 符號既定，乃就音韻闡微中選七千餘字，又就音韻闡微所無者，選六百餘字，合為八千餘字，分發各代表注音。於是彼此歧出，雜揉不堪，殆無法使之通行。最後乃決定以北音為主，編成國音字典，由商務書館印行矣。

故注音符號之創設，發端於明末，醞釀於清代，而成於民國初年也

衣殷切 阿古切 衣足切

（二）注音符號之形體

注音符號之創制，殆完全采用章氏之主張，已於上文言之矣。故向之注音符號三十九，蓋借用漢字簡單之獨體字。茲推本《說文》、述其形體之來源如下：

（聲母二十四）

ㄅ 《說文》作勹，象人曲形有所包裹、布交切；今讀若「柏」。

ㄆ 《說文》作攴，小擊也、普木切；今讀若「柏」。

ㄇ 《說文》作冂、覆也、莫狄切；今讀若「墨」。

ㄈ 《說文》作匚、受物之器、府良切；今讀若「弗」。

万 《廣韻》同萬、無販切；今讀若「物」。

ㄉ 《說文》作ㄉ，兵也，都牢切；今讀若「德」。

ㄊ 《說文》作𠫓，不順也，他骨切；今讀若「忒」。

ㄋ 《說文》作乃，曳詞之難也，奴亥切；今讀若「訥」。

ㄌ 《說文》作力，筋也，林直切；今讀若「勒」。

ㄍ 《說文》作巜，水流澮澮也，古外切；今讀若「格」。

ㄎ 《說文》作丂，氣欲舒出有所礙也，苦浩切；今讀若「克」。

ㄫ 《說文》作兀，兀高而上平也，五忽切；今讀若「額」。

ㄏ 《說文》作厂，山側之厓巖，人可居，呼旱切；今讀若「黑」。

ㄐ 《說文》作丩，延蔓也，居尤切；今讀若「基」。

ㄑ 《說文》作𡿨，古文畎，苦泫切；今讀若「欺」。

ㄬ 《說文》作广，因厂為屋也，魚儉切；今讀若「倪」。

ㄒ　說文作丅，古文下，胡雅切；今讀若「希」。

ㄓ　說文作㞢，出也，止而切；今讀若「之」。

ㄔ　說文作彳，小步也，丑亦切；今讀若「痴」。

ㄕ　說文作尸，陳也，式脂切；今讀若「尸」。

ㄖ　說文作日，實也，人質切；今讀若「日」。

ㄗ　說文作卪，瑞信也，子結切；今讀若「資」。

ㄘ　說文作ㄘ，陽之正也，親吉切，即七字；今讀若「雌」。

ㄙ　說文作厶，姦衺也，息夷切；今讀若「私」。

(2) 韵母。十五。

ㄧ　說文作一，數之始也，於悉切；今讀若「衣」。

ㄨ　說文作㐅，古文五，疑古切；今讀若「烏」。

ㄩ　說文作凵，飯器也，去魚切；今讀若「迂」。

ㄚ　說文作丫，物之歧頭，於加切；今讀若「阿」。

ㄛ　說文作丂，反丂也，虎何切；今讀若「痾」。

ㄝ　說文作也，即也字。今讀「也」。

ㄞ　說文作亥，古文亥，胡改切；今讀若「哀」。

ㄟ　說文作乁，流也，弋支切；今讀若「危」。

ㄠ　說文作幺，小也，於堯切；今讀若「麃」。

ㄡ　說文作又，手也，于救切；今讀若「謳」。

ㄢ　說文作ㄢ，嘾也，乎感切；今讀若「安」。

ㄣ　說文作ㄣ，古文隱，於謹切；今讀若「恩」。

ㄤ　說文作尣，跛曲脛也，烏光切；今讀若「盎」。

ㄥ 說文作𠃋，古文肱，古弘切；今讀若「哼」。

ㄦ 說文作儿，奇字人，今讀若「兒」。

斯則注音符號之形體，純出篆籀，今但用其楷書，以便誦習傳寫。其中「ㄉ」「ㄋ」「ㄕ」「ㄗ」「ㄎ」「ㄙ」「ㄇ」「ㄈ」「ㄩ」「ㄛ」等母之形體，與章炳麟所擬之紐文韻文完全相同，第一為篆文一為楷書耳。

(三)注音符號與舊韻紐

注音符號之聲韻，蓋由斟酌宋元以來之普通音而來。茲根據守溫字母，廣韻，周德清中原音韻，樂韶鳳洪武正韻，蘭茂韻畧易通，樊騰鳳五方元音，李如珍音鑑等書，列表如下，以資比較。

(一)國音聲母與舊韻書對照表

國音二十四聲母三介母	ㄅ	ㄆ	ㄇ	ㄈ	万	ㄉ	ㄊ	ㄋ	ㄌ	ㄍㄐ
李氏音鑑三十二母	便博	飄盤	滿眠	粉		蝶對	陶天	嫩鳥	漣巒	個驚
五方元音二十母	梆	匏	木	風		斗	土	鳥	雷	金
韵畧易通二十母	冰	破	梅	風	無	東	天	暖	來	見
守溫三十六母	幫	滂並	明	非敷奉	微	端	透定	泥	來	見

ㄎㄑ	ㄫㄬ	ㄏㄒ	ㄓ	ㄔ	ㄕ	ㄖ	ㄗ	ㄘ	ㄙ	一ㄨㄩ
空溪		紅翾	中	春	水	然	酒醉	清翠	松仙	堯
橋		火	竹	蟲	石	人	剪	鵲	糸	雲
開		何	枝	春	上	人	早	從	雪	一
溪羣	疑娘	曉匣	照知	穿牀徹澄	審禪	日	精	清從	心斜	喻

ㄨㄇ ㄩㄇ	
鷗	(堯)
蛙	(雲)
	(一)
影	(喻)

(二)國音韻母與舊韻書對照表

國音十五韻母一閏母	李氏音鑑二十二韻	五方元音十一韻	韻畧易通二十韻	洪武正韻平聲二十韻	中原音韻十九韻	廣韻平聲五十七韻
一	知	地	支辭	支齊	支思	支脂之微齊祭廢
ㄨ	珠	虎	呼模	魚	魚模	模
ㄩ	(珠)	(地)	居魚	模	(魚模	魚虞
ㄚ	渣檛	馬	家麻	麻	家麻	麻
ㄛ	珠窩	駝	戈何	歌	歌戈	歌戈
ㄜ	張歌					陌德 櫛(一部分)
ㄝ	遮	蛇	遮蛇	遮	車遮	麻韻中車遮諸字

ㄞ	齋珠歪	豺	皆來	皆	皆來	佳皆咍泰夬
ㄟ	追	（地）	西微	灰	齊微	灰
ㄠ	招	熬	蕭豪	蕭爻	蕭豪	蕭宵肴豪
ㄡ	周	牛	幽樓	尤	尤侯	尤侯幽
ㄢ	詀珠鸞	天	山寒先全端 桓緘咸廉纖	寒刪先 覃鹽	寒山桓歡先 天鹽咸廉纖	元寒桓刪山先仙覃 談鹽添咸銜嚴凡
ㄣ	真諄氈専	人	真文侵尋	真侵	真文侵尋	真諄臻文殷魂痕侵
ㄤ	張莊	羊	江陽	陽	江陽	江陽唐
ㄥ	中征	龍	東洪庚晴	庚東	青冬庚東	庚耕清青蒸登東冬鍾
ㄦ						支脂之韻中兒耳二諸字

就上第一表觀之、可知國音聲母與李樊兩家差者、只在万兀广三母。而於守溫舊母、則歸併之處頗多。就第二表觀之、國音韻母較李

氏只少一「樋」，「珠歪」「珠鸞」「諄」「氈」「專」「莊」「中」八合口韻、而多「山」「儿」兩韻。比樊氏多「山」「古」「儿」三韻。若以此期韻部與元明以來比較、則所差者、僅附n聲韻及附m聲韻之分別而已。

北之向 ① ②

音韻學試題

歷史類之分

(一) 錢大昕對於古声類之發明若何

(二) 略述古韻分部之沿革

(三) 陰陽對轉之說始於何人其義若何能申述

三欺

(四) 等呼之說有幾並略述其異同

(五) 何謂音和類隔其說当否試述評之

(六) 試略論注音符號與反切之関係

音和 同類同聲同呼

類隔 輕唇重唇之

双 相互關係

广韵研究

（殷焕先撰，1963年山东大学中国语言文学系油印本）

（殷焕先撰，1963 年山东大学中国语言文学系油印本）

廣 韵 研 究

山东大学中国語言文学系

1963. 8.

目 录

第三部分 广韵的内容

第四部分 音韵知识的应用

引　　言

一、《广韵》一书的重要性

《广韵》是汉语语音史上一部重要的韵书。它記录下汉語中古时期的語音，它是研究汉語中古以上語音的一条重要的线索，也是研究汉語中古而下語音的一个重要的凭藉。比如在上古（周秦）語音系统的建立上，在現代汉語方言的調查研究上，都时时从《广韵》得到不小的帮助。至于在汉語中古語音的研究上，《广韵》当然是占着头等重要位置的一項資料。

《广韵》也是汉語音学史上一部重要的书籍。汉語語音有它的特性，《广韵》一书的组织就反映了汉語音学者对自己語言的語音特性的認識。从《广韵》一书可以看出，在中古时期，汉語音学者对汉語語音結构各方面的认识已是相当的深入細致，比如从《广韵》一书的韵、等、呼的分合的安排上就可以覺察到当时学者们对語音辨認的精细。

《广韵》这部书一直得到小学家、汉語音学者的重視，它跟訓詁学上一部重要的典籍《尔雅》、文字学上一部重要的典籍《說文解字》同样得到学者们的推重。

二、課程内容

前人学习音韵，把《广韵》作为基本书籍，也把它作为入门书籍。学得得法的，也能收到通古知今的良好效果。这也是《广韵》一书以往人受重視的原因之一。不少音韵学家从这部书得到音韵培养。

我们現在这门課程也把《广韵》这样看待，把它作为汉語音韵基本书籍看，也把它作为学习音韵基本知識的实习教材看。課程内計分四个部分。

一是音韵基本知識。　講述汉語声韵的基本知識。講述这一部分的目的是为学习《广韵》打基础，但因为講述内容多取材于《广韵》，所以实在已是进行了学习《广韵》本书的第一步。

二是广韵反切释例。 講述反切方法。《广韵》里的注音是用的反切，而反切实在是历史很长应用很广的汉語传统的注音工具。因之，学会反切方法不单对学习《广韵》本书和研究汉語音韵是重要的，即在古书阅讀上亦有其作用。

三是《广韵》的内容。 講述《广韵》一书所反映的声韵组织。《广韵》一书，比较完整地反映了汉語的中古音，而中古音在汉語音韵研究上是最有关键性的一部分。这一部分也就是講述中古語音的声韵组织。

四是音韵知識的应用。 講述如何应用音韵知識。重点在講述在文字通假和汉語音韵史方面的应用，至于在詞汇、語法、方言調查以及声律方面的应用，也扼要地举例說明。

三、学习方法

音韵这一学科久久被人視为"绝学"，認为它是"玄奥莫測"的，其实这门学科并不是这样的。这门学科所以蒙上"绝学"的称号，大概是由于教、学两方面都有其不妥处。因之，这里就把学习最須注意的事項說明一下。

首先，学习音韵应当具有"时""地"的观点。古今不同时，南北不同地，語音就不尽相同。比如"玄黄"二字，上古双声，現代北京音不是双声；"剑阁"二字，广州方言双声，而現代北京音不是双声。音韵上常常要举具体字例来說明声韵的类别，这个具体字例往往因为时、地的不同而引起声韵上不同的認識。比如"剑阁"二字，在中古也是双声。"剑"跟"阁"同是属于"舌根声母"所課"牙音"，"剑"与"阁"同是古"見"声母字，所以是双声。但"剑"在現代广州方言虽讀"牙音"，而在現代北京音則已讀成"舌面音"jiàn。"阁"字在現代北京音仍讀“牙音”gé。如果北京人通过“剑阁”二字来了解“双声”“牙音”的含意，那自然不能取得对“双声”“牙音”的明确的了解，因而就觉得“双声”“牙音”之类的术語，甚为“玄奥”。

在古人討論音韵问题的文献里，往往有这样情况：或是各人用自己方言来討論同一个问题，或是总現代的語音情况来討論古音，时、地既不相同，因之他们的討論往往教人莫知所云。这也就是教人認为音韵神秘的因原之一。因之，我们首先提出要具有“时”“地”的观点。

再则是要通过共同的标准語音进行学习。既然时地不同語音就不尽相同，那末，学习音韵就应当通过一个共同标准語音来进行，以免各人对提出的例子体会不一致、纠缠不清，影响到对語音类別的辨認，影响到对語音上基本知識取得明確的了解。現在，北京語音已为大家所熟悉，用北京語音作为共同的标准語音来学习是应当的也是合适的。如果有人認为自己对北京音还不十分熟悉，那就要趁此复习，应当注意到学习《广韵》和学习北京音二者也是相辅相成的。

通过一个共同的标准語音来进行学习还有更重要的意义。語音演变是很有規律的，古今語音之间，无論在声、韵、調哪一方面都有其严整的对应規律，这正和現代汉語各方言跟北京話之间也有其語音对应規律一样。通过方言跟北京話之间某些語音对应規律，学北京話就便当得多，同样，通过北京話跟中古音之间的某些语音对应規律，学习中古广韵音也就便利得多。应当指出，中古广韵音跟現代汉語各方言之间都有某些严整的对应規律。这些規律当然可以帮助各方言学习中古广韵音。不过在教学上很难照顾到各个方言，也只能用北京音作基础来跟中古广韵音相比较举出其相对应的情况以帮助学习。所以，熟悉北京语音是重要的。至于各个方言利用学习到的音韵知識来推求出自己方言跟中古广韵音的对应规律以帮助自己学习，那当然是很好的。

三则要注意辨析，注意記忆。辨析，是指把音韵上的问题辨認明析，绝不可留有含胡处。记忆，是指对音韵上的基本东西，该记的都应当记清，不能只停止在理解上。比如説明北京語音"剑"的jian声母是"舌面音"，是"塞擦音"，是"清音""不送气"。这些都应当辨认清楚。如果有方言读"剑"是[c]声母的，哪就(1)通过北京音的读法来辨认，(2)并且应当记牢"剑"的北京音的读音。可是绝不能用自己方言的[c]声母的读法来辨认，这在上面已经説过。又比如，"绝""决"二字，現代读音都是jüé，但中古广韵音，"绝"属从母(薛韵)，而"决"属見母(屑韵)，读音大不相同(中古时期不把"绝"错作"决")，比如从声母来看"绝"音，它是齿头音、是"塞擦音"，是"浊音""送气音"，就是[dz]，这些都应当辨认清楚。并且，"绝"和"决"的不同，各读什么声母，都是要加以注意记忆的，只是讲起来懂得而不能记牢，这就无法应用也有碍于向前学习。没有一门学科是用不到下记忆工夫的。

以上所说的学习方法，学的人必須注意，教的人自然也应当在教学設計上时时貫彻。

楊崑源繕刻 [illegible]

—4—

广韵研究

第一部分　音韵基本知識

第一节　北京音的声韵調的系统和北京音组织

認識現代語音組织是認識古代語音组织的阶梯。古今的語音组织虽然多有不同，但其间总存在着对应关系，这些对应关系都可供学习古音参考。对現代语音組织模胡不清是很难学好古音的，这点应当注意。

一　北京音的声母系统

現代汉语北京音有辅音声母２１个，零声母一个。这里我们先提出一点，就是：北京音声母系统里有辅音声母跟非辅音声母的时候对照。这以下讲現代汉语北京音的辅音声母系统。这里先把辅音声母按发音部位和发音方法来分类，再从分类情况来看它的系统。

(a) 辅音声母的分类

(甲) 按发音部位分：

唇　音	b	p	m	f
舌尖(中)音	d	t	n	l
舌根音	g	k	h	
舌面(前)音	j	q	x	
舌尖(后)音(捲舌音)	zh	ch	sh	r
舌尖(前)音(舌尖音)	z	c	s	

(乙) 按发音方法分：

(1) 按受阻状态分：

塞　音	b	p	d	t	g	k
鼻(塞)音	m	n				
擦　音	f	h	x	sh	r	s

塞擦音　j　q　zh　ch　z　c

边　音　l

(2) 按送气不送气分：

不送气　b　d　g　j　zh　z

送　气　p　t　k　q　ch　c

(3) 按清浊分：

清　音　b　d　g　j　zh　z　p　t　q　ch　c
　　　　f　h　x　sh　s　k

浊　音　m　n　l　r

(b) 辅音声母系统之説明

現代汉语北京音的辅音声母系统，总的説来是简单的。最大的特色是塞音塞擦音没有清浊的对照，也就是没有浊的塞音塞擦音之类。在擦音里，清浊的对照也不是"完全的"，f、h、x、sh、s五个清擦音，也只有个sh是有浊擦r跟它相对照的。把北京音的辅音声母系统跟吳方言的一比较，北京音的声母辅音声母系统的特色就显現出来了。比如属于吳方言的常州方言，清塞音、清塞擦音、清擦音等的送气声母，都有浊的送气声母跟它们相对照，象浊声母[b' d' g'，dz' dʒ'，v z ɦ等。在塞音、塞擦音、擦音有清浊相对照这一点上，广韵音的性质跟常州方言是相同的。

要認識北京辅音声母的系统，可以分别按发音部位、发音方法等角度进行观察。当然，在要指出这个系统的特色的时候，那是要把它跟广韵音系统或跟現代某一方音的系统比较着讲述才行的。

(甲) 发音部位

1. 从发音部位看，比起广韵音来，現代北京音多出"轻唇音"一类。但要注意，这也只是多出一个声母f。

2. 其余显著的是比广韵音少了一类"舌面(前)音"的塞音，

楊忠源缮

就是[ȶ]（知）、[ȶʻ]（徹）、[ȡ]（澄）。

（乙）发音方法

3、比起现代某些方言来，北京音里没有舌根"鼻(塞)音"[ŋ]，没有舌面"鼻(塞)音"[ȵ]。

4、浊音情况上面已经谈过了，那是现代北京音声母系统的主要特色，无论是跟广韵音相比较或是跟现代某些方言相比较。

把发音部位、方法综合起来看，又可以看出：

5、北京音声母系统里有些类不是"完全的"。比如，比照"b、p、m""d、t、n"而"g、k、0"少[ŋ]，比照"sh、r"而"f、0"少v，等等。

在有需要的时候，还可以从跟别的民族语言辅音系统相比较来认识现代北京音辅音声母的特色。比如俄语、英语在清塞音方面就没有送气跟不送气的对照。北京有b、p，而俄语只有П，英语只有p。

二、北京音的韵母系统

（a）韵母的分类

韵母的分类，主要可以从韵头韵尾看。

（甲）按韵头分：

开口	i([ɿ]) i([ʅ]) er a o e ai ei ao ou au eu an en ang eng ong
齐齿	i ia ie iao iou ian iang iong
合口	u ua uo uai uei uan uang ueng
撮口	ü üe üan ün

（乙）按韵尾分：

开尾	i([ɿ]) i([ʅ]) er i u ü a o e
元音尾	ai uai ei uei ao iao ou iou
鼻音尾	an ian uan üan en uen in ün ang iang uang ueng eng ing ong iong

（b）韵母系统之説明

现代汉语北京音的韵母系统，总的説来也是简单的。最大的特色是韵尾辅音系统的简化。它只有鼻辅音尾，如an、in，ang、ing之类，但也缺了—m辅音尾。比起广韵音或现代粤方言来，它的鼻辅尾也不是“完全的”。

现代北京音也没有口辅尾。象广韵音或现代粤方言里的〔-p〕〔-t〕〔-k〕尾，北京音里是不存在的。

从广韵音到北京音韵尾系统的变化是很大的，这里作个粗略的对照。

现代北京音	中古广韵音
开　尾	开　尾
元音尾	元音尾
鼻辅尾	鼻辅尾
	〔-m〕
-n	〔-n〕
-ng	〔-ŋ〕
	口辅尾
	〔-p〕
	〔-t〕
	〔-k〕

因此，也影响到北京音整个韵母系统的简单化，很明显的是韵数目少了下去。

现代北京音的韵头系统——开齐合撮——也跟广韵音不同，这到以后再介绍。至于北京音里还有一套“儿化韵”，这是北京音的特色。

三、北京音的声调系统

现代北京音有四个声调，是˥55 ˧˥35 ˨˩˦214 ˥˩51，共有平、升、曲、降四式。

楊忠源繕

同一式没有高低的对照。比如厦门方言就有55、11、33的对照：詩˥55，試˩11，是˧33；重庆方言就有21、42的对照：时˨˩21，使˦˨42等。

同一式没有明显的长短的对照。比如福州方言就有44、4的对照：詩˦44，十˦4；揚州方言就有55、3的对照：試˥55，十˧3等。

北京音没有入声，了解广韵音的入声要参攷到其他現代方言。广州方言的去入同調类的情况是应当注意的：去：阴去：富˧33，阳去：附˨22；入：上阴入：北˥5（短元音），中阴入：百˧33（长元音），阳入：白˨2、[illegible]˨22。

象与声調相关的元音长短的現象也是不可忽視的。

应当注意北京音的变調：˨˩21，˥˧53。把变調算进来，同一式就有55、53的对照了。

現代北京音还有轻声。轻声也应当是汉語史上値得研究的一个語言現象。

北京音和广韵音的声調，可作概略的对照：

中古广韵音	平	上	去	入
現代北京音	阴平 阳平	上	去	

北京入声分散到阴阳上去四声，这些字在需要指出明其声調来源时，称之为“旧入声字”。比如：“七”qī、“国”guó在北京音一讀阴平，一讀阳平，这两个字都是广韵音入声字，即“旧入声字”。

四、北京音的组织

現代北京音声韵調結合情况对于学习广韵音很为重要，現在把重要的叙述如下：

1. 开口韵、合口韵不拼声母j、q、x。

2. 齐齿韵、撮口韵不拼声母g、k、h、zh、ch、sh、r，z、c、s。

3、i([ɿ])韵只拼z、c、s，i([ʅ])韵只拼zh、ch、sh、r；i([i])韵正好只拼z、zh两组以外的声母（i不拼g组声母已~~ueng不拼声母~~見上）。

4　er不拼声母，ueng不拼声母。

5　e([ɤ])无齐合撮，e([e])无开合。

6　m、n、l、zh声母无阴平字（猫māo、媽mā、拉lā是特除音字）。

7、鼻辅尾韵不送气的塞音、塞擦音无阳平字。

应当仔細体察北京音的語音組织。

也应当仔細体察自己方言的语音組织。

可以帮助我们学习广韵音的某一口头上的材料都不可忽略。

[illegible]

第二节　声母分合概説

古今声母系统彼此不相同，某一声母领有哪些字彼此亦不相同。了解古今声母分合即可以从古今声母对应关系上学习古声母。

利用古今声母对应关系学习广韵音声母非常重要，当然也应当利用一切可利用的方法来帮助学习。

一　古今声母分合总说

音韵学上习惯只用"母"字称古代声母，也有叫"声母"、叫"声类"的。

现代北京音共有21个辅音声母和1个零声母——共有22个声母。

中古广韵音共有35个辅音声母和1个零声母——共有36个声母，

北京音22个声母是广韵音36个声母在语音演变中分化合并的结果。下面从发音部位简要说明分合情况。

1　唇音

重唇音

广韵　邦〔p〕，　滂〔p'〕，　并〔b'〕，
　　　bāng　　pāng　　bìng
　　　明〔m〕
　　　míng

北京　b（ㄅ玻），　p（ㄆ坡），　m（ㄇ摸）；
　　　f（ㄈ佛）；　0（u开头的）

有人把广韵音重唇与轻唇分别列出，现在列目于此备参考：

轻唇音　非　敷　奉　微
　　　　fēi　fū　fèng　uéi

这四母演变为北京音里f、O（u开头的）。

这一组声母广韵音分化为北京音两组。一组仍读旧来的发音部位重唇（双唇）；一组是，前三母转变为轻唇（唇齿）f，后一母转变为以u开头的零声母。

2、舌头音

广韵 端[t]，透[t']，定[d']，
duān tòu dìng
泥[n]；来[l][1]
ní lái

北京 d（ㄉ得），t（ㄊ特），n（ㄋ讷）；
l（ㄌ勒）

这一组声母广韵音与北京音同读舌头音。

3. 齿头音

广韵 精[ts]，清[ts']，从[dz']，心[s]
jīng qīng cóng xīn
邪[z]
xié

北京 z（ㄗ资），c（ㄘ雌），s（ㄙ思）；j（ㄐ基），
q（ㄑ欺），x（ㄒ希）

这一组声母广韵音分化为北京音两组。一组仍读旧来的发音部位，如z；一组则转变为舌面音，如j。

4. 舌上音

广韵 知[ȶ]，彻[ȶ']，澄[ȡ']
zhī chè chéng

北京 zh（ㄓ知），ch（ㄔ吃）

有人把娘[ȵ]母从泥母独立出来列于此，现在用泥娘当时合一为泥的说法。广韵里可以归入娘母的字，北京音也都读为n声母，跟由广韵泥母来的合一。

杨中元缮

—12—

[1]音韵学上把来母归为半舌音。今依发音部位置于此。

知徹澄三母广韵音读舌上音，转变为北京卷舌音zh、ch。

5. 正齿音

莊组[1]

广韵 莊[tʃ]，初[tʃ']，崇[dʒ]，生[ʃ]
zhēng　chū　chóng　shēng

章组[1]

广韵 章[tɕ]，昌[tɕ']，船[dʑ]，書[ɕ]
zhāng　chāng　chuán　shū
禪[ʑ]　日[nʑ][2]
chán　rì

北京 z（ㄗ资），c（ㄘ雌），s（ㄙ思）；zh（ㄓ知），
ch（ㄔ吃），sh（ㄕ诗）；r（ㄖ日）；0；

莊组一部分转变为北京z、c、s；一部分转变为zh、ch、sh。章组转变为zh、ch、sh、r；日母少数转变为零声母。

6. 牙音

广韵 見[k]，溪[k']，群[g]，疑[ŋ]
jiàn　qī　qún　yí

北京 g（ㄍ哥），k（ㄎ科）；n（ㄋ讷），0；
j（ㄐ基），q（ㄑ欺）

这一组声母，前三母广韵音分化为北京音两组。一组仍读旧来的发音部位，如g、k；一组则转为舌面音，如j、q；疑母大部转读零声母，一部分转为n。

7. 喉音[3]

广韵 曉[h]　匣[ɣ]
xiǎo　xiá

[1] 莊組一般又用“莊初牀疏”称名，生母又称山母。章組一般又用“照穿神審禪”称名。

[2] 音韵学上把日母归为半齿音。今依发音部位置于此。

[3] 雲母又叫為母、于母；以母又叫餘母。雲以兩母旧来合称喻母。

影〔ʔ〕　　雲〔j〕　　以〔0〕

ǐng　　ún　　ǐ

北京　0；　　h（厂喝）；　x（T希）

这一组声母，前二母分化为北京音两组。一组仍读旧来的发音部位，如h；一组则转为舌面音，如x；影、雲二母转读为零声母。

二　声母分合与声母的辨认

上面所説的是广韵声母到北京声母演变的主要情况。其中古今相同而又不跟别组声母发音部位相混的如端透定等母的并不多，一般是分合情况较复杂。这样，依据今声母来推定古声母就有困难，很难从口头读音辨认出一个汉字广韵属于哪类声母或哪个声母。因之，应当多多注意辨认古声母的方法，多多下工夫记忆古声母。

必须注意，凡是经过重点介绍过的声母，一定要花工夫记牢。对于一些必须记忆的音韵上基本的东西，都应当如此。

下面主要就着广韵見组[1]与精组声母在北京相混问题[2]说明一般辨认声母的大要。

一是要分别轻重緩急。假如我们能夠具有这样的能力，看到任何一个字我们都能夠辨认出它属于广韵哪类声母或哪个声母，那当然是很好的。但这种能力要慢慢地培养，逐步地去取得。我们可以先记忆那些急于要用的，可以緩的就緩一步。大概说，和学习音韵基本东西（诸如反切、通假）有关的算急，和学习普通话和方言调查有关的算急。比如分清見精两组声母就可以算急。又比如广韵来字母，北京音跟广韵音几乎完全相同，像"来盧郎落魯力良呂"等字。但有些方言l、n相混，那就要把辨认广韵

〔1〕　这里指見溪群曉匣五母。

〔2〕　所谓尖团不分问题。

来泥声母当作急务。至如，广韵知章两组声母的辨认，对上面所讲的反切、通假、普通话、方言调查的学习关系就小，可以暂作缓务；虽然最后也应当把这个问题解决。

二是弄清问题，审情度势。比如首先要弄清：从見组声母说，它只跟精组声母相混，并且只在齐齿撮口两呼读音里相混，像"江"（見组）"将"（精组）同读jiāng，"虚"（見组）"须"（精组）同读xū；再则，今音读g、k、h声母的字，不会是古精组字；今音读z、c、s的字，也不会是古見组的字。可見，只是今音读j、q、x（并且是齐撮）的字里有見精相混的问题。这样，相混所在就有了底，学习也就有了用力之处。又比如来泥两母相混，在有些方言里，也应当作进一步的观察，比如在成都方言里，两母只是在开合两呼相混，而在齐撮两呼能分（齐撮的泥母，北京n，成都ȵ；齐撮的l，北京l，成都读n或l随便）。又如，北京的r声母字，一般跟广韵日母字相合，但也并非全无问题，然而也要认识到，问题只涉及到少数字"容"róng（广韵以母）"瑞"ruèi（广韵禅母）等，不必为之慌张。总之，摸清问题的究竟，就可以作合适的学习安排，绝不可不摸清问题的深浅，一味觉得难，着起急躁。

三是利用又读。一个字如有几个读音，这几个读音之间往往有"血缘"关系，这种关系就能够反映语音演变的源流。比如"给"，北京读jǐ又读gěi。这说明"给"jǐ音的j声母是由g声母（属广韵見组）来的，"给"gěi音的g声母帮助我们认出这种关系，帮助我们断定"给"不会是广韵的精组字。又如"宿"，北京读xiǒu 又读sù。这也说明"宿"xiǒu音的x声母是由s声母（属广韵精组）来的，"宿"sù音的s声母帮助我们认出这种关系，让我们能够断定"宿"不会是广韵的見组字。

四是利用语音组织。比如，北京语音里，跟ia韵相拼的j、

q、x)来源都是广韵的見组声母,比如"加迦枷嘉佳夾家葭;蛱荚郏;甲假賈斝;價架駕嫁稼(以上jia)""掐;拤;卡;洽恰(以上qia)""蝦瞎;峽俠匣狎遐霞轄黠;嚇夏罅下(以上xia)"。从语音组织了解到这点,就掌握了一批古見组字,而不用再怀疑读jia、qia、xia音里有什么古精组字。

上面这些读ia韵j、q、x声母字,共为来源于古見组有的还可以用"又读"来证明,如"賈"读jià又读gǔ;"卡"读qiǎ又读kǎ;"嚇"读xià又读hè。

五是利用口语又读,诸如文白异读之类。可以是自己方言里的,可以是别的方言里的。比如"房间"有读"房gān"的;"戒酒"有读"gài酒"的;村庄名"张家庄""李家集"之类,"家"也多读ge。没有z、c、s拼齐撮音节(即所谓没有尖音的方言听到别人尖音读法觉得异常刺耳,但倒是容易留下深刻印象,比如"小心、思想、信息、七千、齊秦、習俗、即將、似像"等,这都应当随时注意,跟所学习的相印证,以加強记忆。

六是利用文字谐声。我们天天同方块字打交道,最便于应用文字谐声来帮助辨认声母,必须利用这个条件。同一个声符几个字~~母~~如果有几个读法,往往几个读法有"血缘"关系,这跟又读的这类情况相似。比如,读j、q、x声母的字,如果有同声符字今音是读g、k、h的,那这类j、q、x是广韵見组声母演变来的;如果有同声符字今音是读z、c、s的,那这类j、q、x是广韵精组声母演变来的。

例如:

江(广韵見组字)　工功空红
给(广韵見组字)　合阁
加(广韵見组字)　賀
將(广韵精组字)　臧

杨中元缮

广韵研究

宿（广韵精组字）　　缩
槍（广韵精组字）　　蒼蒼

文字谐声实在可以给我们不小的帮助。

并且，应用别的方面情况辨认出来的字，亦可以应用谐声推广。比如，由又读得知“给”jǐ音的j从广韵見组来，那末，跟“给”同声符的“洽恰”qia自然也是广韵見组来的；由語音组织得知“加佳葭怒甲賈掐卡洽”等一批字是广韵見组来，那末，跟上举的字同声符的读j、q、x的字自然也是从广韵見组来。

七是联系有关学科的学习到的語言現象。比如文章声律。像韵文里的双声也对我们辨认声母有帮助。比如学了“经过”双声，就应当从而学得“经”jīng音的j是从广韵見组来的。并且，还应当利用声符从而学得“轻泾”的声母也是从广韵見组来的。下面从杜甫诗举几个例子。（例子里双声用△标志。也用○标志出迭韵，以显示声律的应用）

感激时将晚，蒼茫兴有神（上韋左相）
壮夫思敢决，哀詔惜精灵（武卫将軍挽歌）
鼓角凌天籁，关山倚月轮（寄洪山人）
经过辨丰剑，意气逐吴鈎（重送刘判官）
老亲如宿昔，部曲异平生（哭严僕射）
藻鑑流連客，江山顑頷人（送孟仓曹）
说诗能累夜，醉酒或連朝（赠卢参谋）
纵酒欲谋良夜飲，归家初放紫宸朝（腊日）

又如文字通假現象，也应联系学习，以帮助记忆。比如“亟”“革”通假，从而可知“亟”jí音的j声母从古見组来；“溱”“潧”通假，可从“秦”qín音的q声母从古精组来。其余如声训，也有可以利用之处。

总之，音韵学习可以帮助了解声律通假現象，而声律通假学习亦可以帮助了解音韵上的一些現象。这些学科原是相关的，也应当联系着学习。

以上略说方法，但终之是要下工夫记忆。了解之后，加以记忆，这是重要的。

杨申先缮

第三节　声母清浊的分合及辨认

一、声母清浊的分合

音韵学上分汉语声母为清浊两大类，每类又用"全""次"来再分类，計得"全清""次清""全浊""次浊"四类。这种分类，适合于广韵的声母。

現在看来，音韵学上所謂的清浊，是依据一个单一标准即声带顫动与否来划分的。发音时声带不顫动的叫清音；声带顫动的叫浊音。至于所謂"全""次"，则是又附加上別項划分标准。

就着清声母说，全清是发音时(1)声带不顫动，(2)塞音塞擦音读不送气；次清是发音时(1)声带不振动、(2)塞音塞擦音读送气。"全""次"在清声母上所附加的标准主要如此。

就着浊声母说，全浊是发音声带顫动，即包括塞音、塞擦音和擦音。全浊的塞音和塞擦音到底是读送气还是不送气，現在学者的意見还未能一致，这里用送气的假定。次浊是发音时声带顫动，计包括鼻音(1)、边音、擦音，还包括零声母即元音开头的以母。

音韵学上这种全清、次清、全浊、次浊的分类，从現代方言声母读音跟广韵四类往往相对应的这一情形来看，可以看出前人的分类是有其科学的依据的。

現在按清浊把广韵声母列表如下。

(1) 包括"鼻+舌擦"的日母。

广韵声母清浊表

清		浊	
全清	次清	全浊	次浊
邦[p] bāng (非) fēi	滂[p'] pāng (敷) fū	並[b'] bìng (奉) fèng	明[m] míng (微) wéi
端[t] duān	透[t'] tòu	定[d'] dìng	泥[n] ní 來[l] lái
精[ts] jīng 心[s] xīn	清[ts'] qīng	從[dz'] cóng 邪[z] xié	
知[ȶ] zhī	徹[ȶ'] chè	澄[ȡ'] chéng	(娘) niáng
莊[tʃ] zhuāng 生[ʃ] shēng	初[tʃ'] chū	崇[dʒ] chóng	
章[tɕ] zhāng 書[ɕ] shū	昌[tɕ'] chāng	船[dʑ'] chuán 禪[ʑ] chán	日[ȵʑ] rì
見[k] jiàn 曉[h] xiǎo 影[ʔ] yǐng	溪[k'] qī	群[g'] qún 匣[ɣ] xiá	疑[ŋ] yí 雲[j] yún 以[0] yǐ

在广韵36个声母中有19个声母是清音，其中全清12个："邦端精心知莊生章書見曉影"，次清7个："滂透清徹初昌溪"；有17个声母是浊音，其中全浊10个："並定從邪澄崇船禪群匣"，次浊7个："明泥來日疑雲以"。

从声母塞音塞擦音的送气不送气相配对看，全清之"邦端精知莊章見"7母有次清之"滂透清徹初昌溪"7母与之相配对，而全清之"影"母无配；全浊之"並定從澄崇船群"7母则均无配对。从擦音之清浊相配对看，全清之"心書曉"3母有全浊之"以邪禅匣"与之相配对，而全清之"生"母无配，次浊之"以"母无配。以上的"相配对"，是就着汉语发音习惯来说的。汉语发音习惯，原可以有塞音塞擦音全浊的送气与不送气相配对，原可以有塞音的清浊相配对，但广韵音在这方面不是完全的。

声母清浊在北京语音里的对应情况是：全清，北京读清音，不送气的仍读不送气。全清例："邦心影"等。次清，北京读清音，送气的仍读送气。次清例："滂"等。全浊，北京读清音，有的读同全清，有的读同次清。全浊读同全清例："並邪"等，读同"邦心"等；全浊读同次清例："從"等，读同"清"等。次浊"泥來日"北京读ㄋ、ㄌ、ㄖ声母，"泥來"可说继承古读未变，ㄖ也仍是读浊音。"微（明母的一部分）"和"疑"大部分丧失声母转为零声母，"雲"全部丧失声母转为零声母，"以"母则仍读零声母。

如果用音韵学传统分类来看这些声母清浊的变化，全清次清次浊这三类可说在现在仍然继续着，只全浊一类消失。

总看上述广韵北京声母对应情况，在辨认声母上就应当注意全浊声母和一些零声母。要求我们学习辨认全浊声母，辨认一些丧失声母的次浊声母。

二、全浊声母的辨认

首先可以利用广韵北京语音对应情况来辨认全浊声母。主要是利用全浊字在声调上的表现：广韵平声全清次清北京读阴平；全浊次浊读阳平。全浊上声变去声。

(1) 平声塞音塞擦音字

广韵全浊声母塞音塞擦音平声字，在北京音平声里读送气音读阳平声。

在北京音平声里，塞音塞擦音不送气音只有一个来源，来自广韵全清字，如"邦端"；送气音有两个来源，一是来自广韵次清声母，如"滂清"；一是来自广韵全浊声母，如"從澄"。不送气"邦端"读阴平；送气"滂清"读阴平而"從澄"读阳平。所以，北京平声里，广韵全浊塞音塞擦音之全清、次清、全浊三类声母区分，在口头上就很显明⑴。现在以"邦滂並"声母为例，列表如下：

北京平声邦滂並三母区分表

		清		浊
		全清 邦	次清 滂	全浊 並
平声 阴平声	不送气	卑bēi 边biān 巴bā 兵bīng 邦bāng	○	○
	送气	○	滂pāng 披pī 丕pī	○
阳平声	不送气	○	○	○
	送气	○	○	皮pí 便pián 旁páng 毗pí 平píng

上表说明这样情况：

全清：次清全浊

＝不送气：　送气

比如"卑滂卑"三字都是北京平声字，"卑"读不送气，"

⑴这里没谈到广韵入声字，当另章讲述。

"滂皮"读送气。单凭这种不送与送气的对照，我们可以指出："卑"声不送气，"卑"是广韵"邦"母字；"滂皮"平声送气，"滂皮"不是广韵"邦"母字。

上表又说明这样情况：

次清：全浊
= 阴平：阳平

比如"滂皮"二字都是北京平声送气字，"滂"读阴平，"皮"读阳平。单凭这种阴平阳平的对照，我们可以指出："滂"送气阴平，"滂"是广韵"滂"母字；"皮"送气阳平，"皮"是广韵"並"母字。

总之，平声：不送气，全清；送气阴平，次清；送气阳平，全浊。

上表以"邦滂並"平声字为例，别的塞音塞擦音字母平声字也可以照推。比如"颠天田"三个平声字，"颠"不送气，广韵"端"母字；"天"送气阴平，广韵"透"母字；"田"送气阳平，广韵"定"母字。

(2) 平声擦音字

广韵全浊声母擦音平声字，在北京音平声里读阳平。

在北京音平声里，擦音来自全清的，读阴平；来自全浊的，读阳平。来源的辨认较易，即

全清：全浊
= 阴平：阳平

比如"心邪"，"心"阴平，来自广韵的"心"母；"邪"阴平，来自广韵"邪"母[1]。又如"蒿豪"、"馨刑"[2]、"烘洪"、"呼胡"等，都是前一个字母读阴平，来自广韵"晓"母；后一个字

(1) 这要配合见精的辨认法进行。
(2) "敷"次清也同于全清的"非"，不易分辨。但这是全清次清的分别问题。

读阳平，来自广韵匣母。

(3) 其他声调里的清浊字.

全浊声母字在北京上声里一般不存在，因为“(广韵)全浊上声变(北京)去声”。

全浊声母塞音塞擦音字，在北京音里除平声读送气外，仄声都读不送气[2]

因之，北京上声里，塞音塞擦音的送气字不送气字各只有一个来源。广韵上声全清，北京上声全清；广韵上声次清，北京上声次清；广韵上声全浊，北京已读去声，即不在北京上声里存在。情况是，广韵上声：北京上声：

全清：次清：全浊

= 上声不送气：上声送气：去声不送气

这样，就是广韵上声没有全浊塞音塞擦音字。

比如，在广韵上声里，塞音塞擦音的全清次清、全浊字并存情况是“董、桶、动”“宰、采、在”“早、草、阜”，在语音变化中，“动”“在”“阜”全浊字已变成北京去声，所以现代北京上声里留下的是：“董、桶”“宰、采”“早、草”，即留下“全清、次清”字。因此，看到上声不送气“董”，就可以知道它是广韵“端”母字，看到上声“草”，就可以知道它是广韵“清”母字。

了解上述道理，对北京上声擦音的全清全浊，辨认起来也就不困难[1]全浊擦声字，也适用“全浊上声变去声”这一规律。比如广韵上声里擦音的“虎户”“海亥”“好晧”并存，各组里两个字依次为“全清、全浊”，而在北京上声里只剩下“虎”“海” 标准纸6

(1) 全清次清的“非”“敷”两母字不大好辨认。

(2) 在北京入声存在时，全浊塞音塞擦音字已变成不送气。

— 24 —

"好"独存，即剩下"全清"。所以，我们看到上声"虎"字，就可以知道它是广韵"晓"母字。

北京去声里，全清全浊辨认不易；旧入声字就又要作特别项目来学习。

上面讲的清浊辨认，主要是利用广韵北京语音上声调的对应。当然也应当利用其他方面的条件，下面举一些文学上的和文字上的一些可以利用的声些律现象为例，但要紧的是多下记忆工夫。

唐棣之華（召南·何彼襛矣）

"唐""棣"上古与中古同是双声，两字广韵归全浊定母，"唐"，平声，读送气阳平；"棣"，仄声，读不送气。

林热鱼开口，江浑鱼掉头（杜甫：送王信州）

"掉""头"两字双声，两字广韵同归全浊定母。"头"，平声，读送气阳平；"掉"，仄声，读不送气。

墙有茨，不可埽也，中冓之言，不可道也，所可道也，言之醜也。（鄘风·墙有茨）

《诗经》押韵，在四声上一般不混押。这首诗押韵的"埽道醜"在诗经语言是同一声调，在广韵还是同属上声字。北京今读"埽""醜"上声，"道"去声。"道"广韵全浊上声，变成今去声。

调 藏 便 重

像这类平声读阳平送气，仄声读去声不送气的两读字，一般属广韵全浊声母。

以上这些现象，都可以利用来帮助辨认全浊声母，但是必须加之以记忆。

三 次浊声母的辨认

次浊声母计有"明泥来日疑雲以"共7母，其中"泥"（北京n）、"來"（北京l）、"日"（北京ʐ）三母，北京辨认起来可谓不成问题。其余"微"（"明"母一部分）、"疑"、"雲"等在零声母读法里相混，都应注意辨认，現在拿"微"母作例讲述辨认方法。

首先是语音上的可供利用的条件应当注意。

一是次浊声母在平声也读阳平。"微""疑""雲""以"都读阳平，这就跟全清"影"母字在平声读阴平如"威""衣""氳"等区别开。这点应当注意。比如"烏"字北京读阴平，"烏"字就没有来源于"微"母字的可能。

二是"微"母来的字读ʋ开头，比如"微尾未文吻问无武務"等，这就跟"疑""雲""以"三母来的开齐撮三呼的字区别开。像"按""岸""單""遇""谕""意""雁"等字也没有是"微"母字的可能。

三是"微"母与"非敷奉"三母同来源同变化，只是"微"读零声母合口（如"尾"）而"非敷奉"读f声母开口（如"匪"），因之，开口韵不拼f的，它的合口就一般无"微"母字。比如北京没有fai音节，我们就可推知uai音节里没有"微"母字，像"歪""外"就不是"微"母字。可以有"微"母的音节是不多的。

四是"微"母字在口头上可以有ɱ声母的文读。这是也可以在方言中取材的。如苏州"问"有ʋən² 和mən²两读。平常听方言应留心这类材料。

以上四点都是语音方面的条件，而前三点可以说是替"微"母在北京语音的情况摸一下底。

再则，对"微"母说来，谐声在辨认上也很些作用。"微"母的同声符字主要ɱ声母字有联系，也有一些跟h声母字有联系

杨中光缮

广韵研究

。现在举些例子于下。

微 u-	m-	hu-
微	黴	徽
尾		娓
未味	妹	沫
亡	盲	肓
文	閔	
萬	邁	

当然，在声律通假方面，如果学习到跟"微"母辨认相关的，也应该记忆。

第四节　韵母的分合及辨認

广韵北京韵母对应情况比较复杂，这里先作概略的介绍：一、广韵韵母大类；二、韵母分合的辨认。

一、广韵韵母大类

音韵学上把广韵々母相近似的归在一起，成为一个大类，这种大类传统叫它作"攝"。广韵206韵可归为16攝。

广韵里韵部的排比，大略是把读音近相的韵靠在一起，这里就按照广韵韵部次序依16攝介紹206韵。

16韵是：1.通　2.江　3.止　4.遇　5.蟹　6.臻　7.山　8.效　9.果　10.假　11.宕　12.梗　13.曾　14.流　15.深　16.咸

记忆和辨认广韵韵母，都应当以攝为单位来作。

1.通　11韵

一東dōng	一董dǒng	一送sòng	一屋u
二冬dōng	○	二宋sòng	二沃uò
三鍾zhōng	二腫zhǒng	三用iòng	三燭zhú

通攝计包含11个韵。"董送屋"是"東"韵上去入三声的韵。"一、二、三"表各个声调里韵的排列的次序，如"鍾"是平声第三个韵，"用"是去声第三个韵。○表示缺韵，如广韵冬韵没有上声。

通攝是阳声韵，阳声韵都是鼻辅音收尾的。通攝收[ŋ]尾。阳声韵有入声，入声韵都是口辅音收尾，如这攝入声韵收[k]尾。

这一攝收[ŋ]尾的阳韵在现代北京音中读ong、iong、eng（少数字）韵。收[k]尾的入声韵读u、ü、ou（少数字）韵。

校中无误

—28—

2、江　4韵

四江 jiāng	三講 jiǎng	四絳 jiàng
四覺 jüé		

这一摄收〔ŋ〕尾的阳韵在現代北京音中读 ang、iang、uang 韵。收〔k〕尾入声韵读 o、uo、üe、ao（少数字），iao（少数字）韵。

3. 止　12韵

五支 zhī	四紙 zhǐ	五寘 zhì
六脂 zhī	五旨 zhǐ	六至 zhì
七之 zhī	六止 zhǐ	七志 zhì
八微 uēi	七尾 uěi	八未 uèi

止摄是阴韵。阴韵是收开尾、元音尾的韵。广韵阴韵没有入声。这一摄阴韵在現代北京音中读 i、ɿ（〔ɿ〕）、ʅ（〔ʅ〕）、er、ei、uei 韵。

4. 遇　9韵.

九魚 ǘ	八語 ǚ	九御 ǜ
十虞 ǘ	九麌 ǚ	十遇 ǜ
十一模 mú	十姥 mǔ	十一暮 mù

这一摄阴韵在現代北京音中读 ü、u 韵。

5 蟹　19韵

十二齊 qí	十一薺 jì	十二霽 jì	—i·uei
○	○	十三祭 jì	—ai·ei·uei
○	○	十四泰 tài	—i·i(〔ʅ〕).uei
十三佳 jiā	十二蟹 xiè	十五卦 guà	—ai·ua·ie·ia
十四皆 jiē	十三駭 hài	十六怪 guài	—ai·uai·ie
○	○	十七夬 guài	—ai·uai.ua
十五灰 huēi	十四賄 huèi	十八隊 duèi	—ei·uei

十六咍 hāi	十五海 hǎi	十九代 dài	—ai、ei(少数字)
○	○	二十廢 fèi	—i、ei、uei

这一摄阴韵在现代北京音中读 ia、ua、ie、ai、uai、ei、uei、i、i([ʅ])韵。这一摄韵母对应比较复杂，这里在某韵之下分注其现代北京音。

6.臻　25韵

十七真 zhēn	十六軫 zhěn	廿一震 zhèn	五質 zhì
十八諄 zhuēn	十七準 zhuěn	廿二稕 zhuèn	六術 shù
十九臻 zhēn	○	○	七櫛 zhì
二十文 uén	十八吻 uěn	廿三問 uèn	八物 ù
廿一欣 xīn	十九隱 ǐn	廿四焮 xìn	九迄 qì
廿三魂 huén	廿一混 huèn	廿六慁 huèn	十一沒 mò
廿四痕 hén	廿二很 hěn	廿七恨 hèn	○

这一摄收[n]尾的阳韵在现代北京音中读 en、uen、in、ün 韵。收[t]尾的入声韵："質術櫛"读 i、i([ʅ])、u、ü、uo、e、uai(少数字)；"物迄"读 i、u、ü；"沒"读 u、o 韵。计共为：i、i([ʅ])、u、ü、o、uo、e、uai 等韵。

7.山　28韵

廿二元 uán	二十阮 uǎn	廿五願 uàn	十月 uè
廿五寒 hán	廿三旱 hàn	廿八翰 hàn	十二曷 hé
廿六桓 huán	廿四緩 huǎn	廿九換 huàn	十三末 mò
廿七刪 shān	廿五潸 shǎn	三十諫 jiàn	十四黠 xiá
廿八山 shān	廿六產 chǎn	卅一襇 jiàn	十五鎋 xiá
一先①xiān	廿七銑 xiǎn	卅二霰 xiàn	十六屑 xiè
二仙 xiān	廿八獮 xiǎn	卅三線 xiàn	十七薛 xuē

杨中元信

①《广韵》平声韵分两卷，"一先"是第二卷开头一个韵。

—30—

这一摄收〔n〕尾的阳韵在现代北京音中读an、uan、ian、üan韵。收〔t〕尾的入声韵："月"读a、üe、üe；"屑薛"读uo、e、ie韵；"曷末"读a、uo、e；"黠鎋"读a、ia、ua，计共为：a、ia、ua、uo、e、ie、üe等韵。

8、效　12韵

三蕭xiāo　卅宵xiāo　四嘯xiào
四宵xiāo　卅小xiǎo　卅笑xiào
五肴jáo　卅巧qiǎo　卅效xiào
六豪háo　卅晧hào　卅號hào

这一摄阴韵在现代北京音中读ao、iao韵。

9　果　6韵

七歌gē　卅哿gě　卅箇gè
八戈gē　卅果guǒ　卅過guò

这一摄阴韵在现代北京音中读a、o、uo、e（哥）、üe韵。

10、假　3韵

九麻má　卅馬mǎ　四禡mà

这一摄阴韵在现代北京音中读a、ia、ua、e、ie韵。

11　宕　8韵

十陽iáng　卅養iǎng　四漾iàng　六藥iào
十一唐　卅蕩　四宕　六鐸duó

这一摄〔ŋ〕尾阳韵，在现代北京音中读ang、uang、iang韵。收〔k〕尾的入声韵读u（少数字），e、üe、o、uo、ao（少数字）、iao（少数字）韵。

12　梗　16韵

十二庚gēng　卅梗gěng　四映ìng　卅陌mò
十三耕gēng　卅耿gěng　四諍zhèng　卅麥mài

清 qing　　静 jìng　　劲 jìng　　昔 xī
青 qīng　　迥 jiǒng　　徑 jìng　　锡 xī

这一摄收[ŋ]尾的阳韵在现代北京音中读iang（少数字）、eng、ing、ong（少数字）韵，收[k]尾的入声韵读i、i（[ʅ]）、ü、uo、e、ai韵。

13. 曾

蒸 zhēng　　拯 zhěng　　證 zhèng　　職 zhí
登 deng　　等 děng　　嶝 dèng　　德 dé

这一摄收[ŋ]尾的阳韵在现代北京音中读eng、ing韵，收[k]尾的入声韵读i、i（[ʅ]）、u、uo、e、ei韵。

14. 流　　9韵

尤 iéu　　有 iǒu　　宥 iòu
侯 hóu　　厚 hòu　　候 hòu
幽 iōu　　黝 iǒu　　幼 iòu

这一摄阴韵在现代北京音中读u（少数字）、ou、iou韵。

15 深　　4韵

侵 qīn　　寝 qǐn　　沁 qìn　　缉 qī

这一摄收[m]尾的阳韵在现代北京音中读en、in韵。收[p]尾的入声韵读i、i（[ʅ]）、u、e韵。

16 咸

覃 tán　　感 gǎn　　勘 kàn　　合 hé
谈 tán　　敢 gǎn　　闞 gàn　　盍 hé
鹽 ián　　琰 iǎn　　豔 iàn　　葉 iè
添 tiān　　忝 tiǎn　　㮇 tiàn　　帖 tiē
咸 xián　　豏 xiàn　　陷 xiàn　　洽 xiá
銜 xián　　檻 jiǎn　　鑑 jiàn　　狎 xiá
嚴 ián　　儼 iǎn　　釅 iàn　　業 iè

杨中元Ⓢ

广韵研究

艽凡 fán　　玊范 fàn　　卆梵 fàn　　峀乏 fà

这一摄收〔m〕尾的阳韵在现代北京音中读 an、ian 韵。收〔p〕尾的入声韵："合盍"读 a、e；"洽狎乏"读 a、ia；"葉帖業"读 a、e、ie 韵。

二、广韵韵部的辨认

辨认广韵韵部是指辨认现代一个字在广韵里属于哪一韵。

上面在韵部介绍中，都注出一个摄里的广韵母在现代北京音的读音。某摄下所注的北京音，是从统计这一摄广韵韵部中所有的字在现代北京音里读的韵母得来的。在辨认现代一个在广韵属哪一韵的时候，要参考这些注子。应当先记忆广韵这一摄所包含的北京韵和另一摄所包含的北京韵的同或异，逐步记牢这些。应当算一算由广韵到北京音的韵母方面源流分合，也逐步记清这些。

上面说过，记忆和辨认广韵韵部要以摄为单位来进行，再由摄到韵。我们应当注意。

辨认韵部，首先要注意语音上的情况，也应当利用其他方面如声符、押韵等的帮助。

辨认一开始就应当弄准这个要辨认的字在北京音的韵母是什么。要看广韵哪一摄里有这字的韵母。辨认工作也时时要联系到声母。

比如北京"相"xiāng音，广韵只有两个摄可以有这个韵母："江"摄和"宕"摄。这两摄的名字的韵母就告诉了这点："江"jiāng、"宕"dàng。

"相"字到底在"江"摄或"宕"摄，这，辨认起来就不大容易。区分"江"与"宕"摄，要想单凭北京口头上语音来进行是不可能的，这就要利用其他方面的帮助。

"江"摄与"宕"摄的声符是两个系统。这两个系统的区分，可以利用口头上语音联系来记忆。一般情况，"宕"摄声符读ang韵，而又有些字读eng、ing韵，比如"行"读háng又读xíng，"黄"读huáng而同声符字"横"读héng。"江"摄声符读ang韵，而又有些字读eng韵。比如"江"读jiāng，

杨中元借

"虹"读jiang又读hóng，同声符字"工功"读gōng，"红"读hóng。可以看出，一个读ang的字，一般说来，跟eng、ing韵有联系的是"宕"摄字；跟ong韵有联系的是"江"摄字。"行"hang"黄"huang是"宕"摄字；"江"jiang"虹"jiang是"江"摄字。应当注意到谐声声符可以帮助我们推知一个字在广韵属于哪摄哪韵，应当学习利用声符。

学习声符在韵部方面的系统有必要跟学习《诗经》相配合。比如《豳风·七月》有些押韵就可以帮助我们记忆"宕"摄声符系统。像：

陽 庚 筐 行 桑 （二章"春日载陽……"）

桑 斨 揚 桑…… 黄 陽 裳 （三章"蠶月條桑……载玄载黄……"）

霜 場 饗 羊·堂 觥 疆 （八章"九月肅霜……"）

上举这些《七月》押韵字，都是古"唐"部字，古"唐"部字跟广韵"宕"摄字，语音上是有渊源关系的。

凡是声符跟上列字相同的读ang韵的字也都是诗经韵"唐"部和广韵"宕"摄"陽""唐"两韵的字。比如"相""霜"声符相同，如果知道了"霜"是诗经韵"唐"部字，广韵"宕"摄"陽唐"两韵中字，那"相"也是。

也应该注意利用音节组织情况。对广韵一个韵的语音组织也应当逐步作到有深细的了解，并加以应用。

比如，广韵"江""陽""唐"三个韵，读"端透定"声母的音节只有"唐"韵里有，那末，比如遇到今音读舌头音"當""湯""唐堂"等字，我们即使不依靠声符帮助，也能够指出这些字不单不是"江"摄字，并且在"宕"摄里也只有能是"唐"韵里的字。

又如，今韵guang等音节的字，只能是"宕"摄字。"江韵今读合口的只有捲舌声母不多字，并没有guang等合口音节。再则，如果我们又能利用声符，就可以看出广韵"陽"韵的guang等音节多是"狂匡"等声符一派字，而guang等"唐"韵里的guang音节，几乎都是"光"声符一派字如"光黄廣"等。

了解到音节组织对辨认韵部的作用并加以应用，那也就不难了解"相"xiāng 是广韵"陽"韵字。

韵语和声律上一些其他现象，也是要随时留心。比如我们过到过的"五经無雙許叔重""雙"(今读shuāng)与"重"(今读zhòng)押韵，那也就可以照"江工功紅"谐声关系倒推，知道"雙"是"江"韵字(《诗经》押韵与文字谐声，在韵部上是一致的)。再如"有鳴倉庚"(《七月》)"倉庚"，古迭韵。学习了"倉庚"迭韵，就又帮助我们在《诗经·七月》押韵例子里添上一个"倉"声符，学到"倉"以及"蒼槍鎗搶蹌"等字是诗经"唐"部也就是广韵"宕"摄字。这里，如果再应用上语音组织来观察，就又可以指出"倉蒼"(今读cāng)是广韵"唐"韵字，而"槍鎗，搶，蹌"(今读qiāng，qiàng)是广韵"陽"韵字。

要利用多方面可以利用的条件。比如在记忆声符上，学习韵目，记忆韵目，也可以作为记忆声符。以广韵"侵"以下九韵为例，它们分属广韵"深"摄"咸"摄，在广韵音是读[m]收尾的，这两摄的阳韵字都是读[m]收尾的字。北京音没有[m]收尾韵，广韵[m]收尾字北京也读[n]收尾，因而跟"臻""山"两摄[n]收尾字(广韵也是[n]收尾)相混。像"赶""感"北京同读[n]收尾，口头上无法区别哪个是广韵[m]收尾的，哪个是广韵[n]收尾的。如果应用声符韵目的来观察，就可以知道"感"是古[m]收尾字，"咸"摄"感"韵"感"韵的标目字就告诉我们这点。"赶"是古[n]收尾字，"旱

校中文系刘志康书

"韵（"旱"与"赶"同"干"声符）的标目字也告诉我这点。

末了仍得一提的是记忆工夫是不可少的。已经理解了的一些基本的东西，必须从多看多应用中把它记牢。

第二部分　广韵反切释例

第五节　反切的作用和反切的原则

一　反切的作用

反切是我们语文言教育上曾经长期使用的一种注音方法，它是用两个汉字来替一个汉字注音的。它的形式比如"歡：呼官切"。这就是用"呼""官"两个字拼合，可以得出"歡"字的读音。

我们民族从来就是很注重语言教育的。在识字正音方面，古人的观点、方法，当然不能跟我们现在相比，但古人是尽了他们的力量的。

方块汉字是表意体系的文字，一个字读一个音节，这就规定它在文字注音方面需要有一种适合自己文字性质的方法。

识字正音的教育，起初自然用的是直接口授法，我们还一直没有发现什么材料足以说明在先秦时期的识字正音教育上曾经用了什么注音"拐棍"。学习字音而没有一种注音工具作"拐棍"，光依靠直接口授，教的人和学的人都要辛苦得多；有了注音"拐棍"就大大不同了，它不受教学上要有一些定时地要当面口授的限制，学的人可以随时随地地自学，学习效果自然要提高。

关于先秦的识字正音有没有什么"拐棍"的问题，我们现在所可能推测出是：汉字的谐声声符在当时有相当的高"拐棍"作用。这比如"干肝奸旰旱"等。声符如果当作注音工具来看，它的注音精确性到底高低如何，当然值得研究，但说它具有"拐棍"作用则是没有问题的。比如，在现在还有认字认半边的；比如

—38—

，我们也还时时利用声符来推定古声和古韵。

声符是包含要注音的字本身里面的。用另一个字来注一个字我们曾经有过"读若""直音""纽四声"等法。读若例如：《说文·玉部》"珣，读若宣"；直音例如：《诗经·鄘风·柏舟》《经典释文》云："僔，許共反，史記作赣，曹大家音僔。"纽四声例如唐玄度《九经字样》云："刮，渴平"（即"刮"的读音是"渴"的平声）。这都是用另一个字注一个字的方法。读若直音的限制性大一些，准确性有时也不一定高[1]，因为一个字不一定正好有常見的同音字（比通如普通话里"糗"qiǒu没有同音字；"否缶"fǒu只是两个字同音，用不常見的"缶"来注"否"等于不注）。纽四声法所受的限制要小些，准確性也就高些（比如"糗"可以注为"糗，丘上"）。

反切是用两个字替一个字注音。它受的限制更小（在用声母相同的字方面可以说不受什么限制，就是韵母方面受常見字有无多少的限制），作用单纯（只管注音），因而可以尽量作到准確。应当注意，反切在发明的时候，是以进步的注音方法出現的。

在大约公元200年左右（东汉末年）就正式用了反切注音的方法。接着也不过大约半个世纪光景，反切注音的方法就大为流行。在当时，反切不单用来替经史等古籍注音，也用来替一般通俗文字注音。反切注音方法的发明，真像是我们汉语言教育上一件大事，从此，我们识字正音就有了相当良好的"拐棍"。

反切注音方法盛行之后，一些跟音韵相关的方面都受刺激、推动。从南北朝隋唐一些文献像《颜氏家训·音辞篇》《经典释文·序录》《切韵·序》等看，诸如语音史、方言语音、经籍音义、文章声律都受到这一发明的影响，正音识字就更不用说了。

[1] 这种注音有时也兼着注明通假的作用。纽四声法的作用单纯，只管注音。

从反切注音方法发明以后直到"注音字母"正式公布(1918年)之前,这一千七八百年之间,反切就作为注音的主要工具在使用。一千七八百年,时间是相当长的了。在这样一个相当长的时间内,反切既然是主要的注音工具,它的足迹自然会遍于各个方面的书籍之中,这是可想而知的。可以说,我们现在如果有需要接触一些古代较重要的典籍(各方面的),那就有机会接触到反切。这里举些例子看。

《诗经·关雎》:"关关雎鸠,在河之洲"

传:"兴也……鸟挚而有别……",《释文》:"雎、七胥反,鸠、九尤反,鸟之有至别者。洲、音州。興、虚應反,沈許甑反,案、兴是譬喻之名,意有不尽,故題曰兴,他皆放此。挚本亦作鷙,音至。别、彼竭反,下同……"

《資治通鑑·汉记一》:"楚王由此怨布,數使使者誚讓"胡注:"數、所角翻。以辭相責曰誚讓,誚、才笑翻。"

经史而外,如《元曲选》里《包待制智斩鲁斋郎》(关汉卿作):"……说那个鲁斋郎胆有天来大,他为臣不守法,将官府敢欺壓,将妻女敢夺拿,将百姓敢踏踏,赤緊的他官職大的忒稀詫",《音释》:"法、方雅切,壓、羊架切,踏、當架切,詫、瘡詐切"——这是说戏曲传奇之类的书注音用到反切。又如《齐民要术》卷第一《耕田第一》:"凡开荒山澤田……其林木大者㔙烏更反殺之……耕荒畢,以鐵齒鎒楱俎候反再徧杷之漫擲黍穄勞郎到反亦再徧"(反切就夹注在要注音的字下面)——这是说农艺之类的专业书籍注音也用到反切。又如《本草纲目》卷九《金石部·释名》:"麫、尺沼切","錫、音徐盈切"——这是说医药之类的专业书籍注音也用到反切。反切注音方法发明之后,使汉语音韵研究有了开展,使汉语方言语音研究有了开展,也使文学声律的研究有了开展,但我们且不說反切在这些方面的

—40—

重要作用，单就着它的识字注音的基本作用说，在我们民族的语言教育上功劳也就不小，在各门各类的书籍中它都在替识字注音效劳。

在了解到反切在过去的作用之后，当然会想到，跟古籍直接接触比较频繁的人，如果能应用反切自然会减少一些时时查阅字书的辛苦；并且，有些在現在使用机会少一些的字，也还有沒来得及转用現代注音方法注出音来的，知道了反切，也可以免了对这些字读不出字音来。所以可以說，反切除了在比较专门的音韵声律等研究上在而今还有其作用外，就着对接触古籍的人说，在而今它仍然有注音的作用。我们現在还可以利用这种反切的作用。

二　反切的原则

反切是用两个字来替一个字注音的。照旧来直行书写的款式，用来注音的两个字上一个叫"反切上字"，下一个叫"反切下字"。那个被注音的字就叫"被反切字"。反切的上下两个字之下还有个"切"字或"反"字，"切""反"的作用在于指出反切上下字在这里是注音用的，而不是训诂之类。这种"反"字也写作"翻"。比如"歡：呼官切"，"呼"是反切上字，"官"是反切下字；"歡"是被反切字。"歡：呼官切"跟"歡：唎官反"同意一样。

学习反切，首先对反切注音的根本原则的所以然应当有个明确的认识；再则，对一些前人的反切看来似乎跟反切根本原则不相符合的所以然，也应当有个明确的认识。有了这样明确的认识，才可以减少学习上的格格不入。

反切注音有个根本原则，是："上字定声，下字定韵"。也就是，反切上字要用跟被切字的声母相同的，藉以指定被反切的字的声母是什么；反切下字要用那跟被反切字的韵母相同的，藉以指定被反切字的韵母是什么。被反切字的声母韵母是什么，既已由反切上下字指定，被反切字的读音该是个什么也就从而可以求得。比如：

歡 huān ←— 呼 hū ＋ 官 guān

这里，"呼"跟"歡"声母相同，"官"跟"歡"韵母相同。"呼"的声母和"官"的韵母都是人们所早就知道了的，那末，由它们来指定的"歡"的声母和韵母也就可以知道，因而，"歡"的读音也就可以知道了。

由此可以看出，注音的反切是利用汉字的音节之可以二分为"声"和"韵"这一特性来制定的，也是利用从已知求未知这一法则来制定的。每个汉字的音节都可以分为声和韵两个部分，于

[illegible]中元[illegible]

是前人就用那共读音是已知的字来作反切上字，取共声母藉以指那共读音尚未知道的被反切字的声母，于是被反切字的声母就成为可知；又用那共读音是已知的字来作反切下字，取共韵母，藉以指定那共读音尚未知道的被反切字的韵母，于是被反切字的韵母也就成为可知。像上西"歡：呼官切"的用"呼"来定"歡"的声母，实质同于汉语拼音的用h来定"歡"的声母；用"官"来定"歡"的韵母，实质同于汉语拼音的用uan来定"歡"的韵母。前人就是用这样的原则来选用反切上下字以制定反切的。因此，我们看到每一个反切，都应当用"上字定声，下字定韵"这个反切注音根本原则来认识它。

根据上西所说的反切原则，可以得出应用反切上下字来求被反切字的读音的方法：在反切时，取上字的声母（因为"上字定韵"）声"）和下字的韵母（因为"下字定韵"），把声母跟韵母一拼合，就能够得出被反切字的读音来，用"呼官"来拼"歡"的读音，方法就是这样的。因此，应当明确认识"上字取声，下字取韵"的反切方法是根据反切根本原则得出的反切根本方法，我们看到每一个反切，都应当用这个根本方法去认识它。

这样说来，反切注音方法简直类似我们现在的汉语拼音注音，那应当是相当简单的了，但为什么有好些反切用了这种根本方法还是得不出被反切字的正确的读音来呢。比如，"但：徒旱切"，"但""徒"声母不合；"姐：居之切"，"姐""之"韵母不合；"公：古红切"，"公""红"声调不合。乃至像"私：息夷切"，声韵调三方西都不合。有不合就不能得出正确的读音，这共间的道理却又何在呢？

原来，在制定或者选定一个字音的时候反切的当时，遵照上述的反切方法是就可以根据反切上下字得出被反切字的正确的读音来的，反切方法也正好就像是"歡：呼官切"这个例子那么简单，就是简单到类似我们现在的拼音注音的：这是首先应当确认而不必怀疑的。其所以会有不本合，乃是由于字的古今读音经过语音演变而有了某些差异。在语音演变中，被反切字跟反切上下字，三个字的读音都起了变化。因为演变的原因有多种，演变的路子和结果也就多样。有些是被反切字的声母与其反切上字的声母因演变的路子不相同而变得不一致，有些是被反切字的韵母或声调与其反切下字的韵母或声调因演变路子不同而变得不一致，乃至有些是被反切字与其上字在声母方面和与其下字在韵母及声调方面各走了各的路子而都变得不一致，因而就有了像"但：徒旱切"等的不合以致反切不出正确的读音的事例了。当然也会有些例子在声韵调三方面变得还能一致的，也就是上面所举的"欢：呼官切"所表现的。所以用今音来看前人的反切，有的能径直地反切出正确的读音来，有的便不能，其中理由就在于此。了解了某些反切的不适合的所以然乃在于古今读音有了差异，便不会对反切根本原则和根本方法产生怀疑的。相信了反切根本原则和根本方法的原本是极其简易，这才会在遇到一些看来似乎不适合的反切时，耐得耐心去寻找其间的所以不能适合之故，这才能逐渐掌握反切的由于语音演变而来的各种变化情况。

这里解释反切是先举一些用今音还能径反出切正确读音的事例来讲明反切根本原则，然后再把不能径直反切出正确读音的事例提出几类作例，从语音演变讲明其所以然，并讲明怎样对待这样的反切。因此，也应当注意从解释里学习语音演变规律，学习音韵史，虽然我们是在学习如何应用反切。

这里解释前人的反切当然是在现代北京音的基础上进行的，对反切上下字用的是现代北京音，得出的字音也是现代北京音。解释时提到广韵音那是为了讲明语音演变。因为，我们应用反切，就是要凭借反切上下两字的现代北京音来求得被反切字的现代

广韵研究

北京来的。

第六节 广韵反切释例

一 反切原则

第一类 从今音看，声韵调都符合的例子

上字定声，下字定韵(包括定开合、定声调)

"上字定声，下定字韵"，这是反切的根本原则。下面一些例子，从今音看来仍然是符合这个原则的。例如：

旦	得按切	dàn	⟵	d(e)	+(ɑ)àn
政	之盛切	zhèng	⟵	zh(i)	+(sh)èng
冀	几利切	jì	⟵	j(ǐ)	+(l)ì
廉	力鹽切	lián	⟵	l(i)	+(o)ián
怪	古壞切	guài	⟵	g(ǔ)	+(h)uài
頓	都困切	duèn	⟵	d(ū)	+(k)uèn
舉	俱雨切	jǚ	⟵	j(ü)	+(ɑ)ǚ
勸	去願切	qüàn	⟵	q(ü)	+(ɑ)üàn

这些例子，都是被反切字与其反切上字声母相合、与其反切下字韵母相合可以直接拼合的。在反切时，上字取其声母，舍去其韵母；下字取其韵母，舍去其声母。留下了上字的声和下字的韵，就可以进行拼合。比如，"旦：得按切"，就留下得的声母d(舍去它的韵母e。注音的括号表示舍去)和"按"的韵母àn；"怪：古壞切"，就留下"古"的声母g和"壞"的韵母uài。再把留下的声和韵进行拼合。比如：

旦 dàn ⟵ d + àn

怪 guài ⟵ g + uài

由上面的例子可以看出，反切原则是极其简易的，就是上字定声，下字定韵。

关于"下定韵"，有两点还要说明。(1)下字定被反切字的开

殷焕先 杨中元 ...

广韵研究

齐合撮；(1)下字定被反切字的声调。先看例子：

航	胡郎切	háng	←	h(ú)	+	(l)áng
該	古哀切	gāi	←	g(ǔ)	+	(o)āi
器	去冀切	qì	←	q(ù)	+	(j)ì
遣	去演切	qiǎn	←	q(ù)	+	(o)iǎn
睹	當古切	dǔ	←	d(āng)	+	(g)ǔ
鍛	丁贯切	duàn	←	d(īng)	+	(g)uàn
胥	相居切	xū	←	x(iāng)	+	(j)ū
吕	力举切	lǚ	←	l(ì)	+	(j)ǚ

关于(1)下字定开齐合撮。被反切字的开齐合撮由反切字规定。比如："航：胡郎切"，被反切字，"航" háng 是个开口字。在反切时，其所以知道"航"该拼切为开口字，这是根据反切下字"郎" láng 是个开口字来决定的；它的反切上字"胡" hú 虽然是个合口字，但反切上字的开齐合撮，在原则上管不着被反切字的开齐合撮。反切时应当特别注意这一点，比如这里就不能把上字的合口 u 介音也带过来切字。至于"下字定开齐合撮"的道理，是不难理解的。本来，一个字音的开齐合撮，是由它的介音来规定的，介音是韵母的一个组成成分，所以反切原则的"下字定韵"当然也就包含"下字定开齐合撮"这一层意思。又如："遣：去演切"，这该拼切为齐齿，是因为它的反切下字"演"是个齐齿，反切时要注意到不能带进它的反切上字"去"的撮口 ü；"鍛：丁貫切"，这该切为合口，不要带进它的反切下字，因为它的反切下字"貫"是个合口，反切时不要带进它的反切上字"丁"的齐齿 i。

关于(2)下字定声调。被反切字的声调也由反切下字来规定。比如："该：古哀切"，"该"之所以应当拼切为平声，是因为它的反切下字"哀"是个平声。其余如："睹：当古切"为上声，反切下字"古"是上声，"锻：丁贯切"为去声，反切下字"贯"是个去声。像反切上字"古"虽然是上声，"当""丁"虽然是平声，但反切上字的声调，在原则上管不着被反切字的声调。反切时也应当特别注意这一点。至于"下字定声调"的道理，也是不难理解的。声调原是韵母的一种性质，所以也由那"下定字韵"的下字来规定。

这里还得说明一下，用今音来看反切，根据反切下字来定调类也有例外。被切反字和反切下字从今音看，有时候有阴平阳平的差别，有时候有上声去声的差别，那还得参看下面几条的说明。至于归入声字的反切，要专作一题讨论。

到这里可以总综述一下反切原则。反切原则是：上字定声，下字定韵，而下定字韵又包括定开齐合撮和定声调。

二　反切与上字清浊

从这以下，谈一些在声韵调上有点问题因而不能直接拼合的反切。

这里先谈谈中古音声母的清浊不同在语音演变中给声调的影响，以及一些浊声母在语音演变中所受到声调的影响，由于这两种情况所引起的反切上的不合。例如：一些平声调类的反切在读阴平阳平上的不合，一些反切在声母送气不送气的不合，一些上声调类的反切在读上声去声上的不合。

第一类　一些古平声的反切在读阴平阳平上有问题的例子

> 平声反切，上字清声母切阴平，上字浊声母切阳平。

在前面我们谈过反切原则的下字替被反切的字定韵也包括替它定声调。但在平声调类里，被反切字该读阴平阳平就也得参照反切上字的清浊。先看例子。

刊　苦寒切　kān ⟵ k(ǔ)　+　(h)án

心	息林切	xīn	⟵	x(ī)	+	(l)ín
推	他回切	tuēi	⟵	t(ā)	+	(h)uéi
居	九魚切	jǖ	⟵	j(iǒu)	+	(o)ǘ
壇	徒干切	tān	⟵	t(ú)	+	(g)ān
祈	渠希切	qí	⟵	q(ǘ)	+	(x)ī
崘	盧昆切	luén	⟵	l(ú)	+	(k)uēn
閭	力居切	lǘ	⟵	l(ì)	+	(j)ǖ

这里几个平声反切的例子，问题都在于被反切字在声调的阴平阳平上跟反切下字不合，因之不能直接拼合。“刊”到“居”四例，被反切字是阴平，可是它的反切下字是阳平；“壇”到“閭”四例，被反切字是阳平，可是它的反切下字是阴平。把“刊”照它的反切下字“寒”的声调切成阳平 kán，把“壇”照它的反切下字“干”的声调切成阴平 tān，就和这两个字的今音都不符合了。

这些反切下字为什么定阴平阳平不准呢？是不是这些反切不合乎反切原则呢？

这些反切下字之所以定阴平阳平不准，是由于中古音平声这一调类在北京话里分化为阴平阳平，而并不是它们違反了反切原则。原来，在应用反切注音的当时，上举这些反切，下字定调都是定得很准的。那时平声还没有分化，当然也就无所谓阴平阳平。現在北京話分了阴平阳平，阴平调值 55，阳平调值 35，中古可并没有这种差别，現在的阴平字和阳平字在那时都是平声。在那时，“刊、寒、壇、干”既然都是平声，那末，“刊”用“寒”作反切下字，“壇”用“干”作反切下字，自然都是恰好地替反切字定准了声调，这种反切也自然都符合反切下字定声调的原则。但是現在平声分化了，就有了上面这类反切下字定阴平阳平不准的反切了。

怎样认识这类平声定调不准的反切呢?了解平声分化的情况会给我们帮助。中古音平声分化为后代的阴平阳平是有条件的,这条件就是声母的清浊。在中古音读清声母(全清、次清)的平声字,变到现在北京话里就读阴平;中古读浊声母(全浊、次浊)的平声字,变到现在北京话里就读阳平。换言之,中古声母的清浊决定平声字今读的阴阳。上文说过,反切上字跟被反切字的声母是相同的,当然在清浊上也是相同的。因而,反切上字如果是中古清声母字,它就表示被反切字也是当时清声母字,同时也就表示它在今音读该阴平;反切上字如果是中古浊声母字,同时也就表示它在今音该读阳平。这样,反切上字便成了决定平声被反切字该读阴平阳平的标志了。反切时就可以利用这个标志。上面例子里,前四例的反切上字"苦、息、他、九"都是中古清声母字,后四例的反切上字"徒、渠、盧、力"都是中古浊声母字。

比如:"刊:苦寒切",先看反切下字"寒","寒"是平声(阳平),这就确定了被反切字"刊"该读平声;再看反切上字"苦","苦"是个清声母字(次清),这就标志出被反切字"刊"今音该读阴平。利用这个标志来切字,就能够得出"刊"的正确读音kān(而不是kán)。又如"壇:徒干切","干"是平声(阳平),这就确定了"壇"是读平声;"徒"是浊声母字(全浊),这就标志出"壇"今音该读阳平,读tán(而不是tān)。

到这里,就可以看出,像前面提到的"公:古红切"这样被反切字和下字阴阳平不合的反切,就是要应用上字"古"是中古清声母(全清)作为标志来把"公"字定为阴平。到这里当然也可以看出,像前面举过的可以直接拼合的反切如"廉:力鹽切"

"该：古哀切"等，被反切字和下字声调相同，也可以用这里的解释来说明。"力"中古浊声母，"鹽"阳平，正好；"古"中古清声母，"哀"阴平，也正好。

这里我们要提醒一下，反切上字本来不管平上去入，反切上字只是由于语音变化而取得今音看反切时的标志作用，当然不可认为上字在根本原则上也来定调了。

第三类　一些在送气不送气上有问题的反切（一）

全浊声母仄声不送气

前面说过"上字定声"的反切原则，但有些反切上字跟被反切字在声母的送气不送气上不相合。例如：

忌	渠记切	jì	⟵	q(ú)	+	(j)ì
度	徒故切	dù	⟵	t(ú)	+	(g)ù
懼	其遇切	jù	⟵	q(í)	+	(o)ù
藏(剧)	徂浪切	zàng	⟵	c(ú)	+	(l)àng

这里几个例字子，问题都在于被反切字是不送气的，而反切上字是送气的，因而不合，不能直接拼合。比如："忌：渠记切"，"忌"是不送气的jì，而"渠"却是送气的qú，如果照反切上字"渠"送气把"忌"拼切成qì，那当然不合乎"忌"的读音。用今音来看这类反切，是上字定声在送气不送气上不准。

这类上字定送气不送的不准，也是由于语音有了演变，中古全浊声母在发音方法上起了分化。例子里的"忌、度、懼"和"渠、徒、其"都是中古全浊声母塞音字；"藏"和"徂"都是中古全浊声母塞擦音字。在语音演变中，它们分为送气不送气两组。这种分化也有条件，那就是声调的平仄[1]。中古读平声的全浊声

[1] 仄声包括上去入三声，这里只举去声的例子。

母字，現在北京话里如读塞音塞擦音声母就送气，比如“渠、徒、共、俎”；中古读仄声的全浊声母字，現在北京話里如读塞音塞擦音声母就不送气，比如“忌、度、懼、藏（宝~）”。这种分化，就影响到用今音来看反切。上面的例子里，被反切字都是去声字（反切下字也都是去声字），而反切上字却是平声字。在分化中，被反切字跟反切上字走了不同的路子。被反切字是去声，今读为不送气；反切上字是平声，今读为送气，所以成为上字定送气不送气不准的反切。而当它在中古未分化时，被反切字（比如“忌”）跟反切字（比如“渠”），都读浊音声母（群母），那是正好符合反切原则的。

因为反切受了这种分化的影响，所以看到反切下字为去声而其上字为阳平送气的这类例子，就得注意把被反切字定为不送气。比如：“度：徒故切”，反切下字“故”是个去声字，而上字“徒”是个阳平送气字，一看到这类反切，就要注意送气不送气上的不合，比如这里“度”就要拼切成不送气的 dù 才对。

到这里，就可以看出，象前面提到的“但：徒旱切”这样送气不送气上不合的反切，情况和“度：徒故切”相同。

第四类　一些在送气不送气上有問題的反切（二）

全浊声母平声送气

这里接着上面第三类讲“上字定声”在声母送气不送气上的不相合。例如：

頭	度侯切	tóu ←	d(ù)	+	(h)óu
鼙	部迷切	pí ←	b(ù)	+	(m)í
團	度官切	tuán ←	d(ù)	+	(g)uān
權	巨員切	quán ←	j(ù)	+	(o)üan

这里几个例子，问题所在也跟上面第三类性质相同，不过这

里的是被反切字为送气而反切上字为不送气的一种参差，但也因而不能直接拼合。比如："頭：度侯切"，"頭"读送气 tóu，而反切上字"度"却读不送气 dù，如果照反切上字"度"字的不送气把"頭"切成 dóu，就不合"頭"的读音。

其所以造成这样的参差，理由也跟第三类相同。这种参差是第三类所说的中古全浊声母字以声调为条件分化为送气不送气在另外一方面的表現，第三类跟本类讲的是同一件事。第三类说的是被反切字是仄声（去声）不送气而用平声（阳平）送气字作反切上字，就要切为不送气；本类说的是，被反切字是平声（阳平）送气字而用仄声（去声）不送气字作反切上字，反切时正好要跟上类的改切法相反，要改切为送气。了解了第三类的所以然，这一类也就很容易明白。

把第三类例子"度：徒故切"跟本类的例子"頭：度侯切"作个对照，便可以了解这两类的关系。"度、徒、頭"都是中古全浊声母塞音字，"度"是去声，"徒、頭"是平声，在中古时这三个字都读浊音声母（定母），所以"度"可以用"徒"作反切上字，"頭"可以用"度"作反切上字。后来分化了，"度"是去声就演变为不送气，"徒、頭"是平声就演变为送气。今音这三个声母的分化就是演变的結果。所以，用今音来看反切，遇到"度：徒故切"这样"故"去声而"徒"送气的例子，就要定被反切字为不送气（上类所说）；遇到"頭：度侯切"这样"侯"平声而"度"不送气的例子，就要定被反切字为送气（本类所说）。

到这里，就可以看出，象前面举过的"壇：徒干切""祈：渠希切"等，被反切字跟反切上字的相合，也可以用这里的解释来说明。"壇"与"徒"，"祈"与"渠"，都同是中古全浊声母，都同是平声，所以演变相同，都读阳平送气。

第五类　一些在上声去声方面有问题的反切

被反切字是全浊上声

前面说过"下字定调的反切原则",但有些反切下字跟被反切字在声调的读上声去声方面不相合。这可以分两项来说。

甲项　被反切字去字去声,反切下字上声。　例如:

户　侯古切　hù　⟵　h(óu)　+　(g)ǔ

杜　徒古切　dù　⟵　t(ú)　+　(g)ǔ

亥　胡改切　hài　⟵　h(ú)　+　(g)ǎi

这里几个例子,问题都在于被反切字是去声字,而反切下字是上声字,因而不合,不能直接拼合。比如:"户:侯古切","户"是个去声字,而"古"是个上声字,如果照反切下字"古"的上声把"户"切成上声,那就不合"户"hù的去声读音。用今音来看这类反切,是下字在定上声去声方面的不准。

这类下字在定上声去声方面的不准,是因为中古的上声这一调类在语音演变中起了分化。分化的条件是声母。情况是:中古全清、次清、次浊三类声母的演变相同,属于这三类声母的中古上声字,在现在北京话里仍然是读为上声,这是一路;而全浊这一类声母则有其特殊的变化,属于这一类声母的中古上声字,在现在北京话里演变为去声(这也就是常常听到的"全浊上声变去声"),这是另一路。道理很显然,上声既然有了这样的分化,如果被反切字跟反切字下分化的路子不同,那就影响到反切,出现了象上面所举的下字在定上声去声方面不准的例子。比如"户:侯古切","户"是中古上声全浊声母字,今读去声,而"古"是中古上声全清声母字,今读上声。

所以,看到反切下字是个上声字,比如"古",这就应当注意反切上字是哪一类声母的字,如果上字是个全浊声母字,比如

杨子元隽

"侯"，就应当定为去声，这才能够得出"户"的正确读音hù（而不是hǔ）。

至于"杜：徒古切"，"杜"又应当切作不送气，可参看第三类。

全浊上声作反切下字　乙项　被反切字上声，反切下字去声。例如：

古　公户切　gǔ ⟵ g(ōng) + (h)ù
苦　康杜切　kǔ ⟵ k(āng) + (d)ù
乃　奴亥切　nǎi ⟵ n(ú) + (h)ài

这里几个例子，问题都在于被反切字"古、苦、乃"是上声字，而反切下字"户、杜、亥"等是去声字，因而声调不合，不能直接拼合。用今音来看这类反切，也是下字在定上声去声方面的不准。

甲乙两项反切下字在定上声去声方面的不准，实在也是同一种语音演变在两方面的表现，把这两项反切对照起来看就可以了然，如：

户　侯古切　　古　公户切
杜　徒古切　　苦　康杜切
亥　胡改切　　乃　奴亥切

"户、杜、亥"跟"古、公、改、苦、乃"都是中古上声字，那时，"户"用"古"作反切下字，"古"用"户"作反切下字，在声调上都是恰好的。语音有了分化，像"户"因是全浊声母字，变为去声，"古"因是全清声母字，仍读上声，这才有反切上的不合。

在反切时，遇到"户：侯古切"，下字"古"虽然是上声，但要用去声来切"户"以适合全浊上声变去声的演变（甲项所说的），那末，迂到"公：古户切"，下字"户"虽然是去声，但这个去声是由上声变来的，自然要改用上声来切"古"以适合非全浊上声字的演变了（本项所说的）。上面说过，中古的全清上声字（如"古、改"）、次清上声字（如"苦"）、次浊上声字（如"乃"），原是不转为去声的。

三　反切上字转零声母

以下谈谈反切上字似有似无的一些反切，分两类来谈。

第六类　反切上字属于中古影喻（以）为（雲）声母

上字有若无，影清以雲浊

今读零声母的一些例子。例如：

影	烏	哀都切	ū	⟵	(āi)	+	(d) ū
	影	於丙切	ǐng	⟵	(ú)	+	(b) ǐng
	愛	烏代切	ài	⟵	(ū)	+	(d) ài
	央	於良切	iāng	⟵	(ú)	+	(l) iáng
喻(以)	鹽	余廉切	ián	⟵	(ú)	+	(l) ián
	以	羊己切	ǐ	⟵	(iáng)	+	(j) ǐ
	漾	餘亮切	iàng	⟵	(ú)	+	(l) iàng
為(雲)	袁	雨元切	uán	⟵	(ǔ)	+	(o) uán
	雨	王矩切	ǔ	⟵	(uáng)	+	(j) ǔ
	于	羽俱切	ú	⟵	(ǔ)	+	(j) ū

对于这一类反切，这里先谈一下应当注意的两件事。一是反切上字的有而若无。这些例字的被反切字和反切上字在今音里是读的零声母，迂到这类例子，反切时可以直接把下字的韵母认作是被反切字的读音。比如，看到"烏：哀都切"，就直接把"都"的韵母u算作"烏"的读音，看到"以：羊己切"，就直把"己"的韵母i算作"以"的读音，看到"袁：雨元切"，就直接

杨中元藏

—56—

把"元"的韵母üán算作"袁"的读音，这就行了。二是反切上字有作阴平阳平的标志的作用。"影、哀、於、哀"等中古为凌音声母，是读阴平的标志（"於"旧读阴平声）；"喻、余、羊、餘"和"雨、王、于、羽"等中古为次浊声母，是读阳平的标志。比如"央：於良切"，不要照"良"的声调切为 iáng，而要改切为 iāng；"于：羽俱切"，不要照"俱"的声调切为ǜ，而要改切为ǘ。

第七类　反切上字属於中古疑声的一些例子

这又可以分为两项来说。

疑＋{开合撮→0，齐⇄n}

甲项　下字为开、合、撮三呼者，今音读零声母。例如：

开　艾　五蓋切　ài ←—　(ǔ)　＋　(g)ài

　　藕　五口切　ǒu ←—　(ǔ)　＋　(k)ǒu

合　五　疑古切　ǔ ←—　(í)　＋　(g)ǔ

　　魏　魚貴切　uèi ←—　(ǘ)　＋　(g)uèi

撮　願　魚怨切　üàn ←—　(ǘ)　＋　(o)üàn

　　魚　语居切　ǘ ←—　(ǚ)　＋　(j)ǖ

乙项　下字为齐齿呼者，今音多数读零声母；也有少数读n声母的。例如：

被反切字读零母的：

藝　魚祭切　ì ←—　(ǘ)　＋　(j)ì

硯　吾甸切　iàn ←—　(ú)　＋　(d)iàn

銀　语巾切　ín ←—　(ǚ)　＋　(j)īn

被反切字读n声母的：

擬　魚紀切　nǐ ←—　(ǘ)　＋　(j)ǐ

倪　五稽切　ní ←—　(ǔ)　＋　(j)ī

牛　语求切　nióu ⟵ （ǘ）＋（q）ióu

这一类的反切，如上面例子所示，情况跟第六类大致相同。关于甲项也要注意两件事。比如："艾：五盖切"，反切下字"盖"的韵母ài，就是被反切字"艾"的读音。这是"反切上字的有而若无"，跟第六类一样。再如："鱼：语居切"，因为"疑、鱼、语、吾、五"等也是中古次浊声母，"鱼"不要照"居"的声调切为阴平ǖ，而要改切为阳平ǘ。这是"上字有作阴平阳平标志的作用"跟第六类一样。

关于乙项，除了要注意的两件事同甲项以外，还要注意那不多的读n声母的字。比如："擬：鱼记切"，在照上项方法反切字"纪"的韵母切成ǐ音之后，还要在ǐ前头加个n声母，这才得出被反切字"擬"的正确读音nǐ。"倪：五稽切""牛：语求切"的反切中要加n声母亦同此例。

疑母字的中古音是ng声母开头，在语音演变中，这类ng声母的字大都丧失其声母而转为今音的零声母，这比如上面开齐、合、撮三呼以及齐齿呼里一部分的例子；而在齐齿呼里则还有一部分的字转为今音的n声母，如上面所举，不过也并不多，常见的还有"倪、霓ní，擬nǐ，逆nì，孽、齧niè，凝níng"等。其中"牛""擬"两字要特别记住，因为这两个还用作反切上字，比如："遇：牛具切ǜ ⟵ ní＋（j）ǜ"，不在意就会照一般反切办法，把"遇"多切出个n声母来。应当记好，对于"语"作"牛"的反切上字，"牛"作"遇"的反切上字这类例子，都得注意：中古疑母字今读齐齿呼的，一般是零声母，少数是n声母。

(1) 撮口呼里有"虐、瘧"（都是"鱼约切"）今读nüè。"瘧"在"发瘧子"中读iào，则为零声母。

四　反切与韵母分化

这里谈一些因为韵母的分化致使一些反切不能直接拼合的例子。主要是"洪音"与"细音"即"开"与"齐"、"合"与"撮"的不合。

第八类　一些在读〔ɿ〕（"思"）音 i 韵上有问题的反切

> z（广韵精母等）不变，i（止摄）变〔ɿ〕

前面说过，〔ɿ〕韵属开口呼，是洪音，而 i 韵属齐齿呼，是细音。在〔ɿ〕韵与 i 韵上有问题的反切即是在洪音与细音上不合的反切。例如（以下用 i 下面加黑点表〔ɿ〕）：

子	即里切	zị̀	⟵	j(í)	+	(l)ǐ	
姊	将几切	zị̌	⟵	j(iang)	+	(j)ǐ	
貲	即移切	zị̄	⟵	j(í)	+	(o)í	㊁[1]
雌	此移切	cị̄	⟵	c(ǐ)	+	(o)í	㊁
私	息移切	sị̄	⟵	x(ī)	+	(o)í	㊁
笥	相吏切	sị̀	⟵	x(iāng)	+	(l)ì	
似	詳里切	sị̀	⟵	x(iang)	+	(l)ǐ	㊃

这里几个例子，问题主要在被反切字实际读 ị 韵母，可是它的反切下字读的是 i 韵母，因而不合，不能直接拼合。

这些例子里的反切上字像"子、将、即，此、七，息、相、詳"等，还有些反切上字像"作，倉，昨、徂，苏、徐"等，在中古都读 z、c、s 等声母，比如"将"读 z、"七"读 c、"息"读 s 声母，在看到这里的例子时，要把"将、七、息"等作代表 z、c、s 等声母看，不要当作代表 j、q、x 等声母看。

这些例子里的反切下字都是读 i 韵的。在北京话里，z 等声母是不拼 i 的，这里如果反切上字跟下字硬拼，得出来 z + i（

[1] ㊁㊃一类数字，代表本文所谈的类次。如㊁表示这个字的反切和上文第二类讨论的有关。下同。

i代表"衣"的韵母）等音节，北京话里也是没有的。比如"子：即里切"，如果取上字"即"所代表的声母z，取下字"里"的韵母i（"以"），拼出来的z+i音也并不是被反切字"子"的读音。再如："雌：此移切"，取"此"声c跟"移"韵i，拼出来的c+i也并不是北京话里的音节，并且也不是被反切字"雌"的读音。像这里的i韵，都要改作ɿ韵，才能切出被反切字的正确读音来。

其所以要把韵母i改ɿ，原因在于，中古的"支、脂、之"三韵（包括它们的上声和去声）的字起了分化。上面例子里的反切下字都是这三韵的字。这三韵里旧读开口这一部分字，在语音演变中，有一些转为现今的i韵母，作这种演变的是读j、q、x、l等声母和零声母的字，还有一些读b、p、m声母的字。另有一些转读为今音ɿ韵母，作这种演变的是读z、c、s声母的字。可以看出，这种分化是以声母为条件的。既然有这样的根据声母不同而起的不同的分化，在反切时，当然也就根据该声母的不同而对反切作相应的更动，上面例子里的反切上字，既然都是代表z、c、s声母的，那末，就应当改它们的反切下字的i韵为ɿ韵了。这里可以看一下反切下字的声母，"里、几、移、吏、夷"等字的声母依次是l、j，零、l、零，"。这些字是这类的声母，所以演变为现在的i韵，而跟那原来读同一韵的z、c、s等声母的字各走一路。分化之后，韵母各异，因之用今音来看"雌：此移切"，"雌"（作ɿ一路的变化的）和"移"（作i一路的变化的）韵母就不一致了。而在未分化的时候，"雌"用"移"作反切下字，是正好符合反切原则的。

第九类　一些反切上字是zh、ch、sh、r声母的"洪""细"不合的反切。

上字为zh，下字细改洪

反切上字或下字如果是今音读zh、ch、sh、r声母的字，这种反切往往在读音的"洪""细"上有问题。这里先说反切上字是zh、ch、sh、r声母的，读这类声母的上字是洪音字。这类反切例如：

齿	昌里切	chǐ	←	ch(āng)	+(l)ǐ
煮	章與切	zhǔ	←	zh(āng)	+(o)ǔ
然	如延切	rán	←	r(ú)	+(o)ián
神	食鄰切	shén	←	sh(í)	+(l)ín

这里一些例子，被反切字是读zh、ch、sh、r声母的洪音（开口、合口）字，因而不合，不能直接拼合。比如："齿：昌里切"，如果直接用上字"昌"的声母ch跟下字"里"的韵母ǐ在一起相拼，得出来的zh+ǐ（ǐ在这里代表"以"的韵母）并不是"齿"的读音。又如："神：食鄰切"，取"食"的声母sh，"鄰"的韵母ín，切出的sh+ín也不是"神"的读音。

这些字，从今音看，都表现为下字定韵不准。

所以会有这种反切下字定韵不准，是由于在中古音同属于一个韵母的字，在语音演变中会因为声母不同类而作不同路子的演变，致使韵母起了不同的变化，于是原来同属于一个韵母的字就分化而属于两个乃至两个以上的韵母。如果反切下字碰巧是个跟被反切字演变路子不同的，这就成为一个下字定韵不准的反切。

一般说，像这种韵母的分化，其在声母方面的条件是：zh、ch、sh、r为一组⑴，分化后读这类声母的字其韵母是洪音；另外，b、p、m，l，j、q、x和零声母（齐撮两呼的）为一组，分化后读这类声母的字其韵母是细音。这里的反切例子，其上字都是读zh、ch、sh、r的，其下字则是读l或零声母的。

怎样对待这一类下字定韵不准的反切呢？在反切时，要把下字韵母的齐、撮改为相应的开、合。下面列举齐、撮改开、合的

⑴ 这里且不谈f声母。

例子。

(九·1) i改为[ʅ]([ʅ]表"诗"的韵母,下面用i下加小圈i̥来表示)

遇下字读齐齿"犧移倚義"韵的,改为相应的开口"诗时始是"韵。例如:

滞 直利切 zhi̥ ⟵ zh(i̥) + (l)i

试 式吏切 shi̥ ⟵ sh(i̥) + (l)i

(九·2) ü改为u

遇下字读撮口"居魚與遇"韵的,改为相应的合口"朱除主住"韵。

初 楚居切 chū ⟵ ch(ǔ) + (j)ü

戍 傷遇切 shù ⟵ sh(āng) + (o)ü

(九·3) ian改为an

遇下字读齐齿"焉延演豔"韵的,改为相应的开口"占纏展戰"韵。

展 知演切 zhǎn ⟵ zh(i̥) + (o)iǎn

贍 时豔切 shàn ⟵ sh(i̥) + (o)iàn

(九·4) üan改为uan

遇下字读撮口"娟缘卷眷"韵的,改为相应的合口"專椽轉篆"韵。

專 職缘切 zhuān ⟵ zh(í) + (o)üán ⊜

川 昌缘切 chuān ⟵ ch(āng) + (o)üán ⊜

(九·5) in改为en

遇下字读齐齿"因寅引印"韵的,改为相应的开口"真陳軫慎"韵。

珍 陟鄰切 zhēn ⟵ zh(i̥) + (l)ín ⊜

仁 如鄰切 rén ⟵ r(ú) + (l)ín

广韵研究

（九·6）　ün 改为 uen

遇下字读撮口"均匀允俊"韵的，改为相应的合口"諄純準順"韵。

吮　食允切　shǔen　⟵　sh(í)　+ (o)ǔn

犉　如匀切　ruén　⟵　r(ú)　+ (c)ún

（九·7）　ing 改为 eng

迂下字读齐齿"膺陵井勁"韵的，改为相应的开口"蒸繩整政"韵。

徵　陟陵切　zhēng　⟵　zh(ì)　+ (l)íng ㊂

整　之郢切　zhěng　⟵　zh(ī)　+ (o)ǐng

比如："滞：直利切"，上字"直"是 zh 声母，而其下字"利"却是 i 韵母，取 zh 跟 i 拼合，就得不出"滞"的正確的读音（zh 跟 i 拼得的字母音也并不是北京话里所有的），这就得改下字韵母 i 为其相应的开口 i。zhì 才是"滞"的读音。又如、"犉：如匀切"，上字"如"是 r 声母，而其下字"匀"却是 ün 韵母，取 r 跟 ün 拼合，就得不"犉"的正確读音（北京话里也没有 rün 音），这就得改下字韵母 ün 为其相应的合口 uen。ruen 才是"犉"的读音。

第十类　一些反切下字是 zh、ch、sh、r 声母的"洪""细"不合的相切

上字为 b
j
l
o（齐撮）
下字 zh 次细

反切下字今读音 zh、ch、sh、r 声母，即下字是洪音字。这类反切例如：

基　居之切　jī　⟵　j(ū)　+ (zh)ì

縷　力主切　lǚ　⟵　l(ì)　+ (zh)ǔ

騙　匹戰切　piàn　⟵　p(ǐ)　+ (zh)àn

因　於真切　īn　⟵　(ū)　+ (zh)ēn

應　於證切　ìng ←— (ǐi) + (zh)èng

卷　居转切　jüàn ←— j(ü) + (zh)uǎn

这里一些例子的被反切字是读b、j、l以及零声母（齐撮开头）的细音字，而其下字则是读zh、ch、sh、r声母的洪音字，因而不合，不能直接拼合。比如："基：居之切"，如果直接用上字"居"的声母j跟下字"之"的韵母ï在一起相拼，得出来的开口韵j+ï音并不是"基"的读音。又如："卷：居转切"，取"居"的声母j，"轉"的韵母uǎn，切出的j+ǔan（u在这里仍表合口介音）也不是"卷"的读音。这些例子也都表現为下字定韵不准。

显然可以看出，这里一些例子跟上面第九类一些例子是相对照的。上一类是被反切字和反切上字读zh、ch、sh、r声母的洪，要求把反切下字的细音改为洪音；这一类则是被反切字和反切上字读细音，要求把那读zh、ch、sh、r声母的反切下字的洪音改为细音。看了上一类关于改切之所以然的说明，便可以了解这两类实在是一种语音演变事实的两方面的表現，那末，对这里一类所以要作这样改切的理由便也可以得到了解。下面就举一些这一类之改切的实例。

（十.1）　ï改为i

还下字读开口"诗时始是"韵的，改为相应的齐齿"饑移倚義"韵。例如：

利　力至切　lì ←— l(i) + (zh)ì

易　以豉切　ì ←— (ǐ) + (sh)ì

（十.2）　u改为ü

还下字读合口"朱、除主住"韵的，改为相应的撮口"居魚與遇"韵。例如：

俱　舉朱切　jü ←— j(ü) + (zh)ü

裕　羊戍切　ǜ　⟵（iáng）＋（sh）ù

（十·3）　an 改为 ian

迁下字读开口"占缠展戰"韵的，改为相应的齐齿"焉延演豔"韵。例如：

嗹　力展切　liǎn　⟵ l（i）＋（zh）ǎn

延　以然切　ián　⟵（ǐ）＋（r）án

（十·4）　uan 改为 üan

迁下字读合口"專椽轉篆"韵的，改为相应的撮口"娟缘眷卷"韵。

缘　與專切　üán　⟵（ü）＋（zh）uān㊂

圈　渠篆切　jüàn　⟵ g（ǘ）＋（zh）uàn㊂

（十·5）　en 改为 in

迁下字读开口"真陳軫慎"韵的，改为相应的齐齿"因寅引印"韵。例如：

鄰　力珍切　lín　⟵ l（i）＋（zh）ēn㊂

印　於刃切　in　⟵（ǘ）＋（r）èn

（十·6）　uen 改为 ün

迁下字读开合"諄純準順"韵的，改为相应的撮口"均匀允俊"韵。例如：

允　余準切　ǚn　⟵（ǘ）＋（zh）uěn

（十·7）　eng 改为 ing

迁下字读开口"蒸繩整政"韵的，改为相应的齐齿"膺陵井勁"韵。

令　力政切　lìng　⟵ l（ǐ）＋（zh）èng

性　息正切　xìng　⟵ x（ī）＋（zh）èng

比如："鄰：力珍切"，下字"珍"的韵母是读 zh 声母的开口 en，en 跟被切字"鄰"的韵母齐齿 in 不相合，所以要

—65—

改为 en 为 in，改后才能切出"鄰"的读音。在第九类里，曾举过"珍：陟鄰切"，那是说的要改"鄰"的齐齿 in 为开口 en 韵以切"珍"字。第九类切"珍"要改"鄰"，本类切"鄰"要改"珍"，或改过来，或改过去，皆由声母不同类致使语音分化之故。根据已经分化之后的今音来看旧来的反切，不改则切不出正确的字音。至于被反切字跟反切下字的声母同类的，在分化中韵母就走同一条路子，那在今音看来就可以直接拼合，如第一类举过的"政：之盛切""舉：俱雨切"之类。"政" zhèng 和"盛" shèng 是同属于 zh、ch、sh、r 那一组声母的；"舉" jǔ 和"雨" yǔ 是同属于 b、p、m，l、j、q、x 和零声母（齐撮两呼的）那一组声母的。

杨中元缮

（殷焕先撰，1963 年山东大学中国语言文学系油印本）

广韵研究

第三部分　广韵的内容

第七节　广韵简介

一　由切韵到广韵

《广韵》是继承《切韵》而来的。《切韵》是反切注音法盛行以来的产物。要了解广韵，得先对《切韵》有个了解。

《切韵》成书是在公元601年，距反切发明（东汉末年，约公元200年）有400年了。这四个世纪里，反切注音法非常盛行。《颜氏家训》曾评论这种盛行情况为"音韵锋出"。反切用来替经籍注音，《经典释文》反映了这点；反切用来替通俗文字注音，《颜氏家训》反映了这点（《书证篇》说："《通俗》反音，甚为近俗"）；反切也用来研究文章音韵。《文心雕龙》反映了这点：真可谓风行一世。至于用反切来讨论字音的时代差异，方音的南北不同，以及对反切注音法的认识，也都可以从《颜氏家训》看出那一时代的盛况。

反切盛行刺激韵书的编纂。整理、类集反切的工作就必然走上编纂韵书的工作。对自己语言语音特性的认识和表达既已相当精密，这也就为韵书的产生准备好了条件。

最早的韵书当推魏李登的《声类》。其后晋吕静仿李登《声类》之法，作了《韵集》。这两书的体例如何，就待考订。据《封演闻见记》说："魏时有李登撰《声类》一卷，凡一万一千五百二十字，以五声命字，不立诸部"。

《魏书·江式传》说："吕忱弟静别放故左校令李登《声类》之法，作《韵集》五卷，宫商角徵羽各为一篇"。它们叙述《声类》《韵集》两书的体制是如此。

继李登吕静而起的有不少音韵学家编制了韵书，著名的如夏侯该《韵略》，阳休之《韵略》，周思言《音韵》，李季节《音谱》，杜台卿《韵略》等。但诸家对声韵的认识和处理是不一致的，这又要求作一番整理工作，划一工作，《切韵》出世就是要担负起这个使命。《切韵》是韵书风行之世的产物。

《切韵》作者是陆法言。他名词，"词"又写作"慈"。他一向留心音韵，在他四十多岁时，以当时一些音韵学家讨论决定的意见为依据，取材于诸家音韵、古今韵书，编成了《切韵》，他自己替《切韵》写《序》是在"大隋仁寿元年"，即公元601年。

《切韵》对它以前的韵书来说，是一部具有"集大成"和"总结"性质的韵书。

《切韵》被后人一些的音韵学家推崇为权威著作。长孙讷言评论它说："陆法言《切韵》，时俗共重，以为典规"。孙愐评论它说："……述作颇众，得失互分，惟陆生《切韵》盛行于世"。
此制可的古今，先以加也？王仁昫评论它说：
这些可谓交口赞扬。据记载，陆氏的《切韵》书成不久就流行甚广，几乎"家置一部"

《切韵》既然这样为人所推重，因而人们对它提高了要求[1]

[1] 比如正音、正义、正字、增注、增字等要求。

增字、增注，以及刊谬补缺等等增订工作，就时时有人在作，书名也相应的有更改，终于《切韵》转变成《广韵》。上举长孙、王、孙三人都是曾替《切韵》作过增订工作的。至于书名，或仍名《切韵》，或名《广切韵》，或以时代名之为《唐韵》，《广唐韵》。到了宋大中祥符元年，即公元1008年，陈彭年、邱雍参照了好多家《切韵》的本子修订《切韵》，书成，叫《大宋重修广韵》，后亦称《广韵》。

二　切韵广韵的本子

《切韵》《广韵》是汉语音韵方面极其重要的书籍，现在略述今日所得见的本子如下。

(甲)　切韵

(1) 蒋斧所藏唐写本《唐韵残卷》（国粹学报馆影印本）

(2) 故宫所藏唐写本王仁昫《刊谬补缺切韵》（北京延光室摄影本，上虞罗氏印秀水唐兰写本）。

(3) 王国维手抄巴黎国民图书馆所藏唐写本《切韵残卷》三种（王氏手写石印本）。

(4) 王国维摹日本大谷光瑞家藏唐写本《韵书断片》（有大谷《西域考古图谱》影印本，王氏摹入《韵学余说》，后又有《观堂别集后编》印本，附考证）。

(5) 刘复手抄巴黎国家图书馆所藏唐写本王仁昫《刊谬补缺切韵残卷》（《敦煌掇琐》刻本）。

(6) 魏建功抄巴黎国家图书馆所藏五代刻本《切韵残卷》（

共摄影片十六页，不全是一种书的残片）。

(7) 柏林普鲁士学院所藏唐写本《韵书断片》（摄影片两页，为两种书的残片）。

——以上韵书的残卷、断片共计九种，刘复、罗莘田两先生益以《大宋重修广韵》一种，汇为一种书，定名为《十韵汇编》，颇便于研究之用。

(8) 唐写本王仁昫《刊谬补缺切韵》（宋濂跋本，1947年故宫博物院影印）。

(9) 姜亮夫编《瀛涯敦煌韵辑》（有姜亮夫的论文）。

(乙) 广韵

(1) 古逸丛书覆宋本《重修广韵》（繁本）。

(2) 古逸丛书覆元泰定本《广韵》（简本）。

(3) 张氏泽存堂重刊宋本《广韵》（繁本）。

(4) 小学汇函张氏本《广韵》（即泽存堂本）。

(5) 小学汇函内府本《广韵》（简本）。

(6) 新化邓氏重刊张氏本《广韵》（即泽存堂本）

(7) 商务印书馆影印古逸本《广韵》（繁本）。

——以上七种为现在流行的本子。周祖谟先生校本，颇便于用。

赵少咸先生已写成《广韵疏证》，此书对《广韵》作了详细深入的校刊疏证，将给《广韵》研究工作以很大的便利和启发。 冯中元借

三 广韵一书的体制

广韵研究

（殷焕先撰，1963年山东大学中国语言文学系油印本）

广韵研究

《切韵》的体制是前有所承的。《广韵》继承了《切韵》的体制。《切韵》几经增订成为《广韵》，但在体制上没有变动。现在分项叙述《广韵》的体制。

(1) 分卷　《广韵》继承《切韵》，用声调分卷。当时汉语共有四个声调，就分为四卷；只是平声的字多些，又分上下，因而共得五卷。同一卷里只有同属一个声调的字而不掺杂别的声调的字。此所谓以四声为纲。如今本《广韵》各卷首题云："广韵上平声卷第一""广韵下平声卷第二"……"广韵入声卷第五"等。

至于"平""上""去""入"四个字，除了各个字可以代表它的本调类而外，还具有描调值的作用。"平""上""去""入"是当时调类标目字，也是当时的调类描写字。这四个字《切韵》前有所承，《广韵》也沿用。

(2) 分韵　同一个声调的字同在一卷里，在一卷里又用韵作单位。同属一韵的字，聚在一起，称为一韵。同一个韵里原则上不掺杂其他韵的字。此所谓以韵为纬。《切韵》《广韵》都是这样，不过有的韵同韵字实在太少，为了省事就不替它特立一韵，就把这零星的字寄放到相邻的（发音也是相近的）韵里。这比如二冬的上声只有一个"湩"字，这个字就放到三鍾的上声二腫韵里，"湩"下注云："此是冬字上声"。

整个一个韵叫"大韵"。

《切韵》到《广韵》，大韵的数目有增加。

(3) 韵目　某一个韵有个名称，如"東""冬""鍾""

江"之类。这个名称字是从同属一韵的字里选出来以之作这个韵的标目的。"東""冬""鍾""江"等是韵的标目字。这些标目字《切韵》以前有所承,《广韵》也承用《切韵》的。为什么要用"東"等字作标目字,原因还说不准。

韵的标目字也是一个韵的开头字。如一東韵开头一个字就是"東"字,等等。

平声一个韵的韵目字与这个韵上去入韵的韵目字,一般是声母相同的字。如"江、讲、绛、觉"是一个韵的平上去入四个韵的标目字,这四个标目字同是中古見母字。这看来不是无意的安排。

(4) 韵次 一个韵的后面该接什么韵,一组韵后面该接什么韵,《切韵》已是前有所承,看来也并不是个漫不经心的安排。比如"東冬鍾江"四个韵相邻次,可算作一组。这一组韵都是收[ŋ]尾的,在当时读音也相近。又如"支脂之"三个韵相邻次,可算作一组,这组韵都是元音韵(开尾),在当时读音也相近。

《广韵》韵次可说同于《切韵》,用的是:一東、二冬、三鍾、四江、五支、六脂、七之……。"一""二"等数目就是标明韵次的。各个调类的标韵次的数码各个调类自为起讫,如平声"一東、二冬……",上声"一董、二腫……",去声"一送、二宋……",入声"一屋、二沃……"至如平声下卷《广韵》是"一先、二仙……",这样,那就是各卷标韵次的数码各卷自为起讫了。

广韵研究

上去入韵的韵次依照平声韵次来安排。这从上例可以看出来。比如二冬韵在一東韵之后，二冬的入声沃韵也就排在一東韵的入声屋韵之后。

在韵次上，[m]尾韵跟[ŋ]尾韵在《切韵》里有穿插的安排，《广韵》是增订后的韵次，[m]尾韵都集中在一起了。

(5) 小韵　韵里一个音节为一个小韵，小韵把一个音节里的同音字聚在一起。有的小韵没有同音字，这比如平声五支韵的小韵"虧"就只有一个"虧"字。有的小韵同音字很多，这比如下平声十五青韵的小韵"靈"就有同音字80多个。有没有这个小韵以及这个小韵该有多少同音字，这当然要看当时实际语音情况和比较常见的字的多寡而定。不过这两项后人都有所增加，今《广韵》要比原本《切韵》多出些小韵来，小韵同音字也增多。

一个小韵的开头一个字多是常用字。这样当然便利于应用。

同音的字都安排在同一个小韵里，同音字不会被安放在两处，如果有安放在两处的，那其中的一个很可能是后人增订时加进来的。

一个小音后面该接上哪一个声母的小韵，《切韵》和《广韵》都是任意的，这两部韵书都没有应用声母的类的次序来安排小韵。比如《广韵》一東韵的小韵"東"的后面接着出现的小韵是：

東（端，一等）

同（定，一等）、中（知，三等）、蟲（澄，三等）、終（照，三等）、忡（徹，三等）、崇（牀，三等）

……

此后又隔了好多小韵才出现跟"東""同"发音部位相同的"通（透、一等）"小韵。总之，小韵的安排不是以声母的次序为次序的。《集韵》在小韵安排上就进了一步，这是受了等韵学的影响。

(6) 注文： 《广韵》每个字下面都有注文，注文都是小字夹注。注文主要是注音，其次是注义。

小韵第一个字下面必须注音，注音是用的反切。比如一東韵开头的"東"小韵下注云："德红反"。跟在"東"字后面的一些同小韵的字因为与"東"字同音，就不再注音。

小韵第一个字的注音也有用"纽四声法"的，这是特殊现象。比如上声四十二拯韵"拯"下注云："无韵切，音蒸上声"（当时音韵家对这个字都这样注，大概因为这韵没有常见的字可作反切下字）。

如果一个字有又读，往往也注明出来。又音就注在有又读的该字之下，并明言是"又"音。注明又音或用反切形式，或用直音形式，没有一定。比如"東"小韵下第四个字"𫏕"下注云："又音陳、音練"，第九个字"涷"下注云："又都贡切"。又音只管到被注又音的字，不与它前后的字相干。

注文也注明异体字、正俗字等。比如"東"小韵下第二个字"菄"下注云："俗加艹"，第三个字"鶇"下注云："亦作䳉"。又如第六个字"倲"下注云："上同"，这是说"倲"字跟在它上面的一个字（即第五个字）"𠍀"是同字异体。

小韵第一个字的反切下面有个数目字的注文，这个数目字是

— 74 —

注明这个同小韵字（即同音字）的共有的字数的。比如"东"小韵注文"德红反"下接着有"十七"数字。这是说这个小韵中同音字共有十七个（连"東"在内，大字异体字算，夹注中注出的异体字不算。比如上平"菄"字、"倲"字各算一个字，而"鶇"字不算在十七字之内）。

注文的训释原是为定音用的。比如上声二腫韵读"之隴切"的"种"字，下注云："種類也"；去声三用韵读"之用切"的"種"字，下注云："種植也"。这就是说，"種类"的"種"才读上声"之隴切"，"種植"的"種"才读去声"之用切"。

训释的注文在增订中也有增加，比如"東"字，宋濂跋本《切韵》训释只有"木方"二字，而今《广韵》，训释竟多到200余字。这是在"家置一部"的盛况下，人们又要求韵书又兼有字典之用的结果。

《广韵》的体制主要如此[1]。

[1]《广韵》每一卷卷首的韵目下面，注有"同用""独用"字样，比如"東第一"下注云"独用"，"冬第二"下注云："鍾同用"。戴東原《声韵考》卷二引《封演闻见记》（卷二）云："先仙删山之类分为别韵，属文之士，共苦其苛细；国初许敬宗等详议，以其韵窄，奏合而用之。"《声韵考》卷二又引《玉海》（卷四十五"景德新定韵略"條）云"《韵略》五卷，景德四年，龙图阁待制戚綸等承詔详定考试声韵，綸等以殿中丞丘雍所定《切韵》同用独用例及新定条例参定"。"同用、独用"是为属文之士考试声韵定的，与韵书体制无关。

第八节　广韵的声母

一　三十六声母与"三十六字母"

直到《切韵》成书的601年，汉语音韵学家没有替汉语的声母作出类的叙述，虽然汉语双声特性被认识很早，虽然反切注音方法已用了四个世纪，虽然声母间细微的差别已被察觉到。

从《切韵》可以看出：隋、唐韵书在对汉语语音声调韵的称名上，讲韵，有"東""冬""鍾""江"等这样的标目；讲调，有"平""上""去""入"这样的标目，但是，在讲声方面却显得没提出什么。如前面所说，汉音韵学家在选用韵和调的标目字上是精到的，而这个标目字都没替声母提出。

汉语声母，直到了守温"三十六字母"才有像韵的"東""冬"等和调的"平""上"等那样的标目，当时称之为"字母"，这就是"見、溪、群、疑，端、透、定、泥"等等。当然，这"三十六字母"并不是一次就发展到成熟的地步连次序也一下子就排得很为合理的。

从宋代以后，讲声就都沿用这"三十六字母"。并且，"三十六字母"的类的组别也影响了韵书的编纂体制，使韵书体制在声的类次上也具有条理、合乎科学。像吴棫《韵补》、韩道昭《五音集韵》、黄公绍《韵会》，对于各韵里的字，都依照字母来排比，这是韵书用字母分声类排比的创始。清初李光地作《音韵阐微》，也是这样排比的。比起《切韵》、《广韵》的不按声母次序排对要整齐得多了。这也是韵书编纂体例上的大一进步。

但是，字母比起韵书来，它是后起的东西。字母的创制又不是完全以《切韵》《广韵》等所代表的语音为根据的。所以，"三十六字母"系统跟《切韵》《广韵》等韵书所代表的声母系统颇有出入。宋、元的等音韵学家没有替《广韵》的声母系统作考订，直到清代音韵学家陳澧才把《切韵》的声母作为它自己所代表的语音系统来研究。

陳澧在他所作的《切韵考》里，根据《广韵》考订出《切韵》所代表的语音声类（即声母）数是四十，这与三十六母不同。把《切韵》音声母三十六字母脱离开来，这是音韵学上一件大事。其后，在这方面下了工夫研究《切韵》音到底有好多声母的音韵学家有：黄侃、钱玄同、白涤洲、曾运乾、李荣、高本汉等。他们所得的结果并不一致，但都说明《切韵》音声母跟"三十六字母"是两回事。

音韵学家王了一在前期著《中国音韵学》时（1936年），采用了白涤洲、高本汉等人的说法，认为其时声母有四十七（参王了一《汉语音韵学》188——198页。《汉语音韵学》是《中国音韵学》的增订本）；最近著《汉语史稿》（1957年），基本上采用李荣的说法，认为其时文语学言书面语语音系统有声母三十六（参王了一《汉语史稿》49——50页）。现在我们就采用三十六声母的说法。应当注意的是，《切韵》音的三十六声母跟三十六字母，数目虽同，但实质并不相同。

三十六字母与中古音声母对照表

三十六字母	陳澧四十类	白涤洲四十七类	王了一三十六类
見	見	古 居	見 [k]
溪	溪	苦 去	溪 [k']
群	群	渠	群 [g']
疑	疑	五 鱼	疑 [ŋ]
端	端	都	端 [t]
透	透	他	透 [t']
定	定	徒	定 [d']
泥	泥	奴	泥(娘) [n]
知	知	陟	知 [ȶ]
徹	徹	丑	徹 [ȶ']
澄	澄	直	澄 [ȡ']
娘	娘	女	(併在泥)
帮	帮	博	帮(非) [p]
滂	滂	普	滂(敷) [p']
並	並	蒲	並(奉) [b']
明	明(微)	莫	明(微) [m]
非	非	方	(併在帮)
敷	敷	芳	(併在滂)
奉	奉	符	(併在並)
微	微	武	(併在明)
精	精	子	精 [ts]

[illegible] 刘[illegible]康校

—78—

清	清	七	清 〔ts'〕
從	從	昨	從 〔dz〕
心	心	蘇	心 〔s〕
邪	邪	徐	邪 〔z〕
照	莊 照	側 之	莊 〔tʃ〕 章 〔tɕ〕
穿	初 穿	初 昌	初 〔tʃ'〕 昌 〔tɕ'〕
牀	牀 神	士 食	崇 〔dʒ〕 船 〔dʑ〕
審	疏 審	所 式	山 〔ʃ〕 書 〔ɕ〕
禪	禪	時	禪 〔ʑ〕
影	影	烏 於	影 〔ʔ〕
喻	喻 為	以 于	餘 〔0〕 雲 〔j〕
曉	曉	呼 許	曉 〔x〕
匣	匣	胡	匣 〔ɣ〕
來	來	郎 良	來 〔l〕
日	日	而	日 〔nʑ〕

二　广韵声母的考訂

《广韵》在清代很受到古韵学家的重視，像顾炎武、江永等古韵学家都曾对《广韵》作过研究，但对《广韵》的声母是如何，未能提出什么发明，摆脱"三十六字母"的拘束，探讨《广韵》声母的真实情况，这要推陳澧。

陳澧，字蘭甫，广東番禺人。生于1810年，卒于1882年（清嘉庆15年）——光緒8年）。他精研小学，在音韵上着有《切韵考》。《切韵考》是凭借《广韵》来考訂《切韵》的本来面目是怎样，主要是考訂《切韵》的声母和韵母的。《切韵考》是学习《广韵》一部很重要的参考书。

陳澧在考訂《切韵》声母上所面临的问題是这样的：原来，反切原则只是规定了反切上字要与被反切字同声母，而对反切上字于同一声母该用哪几个字来表示声母，却未給出规定。因之，声母相同而反切上字各异的情况是常見的。反切上字既是这样，在语音有了变化之后，后人就不易弄它們所代表的声母是如何。从下面例子可以体会到后人通过反切来了解《广韵》声母并非易事。比如：

支：章移切　　脂：旨夷切；　　之：止而切　　这里，"支""脂""之"三个字，虽然同属一个声母，但后人从反切上字看却不敢断定在中古声母究属如何，因为又如还有如下的反切，比如：

莊：側羊切　　臻：仄詵切　　裝：争义切

冢：知隴切　　張：陟良切　　囀：知戀切

后人看反切，不能断定"莊""臻""裝"三个字中古是否是同属一个声母，不能断定"冢""張""囀"三个字中古是否同属一个声母。事实上上述三组字，在中古各組间声母不同，各組里三个字声母相同。在中古，"支"三个字同属"章"母；"莊"三个字同属"莊"母；"冢"三个字同属"知"母，后人只能說这三組字声母不一定相同，这就不敢断定这九个字古代声究竟有无差別。为此，就要把中古音声母到底如何这一问题提出来讨论。

陳澧利用《广韵》反切材料丰富，提出著名的"系联法"。系联法用在考订声母上，其根据和方法《切韵考》（卷一"條例"）有説明：

切語上字与所切之字为双声，則切上字同用者、互用者、递用者，声必同类也。同用者，如："冬：都宗切""當：都郎切"，同用"都"字也。互用者，如："當：都郎切""都：當孤切"，"都""當"二字互用也。递用者，如："冬：都宗切""都：當孤切"，"冬"字用"都"字，"都"字用"當"字也。今据此系联之，为切語上字四十类。

这就是取反切的"上字定声"的原則作系联法的根据，即是取"被反切字与反切上字的声母相同"作根据。比如看了"支：章移切"，"脂：旨夷切""之：止而切"之后，根据反切的"上字定声"的原則，就可以断定：在声母上，

支 ＝ 章 ①

脂 ＝ 旨 ②

之 ＝ 止 ③

不过"支"跟"脂"声母关系如何，或"支"跟"之"声母关系如何，等等，就不能加以断定。但反切的材料是丰富的，这就可以利用别的材料来作"沟通"（系联），比如："章：诸良切""旨：職雉切""止：諸市切""職：之翼切"等等反切，可以断定，在声母上，

章 ＝ 诸 ④

旨 ＝ 職 ⑤

止 = 諸 ⑥

職 = 之 ⑦

等等。有了这些断定，就可以用"支=章""章=诸"得出：

支 = 诸 ⑧

这就把"支"跟"諸"系联上，断定"支"跟"諸"同声母。这就又可以从

支 = 諸 ⑤

止 = 諸 ⑥

之 = 止 ③

職 = 之 ⑦

来断定"支""脂""之"三个字声母在中古相同，当然也可以断定"支""章""脂""旨""之""止""诸""職"这一批字声母在中古相同。这样继续系联下去，中古同声母的所有的字都可以系联在一起。

系联法主要关键就是如此。

系联法是个科学的方法，虽然还不是完美无缺的方法。

陳澧得了四十类之后，异于陳氏的结论的有几种说法，简述如下。

黄侃先生早年曾有四十一类的说法，比陳澧四十类又分了"明""微"。晚年也用了五十一类的说法。

钱玄同先生分四十六类，比陳澧再分"見、溪、疑"各为二，"明、微"为二，"影、曉"各为二。

趙世忠先生分四十六类，比钱"影"不分，而"來"分为二。

广韵研究

（殷焕先撰，1963 年山东大学中国语言文学系油印本）

白滌洲先生的四十七类，比钱、趙“影”“来”都各分为二。高本汉氏亦主四十七类的说法。

主張五十一类的有黄侃、曾运乾、陸志韋、周祖谟诸音韵学者。主要是比四十七类又把“精、清、從、心”四母各分为二。

近来李荣先生王了一先生均有三十六类的说法。李比陳澧四十类是合併了“帮、非”“滂、敷”“並、奉”“泥、娘”“匣、于雲”，但又分“脉”母为二：“崇、俟”。合併了五个，分出了一个，总共三十六类。

王比陳是合併了“帮、非”“滂、敷”“並、奉”“泥、娘”。合併了四个，故为三十六类。

王氏最近用的三十六类是比较合理的，但匣于未始不可以合併。讲义姑遵用王氏的三十六类。

第九节　广韵的韵母

一、二百零六韵

《广韵》共二百零六韵。这里所谓韵，如“東”“冬”“鍾”“江”之类，有一个韵目就算一个韵。二百零六韵是四个声调的韵合计总数。

从《切韵》到《广韵》，韵数是有变动的。主要是：《切韵》共一百九十三韵，（王仁昫《刊谬补缺切韵》共一百九十五韵，）《广韵》共二百零六韵。变动是由少到多。

这种数目的变动，并不影响《切韵》《广韵》的编纂体制，也不影响它们所代表的音韵系统。多出韵来的原因在于《广韵》

把一些"开合同韵"的韵改为开合各韵(独韵)。《广韵》改了三韵,两韵是有平上去入的,一改就是"四"分为"八";一韵是只有平上去的,一改就是"三"分为"六"。这样,《广韵》就比王韵的一百九十五韵多出千一韵。分开合的韵是:

	切韵	广韵
开 合	真 軫震質	真 軫震質 諄 準稕術
开 合	寒 旱翰曷	寒 旱翰曷 桓 緩換末
开 合	歌 哿箇	歌 哿箇 戈 果過

至于一百九十三韵的《切韵》是比一百九十五韵在上声少"广(iǎn)"韵,去声少"嚴(釅iàn)"韵。现把三种韵数列表如下:

	平	上	去	入	共计
切韵	54	51	56	32	193
刊谬补缺切韵	54	52	57	32	195
广韵	57	55	60	34	206

《广韵》有二百零六韵,在韵上可谓丰富。对于这种丰富,有两种不同的意見,一是认为这种丰富,是当时实际语音的反映;一是认为当时语音实在不得入此丰富,二百零六韵乃综合古今南北而有。这个问题直到现在还有讨论,这里略举前人之说。 杨宁元信

戴震说:"……僕因究韵书之善呼……盖定韵时有意求密

用意太过，强生轻重”（《答段若膺论韵书》）。

段玉裁说：“陆法言切韵……皆就其时之音读参校异同，定其远近洪细，往往有意求密，而用意太过，强生区别（《六书音韵表·序》）。

章太炎说：“……不悟《广韵》所包兼有古今方国之音，非并时同地得有声势二百六种也（且如东“冬”于古有别，故《广韵》两分之，在当时固无异读，是以李涪《刊误》以为不须区别也。“支”“脂”“之”三韵惟“之”韵无合口音，而“支”“脂”开合相间，必分为二者，亦以古音不同，非必唐音有异也。若夫“東鍾”“陽唐”“清青”之辨，盖由方国殊音，甲方作甲音者，乙方作乙音，乙方作甲音者，甲方或又作乙音，本无定分，故殊之以存方语耳）”（《国故论衡》上）。

以上三说，都对《广韵》代表语音系统方面，提出不信任。

江永说：“……若夫‘東、冬、鍾’‘支、脂、之’别之为三，‘寒、桓、删、山’‘蕭、宵、肴、豪’析之为四；‘江’次‘冬、鍾’，不随‘陽、唐’，‘侯’间‘尤、幽’，不厕‘魚、模’；此类盖因当时通行之音，审其粗细，以别部居……”（《古韵标準、例言》）。

江氏是承认这种分得细密実有当时的实际语音作根据的。又如他说：“且谓书之有‘侯’‘厚’‘候’三韵，亦非编书者所能为，自是溥天之下有此音”。可見江氏承认二百零六韵有其语音依据，意思是很明显的。

二　广韵韵母的考訂

江永谈到二百零六韵时，又说过这样的话："……夫音韵精微，所差在毫厘间，即此二百六部者，吾尚欲条分缕析，以别音呼等第，以寻其派脉絡……"（《古韵标準·例言》）；又说："……若一部之中，同韵异等如"公""宫"；同母异呼如"饑""龟"；同音异字如"岐""奇"；皆别其音切不令淆混。由当时反切等韵之理大明，故能条分缕析……"（同上书）。按照江永的意見，二百零六韵实在还要再細分的；因为《广韵》一书本身就反映了这种細微的差异。

江永自己作了这个"条分缕析"工作[1]；其后把这个工作作得出色的是陳澧。

陳澧作这个工作，也是用的著名系联法。他曾说过他的系联法的根据和方法，并说出他对这种条分缕析的认识，他说：

> 切韵下字与所切之字为迭韵，则切语下字同用者、互用者、遞用者，韵必同类也。同用者，如："東：德红切""公：古红切"，同用"红"字也。互用者，如："公：古红切""红：户公切""红""公"二字互用也。遞用者，如："東：德红切""红：户公切"，"東"字用"红"字，"红"字用"公"字也。今据此系联之，为每韵一类、二类、三类、四类（《切韵考·条例》）。

> 《广韵》平上去入二百六韵，必陸氏《切韵》之旧也。夫韵部分至二百六，固已多矣。今以其切语下字考之，有一

[1] 江氏参考周秦音作《四声切韵表》。

韵只一类者，有一韵而分二类、三类、四类者。平上去入四声相承之四韵：一韵一类，则余三韵亦一韵一类；分二类、三类、四类，则余三韵亦二类、三类、四类。亦有相承而少一类者，则其切语系联不可分故也。孙愐曰："若细分条目，则令韵部繁碎，徒拘桎于文辞"（《唐韵·序·后论》）。今每韵分析二类、三类、四类，不嫌繁碎，此编考覈声韵，非为文辞而設也（《切韵考》卷三）。

由此可見，陳氏认为这种"繁碎"是《切韵》分韵就是这样，《切韵》所反映的当时语音系统分韵就是这样。至于系联法，用在考订韵母上的也同于用在考订声母上的，这里就不再加解释。

陳澧考订的结果，除了个别韵类分合有可商之处，大体都为后来学者所赞同。用現在的话来说，《广韵》的所谓"韵"像"東""冬""鍾""江"之类，其一韵一类的，就是一韵只包含一个韵母，比如"冬"韵里，韵里所有的小韵（音节）都读[uŋ]韵母；其一韵二类、三类、四类的，就是一韵包含了因"等""呼"等的不同而读音有异的两个、三个或四个韵母，比如"東"韵包含[uŋ][ĭuŋ]两个韵母，"麻"韵包含[a][ĭa][wa]三个韵母等等。

由此可見，研究《广韵》，应当注意到它的"韵"并不等于"韵母"。餅韵母来算，《广韵》韵类超出三百，实不止二百零六。

下面用简表说明陳澧考订韵类的结果。

广韵韵类表

蒙：莫红 1.東 瞢：莫中	1.董	䜜：千弄 1.送 𢊍：千仲	木：莫卜 1.屋 目：莫六
2.冬	(湩)	2.宋	2.沃
3.鍾	2.腫	3.用	3.烛
4.江	3.講	4.絳	4.覺
詑：香支 犧：許羈 5.支①麾：许为 隓：许规	枳：居纸 掎：居绮 4.纸①詭：过委 彼：甫委 俾：并弭	縊：於賜 餧：於伪 5.寘恚：於避 臂：卑義	
鬐：渠支 6.脂逵：渠追 葵①：渠追	几：居履 5.旨軌：居洧 癸：居誄	冀：几利 6.至①媿：俱位 季：居悸	
7.之	6.止	7.志	
威：於非 8.微 依：於希	磈：於鬼 7.尾 扆：於豈	魏：魚貴 8.未 毅：魚既	
9.魚 10.虞 11.模 雞：古奚 12.齐 圭：古攜	8.語 9.麌 10.姥 11.荠	9.御 10.遇 11.暮 奚：胡计 12.霁 慧：胡桂	
		祭：子例 13.祭 蕝：子芮	
		泰：他盖 14.泰 娧：他外	
佳：古膎 13.佳 媧：古蛙	12.蟹	卦：古賣 15.卦 懈：古隘	

88

杨中元[illegible]
刘克庚校

肯：古諙 14.肯 乘：古怀	13.駭	怪：古壊 16.怪 誡：古拜	
		尖：古邁 17.尖 蠆：丑介	
15.灰	14.賄	18.隊	
16.咍	15.海	19.代	
		20.廢	
因：於真 17.真 䲉：於巾 贇：於倫	泯：武盡 16.軫 愍：眉殞	21.震	一：於悉 5.質 乙：於筆 率：所律
18.諄	17.準	22.稕	6.術
19.臻			7.櫛
20.文	18.吻	23.問	8.物
21.殷	19.隱	24.焮	9.迄
元：愚袁 22.元 言：語軒	婉：於阮 20.阮 偃：於幰	怨：於願 25.願 堰：於建	鱖：其月 10.月 𧿹：其謁
23.魂	21.混	26.慁	11.沒
24.痕	22.很	27.恨	
25.寒	23.旱	28.翰	12.曷
26.桓	24.緩	29.換	13.末
姦：古顏 27.刪 关：古还	僩：下赧 25.潸 睆：户板	諫：古晏 30.諫 慣：古患	戛：古黠 14.黠 劀：古滑
閒：古閑 28.山 鰥：古頑	𩢱：初限 26.産 𢜝：初綰	莧：侯襉 31.襉 幻：胡辦	鶻：古鎋 15.鎋 刮：古頞
堅：古賢 1.先 涓：古玄	峴：胡典 27.銑 泫：胡畎	見：古電 32.霰 睊：古县	結：古屑 16.屑 玦：古穴
焉：於乾 嬽：於权 2.仙 娟：於缘	膳：旨善 剸：旨兖 28.獮	戰：之膳 剸：之囀 33.線 缮：时戰	哲：陟列 輟：陟劣 17.薛 㔋：丑列

89

		榩：时釧	竄：丑悦
3.蕭 䴔：甫遥 4.宵 鑣：甫嬌	29.篠 藨：平表 30.小 標：符小	34.嘯 妙：弥笑 35.笑 廟：眉召	
5.肴	31.巧	36.效	
6.豪	32.晧	37.号	
7.歌	33.哿	38.箇	
遳：七戈 8.戈 脞：醋伽	34.果	39.过	
奓：陟加 檛：陟瓜 9.麻爹：陟邪	馬：莫下 乜：弥也 35.馬下：胡雅 踝：胡瓦	嚇：呼訝 化：呼霸 40.禡夜：羊謝 謝：辞夜	
強：巨良 10.陽 狂：巨王	響：許兩 36.養 怳：許往	向：許亮 41.漾 況：許訪	噱：其虐 18.藥 戄：其籰
航：胡郎 11.唐 黃：胡光	沆：胡郎 37.蕩 晃：胡廣	鋼：古浪 42.宕 桄：古曠	落：盧各 19.鐸 礿：盧穫
庚：古行 觵：古橫 12.庚驚：举卿 閉：甫盲 兵：甫明 甖：烏莖 13.耕 泓：烏宏	梗：古杏 礦：古猛 38.梗警：居影 憬：俱永 39.耿	瀴：於孟 映：於敬 43.敬孟：莫更 命：眉病 蝗：户孟 44.諍	格：古伯 戟：几劇 20.陌虢：古伯 隔：古核 21.麥 蟈：古獲
嬰：於盈 14.清 縈：於營	郢：以整 40.静 潁：餘頃	45.勁	皵：七迹 22.昔 狊：七役
經：古奚 15.青 扃：古螢	剄：古挺 41.迥 熲：古迥	46.徑	激：古歷 23.錫 郥：古闃

— 90 —

祁彦康校

16.蒸	42.拯	47.證	24.职
栖：古恆			祴：古得
17.登	43.等	48.嶝	25.德
肱：古孔			國：古或
18.尤	44.有	49.宥	
19.侯	45.厚	50.候	
20.幽	46.黝	51.幼	
愔：挹淫	拎：丘甚		揖：伊入
21.侵	47.寝	52.沁	26.缉
音：於金	顩：欽錦		邑：於汲
22.覃	48.感	53.勘	27.合
23.談	49.敢	54.闞	28.盍
懕：一鹽	黶：於琰	厭：於艷	
24.鹽	50.琰	55.艷	29.葉
淹：央炎	奄：衣儉	俺：於驗	
25.添	51.忝	56.㮇	30.帖
26.咸	52.豏	57.陷	31.洽
27.銜	53.檻	58.鑑	32.狎
28.嚴	54.儼	59.釅	33.業
29.凡	55.范	60.梵	34.乏

陳澧于韵类下往往加注语，申明以下事项：

① 申明声同类，以見其韵当为不同类。比如五支下注语说："香，许声同类"，意思是说：詑：香支，~~羁不应同类。这种推订方法~~ 犧：许羁两音，其切语上字香、许既同类，则其下字支、羁必不同类。这种推订方法，也是系联法主要内容之一。像这样的注语还見于以下的各韵类之下。

平声： 支、元、戈、侵、鹽；

上声： 纸（居、过；甫、弃）、軫、獮、小、馬（莫、弥）、梗（古、居、俱）、静、寝、琰；

去声：至（几、俱、居）、櫚、笑、敬（箕、眉）；

入声：陌（古、几）、缉。

② 申明切语下字为借字，以明借与所借，应各成一类。比如六脂“葵：渠追”下云：“葵字无同类之字，故切语借用追字”。意思是说：葵虽用追作切语下字，但系借用，葵、追仍应各成一类。像这样的注语还见于以下的各韵类之下。

平声：脂（葵、追）；

上声：□；

去声：寘（臂、義）、夬（蠆、介）、敬（蝗、孟）；

入声：質（率、律）、陌（虢、伯）。

③ 申明平上去入相承的各韵，所含的韵类数不能一致。比如一董下注语说：“此韵与一東相承，一東二类，此韵只一类”。这种韵类数不一致的情况，看上表自明，表里其余同样情况，便不再加注号。

④ 申明以平上去入相承各韵所含韵类数相比，推定某韵应为若干类。比如四十禡下注语说：“……此韵与九麻、三十五馬相承，九麻、三十五馬皆三类，此韵亦三类无疑也。”。这也是推订韵类的方法之一。

至于表中注号⑤，乃表示韵中此两韵类实属一类。比如四纸韵“詭⑤彼⑤”，意思是说：“詭”、“彼”实同一类。

三 等呼

—— 92 ——

广韵研究

音韵学传统说法有"四等二呼"，韵图就是用"等""呼"的分类来替韵列图的。

"等"指音的"洪""细"。

"呼"指唇的"开""合"。

语音是时时变化着的，古今"等""呼"的实质不尽相同，这是应当注意的。后人有根据自己口语来探讨和评论中古等呼的，那当然不能得其真相，不能取得正确的认识。

章太炎曾经说："齐宋以降，或谓圆口开口皆四等，而同母同收音可分为八，乃是空有名言，其实使人哽介不能作语"；又说："验以见母收舌之音，昆圆口 君撮口 根开口 斤齐齿 以外，复有他声可容其间耶"。(《国故论衡·音理论》)。章氏音韵造诣甚高，但这里的一番"以今衡古"的话则是一失。他的学生黄季刚先生就不从他的老师而主张四等说。

江永曾替传统上的等呼作出解释，他的解释被认为是合理的。音韵学者常引用他的话。

他解释等说：

一等洪大，二等次大，三四皆细，而四尤细。(《音学辨微·辨等列》)

他解释"呼"说：

音呼有开口合口，合口者吻聚，开口者吻不聚也。(《音韵辨微·辨开口合口》)

应当注意，"等"跟语音学上的"开闭"并不完全相同。

也应当注意，"呼"跟今日"开齐合撮"里的"开合"也并完全相同。

音韵学上对"等呼"的"四等二呼"转变为今日的"开齐合撮"的"二等二呼"，其中有语音演变的认识，有"等呼"术语意义的认识，在立名上有过曲折[1]。应当知道，今日的"开口呼""齐齿呼""合口呼""撮口呼"是综合"等""呼"两方面立名的。

《广韵》各韵里的韵母（韵类）的差别，是等的方面或呼的方面的差别，或者是等和呼两方面的差别。如前所举，"东"韵里[uŋ]与[ĭuŋ]（"蒙"与"瞢"）之间是等的差别，"麻"韵里[a]与[wa]（"下"与"踝"）之间是呼的差别，而[ĭa]与[wa]（"也"与"踝"）之间则是"等"和"呼"两方面都有差别。

下面用简表说明"四等二呼"。

四等二呼示意表

等＼呼	开口			合口		
一	干	該	珊	官	傀	酸
二	姦	皆	删	关	乖	○
三	甄	○	羶	勬	○	○
四	坚	雞	先	涓	圭	○

看上表可以知道，古代"等"与"呼"是两回事。下面再把上表里的字依今读改为今"开齐合撮"来表示。

杨竹元信刘东条校

[1] 参罗常培先生《等呼观念演进表》（《汉语音韵学导论》，(页)。

开齐合撮示意表

合呼 今类名 等	开	合
洪音	开口呼 干 該 珊 删 羶	合口呼 官 傀 酸 关 乖 圭
细音	齐齿呼 姦 皆 甄 坚 雞 先	撮口呼 勸 涓

看上表，可以知道现在"开齐合撮"四呼的实质——今四呼是综合"等"与"呼"两者立名的。

把上面两个表对照起来看，应当注意：中古的一二三四等转为现代的洪细，情况是复杂的，大要情况是：

古今等呼演变示意表

中古	开	合	现代
一	干 該 珊	官 傀 酸	洪
			细
二	删	乖	洪
	姦 皆		细
三	羶		洪
	甄		细
四		圭	洪
	坚 雞 先	涓	细

看上表应当注意：中古"等"与现代"洪细"对应上的不齐一的原因，其中关涉到是什么声母，是什么韵母。比如：同是牙音、合口的"涓"和"圭"，但因"涓"收[n]尾，"圭"收无音尾，前者由中古四等转为现代的细音撮口呼；而后者则由中古四等转为现代的洪音合口呼。

由此可知，如果认为：中古一二等对应现代洪音；中古三四等对应现代细音——那是把问题没看得透。

四　广韵声韵拼合规律

正与现代汉语声韵拼合有其一定规律一样，《广韵》的声韵拼合也有其一定规律。

声韵拼合规律，提出来很早。在韵图之内的书里就有所论说(如《四声等子》)或编为简要的歌诀，比如：

端精二位两头居　　知照中间次第呼
来晓见帮居四等　　日非三等外全无[1]

又如：

见溪群疑四等連　　端透定泥居两边
知徹澄娘中心纳　　帮滂四等亦俱全
更有非敷三等数　　中间照審义幽玄
精清两头为真的　　影曉双飞亦四全
来居四等都收后　　日应三上是根源[2]

清代音韵学家江永也曾应用韵的等来说明他对《广韵》声韵拼合规律的观察。他说：

[1] 《经史正音切韵指南》(卷首)"明等第"。又引在《康熙字典》(卷首)的《等韵切音指南》，题"明等第法"，末句作"轻唇三等外全无"。
[2] 《切韵指掌图》：邵光祖《检例》。

殷焕先缮　刘克康校

广韵研究

“一等：有牙；有舌头；有喉；无舌上；有重唇，无轻唇；有齿头，无正齿；有半舌，无半齿。而牙音无群，齿头无邪，喉音无喻。通得十九位：见、溪、疑；端、透、定、泥；帮、滂、並、明；精、清、從、心；晓、匣、影；来也。

“二等：有牙、有喉；有舌上，无舌头；有重唇，无轻唇；有正齿，无齿头；有半舌，无半齿。而牙音无群，正齿无禅，喉音无喻。亦通得十九位：见、溪、疑；知、彻、澄、娘；帮、滂、並、明；照、穿、牀、审；晓、匣、影；来也。

“三等：有牙；有舌上，无舌头；有喉；有半舌，有半齿；有正齿，无齿头。而唇音不定：或有重唇，或有轻唇；喉音则无匣母。通得二十二位：见、溪、群、疑；知、彻、澄、娘；照、穿、牀、禅；晓、影、喻；来；日；及唇音之四母也。

“四等，与一等同：有牙；有喉；有舌头，无舌上；有重唇，无轻唇；有齿头，无正齿；有半舌，无半齿。而牙音有群，齿头有邪，喉音有喻。亦通得二十二位：见、溪、群、疑；端、透、定、泥；帮、滂、並、明；精、清、從、心、邪；晓、匣、影、喻；来也。”[1]

江氏的说明已较细致，现在再列一简表于下，以资比较。应当熟悉这些歌诀、说明和图表。

[1] 《四声切韵表·凡例》

广韵声韵

等	開合	影	喻(以)	為(雲)	曉	匣	見	溪	群	疑	端	透	定	泥	來	知	徹	澄	娘
一等	開	+	○	○	+	+	+	+	○	+	+	+	+	+	+				
一等	合	+	○	○	+	+	+	+	○	+	+	+	+	+	+				
二等	開	+	○	○	+	+	+	+	○	+					+	+	+	+	+
二等	合	+	○	○	+	+	+	+	○	+						+	+	+	+
三等(甲)	開	+	○	+	+	○	+	+	+	+									
三等(甲)	合	+	○	+	+	○	+	+	+	+									
三等(乙)	開	+	+	+	+	○	+	+	+	+					+	+	+	+	+
三等(乙)	合	+	+	+	+	○	+	+	+	+					+	+	+	+	+
四等	開	+	○	○	+	+	+	+	○	+					+				
四等	合	+	○	○	+	+	+	[illegible]	○	○									

1. 声母全类无字者，全类空白，不另作符号；该类有字：有字者作"+"号，其中某母无字，无字者作"○"号。
2. 開合同韵者，唇音不兼。
3. 轻重唇不兼。
4. 四等无独立合口韵。

拼合表

照穿神審禪日 (章)　(船)	精清從心邪	莊初牀疏 (崇)(生)	邦滂並明	(非敷奉微)
	＋＋＋＋○		＋＋＋＋	
	＋＋＋＋○		＋＋＋＋	
		＋＋＋＋	＋＋＋＋	
		＋＋＋＋	＋＋＋＋	
				＋＋＋＋
＋＋＋＋＋＋	＋＋＋＋＋	＋＋＋＋	＋＋＋＋	
＋＋＋＋＋＋	＋＋＋＋＋	＋＋＋＋		＋＋＋＋
	＋＋＋＋○		＋＋＋＋	

第十节　广韵的声調

一　四声的认识

四声之说提出甚早。南北朝时已用在文学上。

传统习惯用“平上去入”的次序，把入声列在“平上去”三声之下。应当对这个次序取得科学的认识。

南北朝音韵学家的认识该已是“平上去入”。韵书把入声一卷列在平上去各卷之后算作末一卷，这反映了他们的看法。音韵学家调平仄也反映出他们的认识是如此，比如曹宪《博雅音》说

：“拼：蒸之上声，四声蒸拼證職”（《释诂》）。又说：“齕：痕之入”（《释虫》）[1]。

从上面例子也可以看出：当时音韵上并且是以入声承阳的（“阳”指“阳声入部”即收〔m〕〔n〕〔ŋ〕尾的韵部）。像上面所的“職”是入声，“蒸、拼、證”是收〔ŋ〕尾的阳声韵部的平上去；“齕”是入声，“痕”是收〔n〕尾的阳声韵部的平声。在韵图里，入声也是承阳的。

从音理上说，入声承阴（“阴”指“阴声韵部”即收开尾元音尾的韵部）也并非是不可以的。入声承阴的认识也很早。比如《文鏡秘府論》说：

皇晃璜	鑊	禾禍和
傍旁傍	薄	婆潑紴
光廣珖	郭	戈果過
荒恍恍	霍	咊火貨[2]

又如《四音五音九弄反紐圖》也說：

怡	以	異	翼
寅	演	見	禊[3]

这都是入声两承（承阳又承阴）的例子。

所谓入声两承，从音理上看，以上举“皇、鑊、禾”为例，它是：

	阳	入	阴
	唐合	鐸合	戈合
	uaŋ	uak	ua

[1] 原脱“入”字，王念孙于此无订正。按：“齕”无“痕之”之音，参韵书韵图，知“之”下应补“入”字。

[2] 见天卷《调四声谱》。

[3] 见《玉篇》卷末。

可見，入声承阴或承阳，承与所承，在韵尾上总是有差异的（当然，在韵母其余的方面要相同，即主要元音和等呼相同，像上面三韵都是[ua]）。

那末，我们应当注意到：入声，在实质上，并不单纯是个声调问题。

近来，音韵学家李荣先生提出"四声三调说"，认为：

切韵平上去入四声，论调值只有三个调位，平声是一类，上声是一类，去声入声是一类。去声入声的不同是韵尾的不同，去声收浊音，入声收清音，乐调是一样的。这个假設我管它叫四声三调说[1]。

"四声三调说"这个假设是很有意义的。

学习中古入声，必須认识中古入声是具有[p][t][k]清音口辅尾的。以往有些学者，用后代已经丧失了辅尾的入声作底子来认识中古入声，那当然很难了解"入声"的真相。比如"入声是由去声变来的"说法，就是对入声未能取得真的认识的推论。

二、入声的学习

《广韵》入声一类在现代北京音里已经不能自成一个调类，中古入声调类里的字在北京音里已经分散到阴、阳、上、去四个调类里去了。对北京音说，中古入声就叫"旧入声"。

旧入声在北京音分散读为别的调类，虽然说来是有些规律里的，但对已经知道旧入声的人来说这些规律才是可用的。

所以，学习旧入声的主要方法是記忆。

[1] 《切韵音系》，152页

应当知道在北京语音组织里旧入声的分布情况，这有助于学习。下面列举大要：

（甲）从哪些字不是旧入声字来看[1]

（1）收n尾和ng尾韵的字都不是旧入声字。

（2）z、c、s三个声母拼i（[ɿ]）韵母的字都不是旧入声字。

（3）er韵母（零声母字）都不是旧入声字。

（4）uei韵母全韵没有旧入声字。

（乙）从哪些是旧入声字来看

（5）今读塞音塞擦音不送气声母（只有b、d、g、j、zh、z、六个）阳平声的字是旧入声字。

（6）fa和fo两个音节的字，不论今读阴阳上去，都是旧入声字。

（7）舌头、齿头声母（共d、t、n、l，z、c、s七个）拼e韵母的字，不论今读阴阳上去（实际上只有阳平、去声有字），都是旧入声字。

（8）卷舌声母（zh、ch、sh、r四个）拼uo韵母的字，不论今读阴阳上去（实际上只阴、阳、去有字），都是旧入声字。

（9）重唇、舌头声母（共b、p、m，d、t、n、l七个）拼ie韵母的字，除了"爹"diē是古平声字外，不论今读阴阳上去，都是旧入声字。

（10）üe韵母字除"嗟"jiē、"瘸"qié、"些"xiē、"靴"xüē

（1） 此以下参考少文：《语音常识》

之外，都是旧入声字。

(3) 舌根、舌头拼 ei 韵母 gei、hei、zei 三个音节的字，不论今读阴阳上去（实际上只阴、阳、上有字），都是旧入声字。

熟悉北京话的人，还可以利用文白异读。

必须联系古典文学的学习来记忆旧入声字。比如从杜甫的《哀江头》《北征》两首押入声韵的诗的学习里，就可以学得不少旧入声字。

下面附的《旧入声字今读表》，应当时时翻看。一是，主要利用它来记忆旧入声字和旧入声字的普通话的读法；二是，也可以利用它作研究旧入声字分散规律的参考。

旧入声字今读表

ㄓ([ʅ])

	阴平声	阳平声	上声	去声
全清	zhī 汁隻織 shī 濕失蝨	zhí 執職 shí 識		zhì 質炙 shì 室式適飾釋
次清	chī 吃(喫)		chǐ 尺	chì 飭斥
全浊	zhī 擲(擲色子)	zhí 直值殖植姪擲 shí 十什(什物)拾實食蝕石		zhì 秩擲
次浊				rì 日

i

	阴平声	阳平声	上声	去声
全清	bī逼 dī滴 jī积迹績激擊 xī吸悉膝析淅息熄惜 yī揖	bí鼻 dí的(-確)嫡 jí級急吉棘即 xí昔錫	bǐ笔 jǐ給脊 yǐ乙	[illegible](日-) jì鲫 yì邑憶億抑益溢
次清	pī匹劈霹 tī踢惕剔 qī缉(-边)七漆戚		qǐ乞	qì泣訖迄緝(-[illegible])
全浊	xī夕	dí笛敵狄籴 jí及极集輯疾籍藉 xí习袭席		
次浊				mì密蜜觅 nì匿暱逆溺(-死) lì立粒栗力历曆歷(-) yì逸弋亦翼译易疫役

u

入声表

	阴平声	阳平声	上声	去声
全清	dū督 sū粟(-子) shū叔 hū忽 wū屋	fú弗福蝠 zú卒足 zhú竹烛	bǔ卜 dǔ篤 zhǔ嘱 gǔ骨穀谷	bù不 fù腹 sù速肃夙宿粟 zhù祝 shù束
次清	pū扑 tū秃 chū出 kū窟哭	fú拂		cù猝促 chù畜触 kù酷
全浊	tū突	pú僕 dú独渎犊毒 tú突 zú族 sú俗 zhú逐 shú赎熟 hú核斛	shǔ蜀屬	pù瀑(-布)曝 fù復 shù術述
次浊			rǔ辱	lù鹿禄陆录 rù入褥 wù物勿

杨中元绘 [illegible] 校

广韵研究

ü 入声表

	阴平声	阳平声	上声	去声
全清		jú 橘菊		xù 畜蓄旭 yù 郁
次清	qū 屈曲(曲折) 麴	qú	qǔ 曲(歌曲)	
全浊		jú 局		xù 续
次浊				yù 域育欲浴慾 玉狱

a 入声表

	阴平声	阳平声	上声	去声
全清	bā 八捌 fā 发 shā 杀	dá 答	fǎ 法(法律) 髮 zhǎ 眨(眨眼) sǎ 撒	fà (法术)
次清	dā 搭 [tā?] 溻	chá 察	tǎ 塔獭	tà 踏榻
全浊		bá 拔 fá 乏伐阀罚 dá 达 zá 杂		
次浊	lā 拉			nà 纳捺 là 腊蜡[illegible]

— 105 —

ia　　　　入声表

	阴平声	阳平声	上声	去声
全清	yā押鸭压 xiā瞎	jiá夹	jiǎ甲	yà轧
次清				qià恰
全浊		xiá匣狭狎		
次浊				

ua　　　　入声表

	阴平声	阳平声	上声	去声
全清	guā 刮 shuā 刷 uā 挖			
次清				
全浊		huá 滑猾		huà 划
次浊				uà 袜

杨中元[illegible]

广韵研究

o　　入声表

	阴平声	阳平声	上声	去声
全清	bō 剥	bó 博搏膊伯		
次清	pō 泼			pò 迫魄
全浊		bó 渤泊箔 fó 佛		
次浊	mō 摸		mǒ 抹	mò 末沫袜茉 没莫漠默墨脉

uo　　入声表

	阴平声	阳平声	上声	去声
全清	guō 郭 huō 豁 zhuō 桌捉 shuō 说 suō 缩	duó 掇 guó 国 zhuó 拙卓酌啄	suǒ 索	wò 握沃 huò 霍 zuò 作
次清	tuō 托讬脱 chuō 戳 cuō 撮			kuò 阔括扩廓 chuò 绰
全浊		duó 夺 huó 活 zhuó 浊着 zuó 昨		huò 或惑获穫
次浊				nuò 诺 luò 烙洛落络骆 ruò 若

— 107 —

e 入声表

	阴平声	阳平声	上声	去声
全清	ē [illegible] hē 喝	dé 得德 gé 蛤葛革隔格阁 zhé 褶 zé 则责	ě 恶(恶心)	è [illegible] gè 各 hè 赫吓 zhè 浙 shè 设摄 sè 墄涩塞色
次清	kē 磕	ké 咳㱿	kě 渴	kè 克客刻 chè 彻 cè 側測策~~册~~
全浊		hé 合盒核 zhé 折哲辙 shé 舌 zé 择澤		tè 特 hè 褐 chè 撤 shè 涉
次浊	lē 勒(勒紧)	é 额		è 鄂 lè 垃乐 rè 热

ie 入声表

	阴平声	阳平声	上声	去声
全清	iē 噎 biē 憋 jiē 接揭癤 xiē 歇	jié 劫潔结孑節 xié [illegible]		iè 謁 xiè 泄
次清	tiē 贴 qiē 切 biē		piě 撇 tiě 帖鉄	qiè 怯切窃
全浊	diē 跌 biē 鳖	bié 别蹩 dié 碟蝶[illegible] jié 捷[illegible]截傑 xié 协		
次浊	niē 捏			iè 葉業 miè 滅蔑蠛 niè 鑷 liè 獵烈列裂[illegible]

杨中元缮 [illegible]

—108—

广韵研究

üe 入声表

	阴平声	阳平声	上声	去声
全清	yuē 约 xuē 薛	jué 决诀觉角脚	xuě 雪	xuè 血
次清	quē 缺			què 却确鹊
全浊		jué 倔掘绝 xué 学		xuè 穴
次浊	yuē 曰			yuè 悦阅越粤跃 月乐岳 nüè 虐疟 lüè 略掠

ai 附shuai 入声表

	阴平声	阳平声	上声	去声
全清	sāi 塞 zhāi 摘		bǎi 百伯柏 zhǎi 窄 shǎi 色	shuài 率蟀
次清	pāi 拍 chāi 拆			
全浊		bái 白 zhái 择宅翟		
次浊				mài 麦脉

— 108 —

广韵研究

iao

入声表

	阴平声	阳平声	上声	去声
全清	xiāo 削(削皮)		jiǎo 脚白 角白 qiǎo 雀白	
次清			qiǎo 鹊白	qiào 殼
全浊		jiáo 嚼		
次浊				yào 瘧白 药

ou

入声表

	阴平声	阳平声	上声	去声
全清	zhōu 粥			
次清				
全浊		zhóu 軸妯 shóu 熟白		
次浊				ròu 肉

iou 入声表

	阴平声	阳平声	上声	去声
全清			Xiǔ 宿(~宿)	
次清				
全浊				
次浊				liù 六

第四部分 音韵知識的应用

第十一节 用广韵音推知上古音

一 上古音系的建立

上古音指的是周秦音、诗经音。叫它"上古音"，是从时代上说的，也是同"中古音"相对照说的；叫它"周秦音"，是確切指出它所代表的时段，也是同"隋唐音"相对照说的；叫它作"诗经音"，是因为上古音韵部系统主要是根据诗押韵情况建立起来的，正好也是同"切韵音"相对照着说的。

(a) 上古韵部系统的建立

诗经是押韵的，押韵的一些字，读起来在韵上是协调的。但因为語音有了演变，后人读诗，觉得有好些韵的地方读押不押韵，这就启发后人研究这个现象，古音学就是这样开头的。宋代起就有人著专书研究古音問题，经过清代好多学者的努力，到而今诗经的押韵问题可说是已经全部解决。

研究《诗经》押韵，是要找出在《诗经》里哪些字是在一起押韵可以成为一組，可以算作同属于一个"古韵部"；哪些字是不在一起押韵不能成为一組，不能算作同属于一个"古韵部"。

用《诗经》作材料来建立古韵系统，其基本方法是很简单的。比如有一章诗是"甲乙丙丁"四个字在一起押韵，又有一章诗是"丁戊己庚"四个字在一起押韵，由于同一个"丁"在两章诗里押韵，就根据这一点，我们算"甲乙丙丁戊己庚"七个字在一起押韵，算这七个字同属于一个古韵部。这个基本方法也可以叫作"系联法"，又可以叫作"绳牵索引法"。这个方法曾经大略介绍过。

不过这里有两项主要困难。一是摸清《诗经》押韵惯例所谓"韵例"的究竟，是不易的；一是摸清古字韵母的究竟，也是不易的。比如，

緜緜葛藟　在河之浒　终远兄弟　谓他人父　谓他人父　亦莫我顾

緜緜葛藟　在河之涘　终远兄弟　谓他人母　谓他人母　亦莫我有

緜緜葛藟　在河之漘　终远兄弟　谓他人昆　谓他人昆　亦莫我闻

——王风·葛藟

这一篇诗，古音学大家顾炎武算它的第二章"藟涘弟母母有"等字"通为一韵"，那末，这一章的"韵例"是"通章连句韵"。韵式是：

BBBBBB

后来的研究，觉察顾氏没能把"藟弟"与"涘母有"的韵母认准，韵例也认错，这章诗的押韵应当是："藟"与"弟"押韵，韵例是"间句"押韵；"涘"与"母"韵，韵例也是"间句"押韵：都是间一句押韵。其末两句"母"与"有"押韵，韵例是"连韵"；"母有"又承上与上一"母"押韵。那末，这一章的韵式就该是：

ABABBB

这样这一篇诗三章韵式都相同了。

后来的研究，才又发现上面算法还有问题。因为"藟""弟"两字的韵母并不能算相同，韵例也就应当改算。这一篇诗三章韵式都是：

OBOBBB

—— 114 ——

“藹”“弟”原没有押韵。

由此可見，摸清韵例、摸准韵母并不是容易的。

再看一例：

知子之来之　杂佩以赠之
知子之順之　杂佩以问之
知子之好之　杂佩以报之

——《鄭风·女曰鸡鳴》三章

顾炎武在“赠”字注说：

《集传》皆叶入声。按来字或可读入声，赠字不可读入声，姑阙之。

这可見，由于这章诗的韵例是AA、BB、CC式是非常清楚的，所以顾炎武虽然对“来”“赠”在这里是押韵的则无疑问。（怎样读才能押韵表示怀疑，但对“来”“赠”
这到后来学者才认识到“来”“赠”押韵可以用对转来解释）

再看一例：

爰采唐矣　沫之鄉矣　云谁之思　美孟姜矣　期我乎桑
中　要我乎上宫　送我乎淇之上矣
爰采麦矣　沫之北矣　云谁之思　美孟弋矣　期我乎桑
中　要我乎上宫　送我乎淇之上矣
爰采葑矣　沫之東矣　云谁之思　美孟庸矣　期我乎桑
中　要我乎上宫　送我乎淇之上矣

——《鄘风·桑中》

这一篇诗的押韵，顾炎武说：“首章‘唐’‘乡’‘姜’为一韵，‘中’‘宫’为一韵，而‘上’字仍协首句；二章‘麦’‘北’‘弋’为一韵，‘中’‘宫’为一韵；三章‘葑’‘東’‘庸’‘中’‘宫’共为一韵，而‘上’字仍协首章，所谓后章韵前章者也。”顾氏认为三章的韵例是如此。

到了后来，一些学者的研究，断定“葑、東、庸”三字同属一韵，而"中、宫"二字则另属一韵。于是断定这篇诗的韵式三章全同：

BBOBAAE

CCOCAAE

DDODAAE

其第三章实在不是"DDODDDE"式。这可见，由于对"躬""中"各属一韵认得准确，也就能把这篇诗（尤其是其中第三章）的韵例摸得清楚。

了解到上古音根据《诗经》押韵以建立其韵部系统，那也得了解到"系联法"里的曲折。

上古音韵部建立的主要依据和方法，大概如上。不过应着重指出的，由《诗经》押韵建立起来的系统是同文字谐声的韵部系统相吻合的，所以，由《诗经》得出一个字，绝大多数可以用下述有名的规则来推演，这个规则是古文字学家和古韵学家段玉裁肯定地指出的，就是：

同谐声者必同部。(1)

关于音韵学习中如何应用声符，在前面已有介绍，下面讲上古音声类系统的建立还兼带说明声符与韵部关系，可以联系起来看。

(b) 上古声类系统的建立

从押韵中只看出几个字同韵的关系，看不出它们是否同声。所以，上古音声母系统的建立不能靠押韵，得另走路子。

从现在看，文字谐声中的声符实在也是建立上古音声类系统的主要依据，但注意到用声符还是后来的事，最初主要是用的通假异文来开始建立上古音声类系统工作的。

通假异文，好比是"别字"，"别字"往往有其声音上的关联、

(1) 段玉裁《六书音韵表》二。

这种关联就是可以利用来作为寻找上古声类系统的依据。"别字"当然也关涉到韵部，用通假异文作这么韵部的资料；一些古音学家也一直是注意及之"的。

钱大昕也是一位有建树的古音学家，他在古声类方面提出《古无轻唇音》和《舌头类隔不可信》有名的论著。《古无轻唇音》是说古音只有重唇音，轻唇音是后起的。《舌头类隔不可信》是说古音只有舌头音，舌上音是从舌头音分化出来的[1]。钱氏论证古只有重唇说：

> 凡轻唇之音，古读皆为重唇，诗"凡民有丧，匍匐救之"，檀弓引诗作"扶服"，家语引作"扶服"。又"诞实匍匐"，释文："本亦作扶服"，左传昭十二年："奉壶饮冰以蒲伏焉"，释文："本又作匍匐，蒲，本亦作扶"。昭二十一年："扶伏而击之"，释文："本或作匍匐"。史记苏秦传："嫂委蛇蒲服"，范雎传："膝行蒲服"，淮阴侯传："俛出袴下蒲伏"，汉书霍光传："中孺扶服叩头"，皆匍匐之异文也[2]。

钱氏古只有舌头音说：

> 古无舌头舌上之分，知彻澄三母，以今音读之，与照穿床无别也，求之古音，则与端透定无异。说文："冲，读若动"，书"惟予冲人"，释文："直忠切"，古读"直"如"特"，"冲子"犹"童子"也。字母家不识古音，读"冲"为"虫"，……

[1] "类隔"是解释反切时用的术语。比如前反切"卑：府移切"，被反切字是重唇音，反切上字是轻唇音，轻唇音不同类，这叫隔类——是重唇轻唇类隔。又如"長：丁丈切"，被反切字是舌上音，反切上字是舌头音，舌上舌头不同类，这也是类隔——是舌头舌上类隔。

[2] 《古无轻唇音》，见《十驾斋养新录》卷五。文中引证的例字读音注明如下：匍：薄胡切，扶：防无切，蒲：薄胡切。匐：蒲北切（又房六切），服：房六切，伏：房六切。

—— 117 ——

不知古读"蟲"亦如"同"也，诗："蕴隆蟲蟲"，释文："直忠反，徐：徒冬反"，尔雅作"爞爞"，郭："都冬反"，韩诗作"烔"，音"徒冬反"，是"蟲"与"同"音不异（春秋成五年："同盟于蟲牢"，杜注："陳留封邱县北有桐牢"，是"蟲""桐"同音之证）[1]。

钱氏又把古人所谓的"正齿音""照"类分出一部分来归入舌头，他说：

古人多舌音，后代多变为齿音，不独知徹澄三母为然也……

今人以"舟""周"属照母，"輈""啁"属知母，谓有齿舌之分，此不识古音者也。考工记："玉楖雕矢磬"，注："故书彫或为舟"，是"舟"有"雕"音。诗："何以舟之"，传云："舟，带也"，古读"舟"如"雕"，故舟带声相近。"雕""彫""琱""鵰"皆从"周"声，"调"亦从"周"声，是古读"周"亦如"雕"也。考工记："大车辕挚"注："挚，輖也"，释文："輖，音周，一音弔，或竹二反"，陆氏于"輖"字兼收二音，"弔"与"雕"有轻重之分，而同为舌音。"周""挚"声相近，故又转为"竹二反"。今分"周"为照母，"竹"为知母，非古音之正矣[2]。

由上面所引文可以看出：钱氏考订古声类主要是用通假异文为证，虽亦用到谐声声符，但与所用的其他方法一样同居于不显著的地位。其实，谐声声符在考订声类的渊源上仍有很大的

[1]《舌头类隔之说不可信》，见《十驾斋养新录》卷五。文中引证的例字注明读音如下：
冲蟲：直弓切，動：徒總切，童同：徒紅切。直：除力切，特：徒得切。
[2]同上文。文中引证的例字注明读音如下：
舟周輈：職流切，輖：張流切，啁：陟交切，雕鵰彫琱：都聊切，調：徒聊、徒弔二切，弔：多嘯切。帶：當蓋切。

—118—

价值。下面举些例子，看时也可以留心声符在的部考订上的作用。

第一类 喉牙例

第一类 喉牙类

声类＼声符	君	堯	雚	蒦	今	交	兀
影	頵 於倫			矱 乙虢	酓 於琰	窔 烏叫	
匣				護 胡故	含 胡男	效 胡教	
云				蠖 王縛			
曉		嘵 許幺	歡 呼官	臒 許縛			虺 許偉
見	君 舉云	嶢 古幺	雚 工奐			交 古肴	
溪		磽 口交	勸 去願			骹 口交	髡 苦昆
群	頵 渠追	翹 渠遥	權 巨員				
疑		堯 五聊				齩 五巧	兀 五忽

第二类 舌类

声类＼声符	刀	它	折	翟	兆	余	是
端	刀 都牢						趧 都兮
知			哲 陟列				
照（章）			晢 旨熱				
透		它 他何		糶 他弔	挑 吐彫		緹 他禮
徹			哲 丑列				
穿（昌）							
審		頉 式支				賒 式車	
定		佗 徒何		翟 徒歷	逃 徒刀	荼 同都	題 杜兮
澄				濯 直角	兆 治小	除 直魚	
神（船）		蛇 食遮	折 食列				
禪			誓 時制				是 承旨
喻（以）				躍 以灼	姚 餘昭	余 以諸	

声类＼声符	若	日	然	女
泥	諾 奴各	涅 奴結	撚 奴殄	
娘	匿 女力	昵 尼質		女 尼呂
日	若 而灼	日 人質	然 如延	汝 人渚

119

第三类 齿类

声符 / 声类	祭	卒	且	疋
精	祭 子例	卒 臧沒	祖 則古	
莊	瘵 側介		阻 側呂	
清	蔡 倉代	猝 粗沒	且 七也	
初	察 初八		䶥 創舉	楚 創舉
從		崒 秦醉	殂 昨胡	
牀（崇）			助 牀倨	
心	憏 先列	碎 蘇對		胥 相居
疏（山）				疋 所葅
邪			伹 似魚	

附：喻㈣邪同声符

声符 / 声类	由	昜	習	象
端之类	迪 徒歷	剔 他歷	慴 之涉	潒 徒朗
喻㈣	由 以周	易 羊益	熠 羊入	勨 余兩
精之类		賜 斯义	謵 秦入	
邪	岫 似又		習 似入	象 徐兩

〔注〕诸声上常有读喻㈣、读邪的字同用一个声符的，这一現象很可研究。

—— 120

广韵研究

第四类　唇　类

声符／声类	方		甫		非		犮	
邦	謗	補浪	補	博古	輩	補妹	跋	北末
非	方	府良	甫	方矩	非	甫微	髮	方伐
滂	滂	普郎	鋪	普胡				
敷	芳	敷方	旉	芳無	菲	芳尾	祓	敷勿
並	旁	步光	酺	薄乎	俳	步皆	犮	蒲撥
奉	魴	符方	鬴	扶雨	翡	房味	瞂	扶發

声符／声类	門		亡		文		微	
明	門	莫奔	盲	武庚	旻	武巾	黴	武悲
微	問	亡運	亡	武方	文	無分	微	無非

应用谐声声符，还应当注意同一个的异体而声符不同的情况，这一类即是“重文”的一种，例如《说文解字》所载：

看、翰：看，睎也，从手下目（苦寒切）；翰，看或从倝。——目部。倝：古案切

魴、鰟：魴，赤尾鱼也，从鱼，方声（符方切）；鰟，籀文魴，从旁。——鱼部。方：府良切；旁：步光切。

由上面所举的谐声事例，可见利用谐声声符亦可以考订古声类，因之，使上古声类的大类的辨认，归于简易。

由上面所举的事例来看，辨别北京音声母在中古乃至在上古属于哪一声类，声符更大有可以利用之处。

(C) 上古声调系统的建立

上古音声调如何，当然主要应从《诗经》押韵中去观察。不过声调问题，看似简单，实很复杂，走了不少曲折路程，才渐渐得出真相。

顾炎武在古代四声分用或四声一贯上颇为犹豫，他偏向于承认古人四声一贯，即四声可以通押。《诗经》里并不是没有四声通押的例子，但并非常例，常例则是四声分押。顾氏是在开创时期，对韵部还多认不准，因此往往把四声分押的误算作四声通押。比如：

硕人其颀 衣锦褧衣 齐侯之子 卫侯之妻 东宫之妹

邢侯之姨 谭公维私 ——卫风·硕人，首章

顾氏认为这章诗句句押韵，就认为是"此章以平去通为一韵"，这是认错了。后来，对韵部认识更进一步，确定"子"（上声）、"妹"（去声）绝不在韵，那么剩下的就都是平声韵，此章也就不能作为"四声一贯"的证据了。

段玉裁认为古无去声，只平上去三声。

另外一位古韵学家孔广森，认为古无入声，只有平上去。

主张古有四声，只是调类中个别字古今不同的有王念孙、江有诰。

古音学集成期学者黄季刚先生，认为古无上去，但有平入。

前面曾说过，不能把古代声调问题简单地认作是今日所谓调值（音高）问题，它还牵涉到韵部，乃至还关涉到元音长短。古人所论，其初是只当调类看，后来就接触到韵部。段玉裁的研究所得，可以帮助我们了解古人对声调说法不一的大概，现在把段氏意见列表于下。

段氏所说上古声調表

韵类	韵部	平	上	去	入
阴	之一	+	+	○	+
阴	蕭二	+	○	○	○
阴	尤三	+	+	○	+
阴	侯四	+	+	○	+
阴	魚五	+	+	○	+
阳	蒸六	+	○	○	○
阳	侵七	+	○	○	+
阳	覃八	+	○	○	+
阳	東九	+	○	○	○
阳	陽十	+	○	○	○
阳	庚十一	+	○	○	○
阳	真十二	+	○	○	+
阳	諄十三	+	○	○	○
阳	元十四	+	○	○	○
阴	脂十五	+	+	○	+
阴	支十六	+	○	○	+
阴	歌十七	+	○	○	+

表中"阴"是"阴声韵部"，"阳"是"阳声韵部"。段氏未用"阴""阳"的观点替他的韵部概括，这是我们替他分类的。

表中"之一"是指段氏分的古韵部"之部第一"。段氏分上古韵共十七部，一到十七的次序是段氏原来排出的次序。

表中"平上去入"，是段氏认为的上古调类，是借用后代的四声标目字来指说上古声调的。"平上去入"有此类调的作"十"

号，无此调类的作"○"号。总看全表，无论哪个韵部，在去声一项下都是"○"，这是段氏统计《诗经》押韵的结果，所以他说，"古无去声"。

重要的是段氏既提出上古调类分后代不同，（可以不具有某一调类）；而又提供了"入"声从调类脱出自成韵部的基础。"入"声在上古自成韵部分"阴""阳"鼎立为三，这对了解上古汉语是极其重要的一个认识。

阴阳对立的观点，江永已有，戴震更把"阴""阳""入音理上关系讲明（虽然不是太令人满意），孔广森用阴阳观念替古韵分部，到了黄季刚以入声独立成韵部，于是入声这一类在声调分韵部上的性质就更为清楚。

二 上古音与广韵音

上古语音系统（诗经语音系统）经过长时间学者们的考订，所得大概去实际情况不远，且都经过实践的检验（比如用之于解释通假声训等）。现在按声韵调的次序，把上古音（诗经音）和广韵音对照如下。

(a) 声类（左、诗经音，右、广韵音）

(1) 见系

1	ʔ	影	ʔ
2	k	见	k
3.	k'	溪	k'
4.	g'	群	g'
5.	ŋ	疑	ŋ
6.	x	晓	x
7.	匣	匣	ɣ
		喻三 雲 于	j

(2) 端系

8.	t	端	t
		知	ȶ
9.	tʻ	透	tʻ
		徹	ȶʻ
10.	d	(喻四)以(餘)	0
11	dʻ	定	dʻ
		澄	ȡʻ
12	n	泥	n
		(娘	)
13.	l	來	l

(3) 照三系

14	ȶ	(照三)章	tɕ
15	ȶʻ	(穿三)昌	tɕʻ
16.	ȡʻ	(牀三)船(神)	dʑʻ
17	ɕ	(審三)審(書)	ɕ
18	ʑ	(禪三)禪	ʑ
19.	ȵ	日	nʑ

(4) 精系

20	ts	精	ts
21	tsʻ	清	tsʻ
22	dzʻ	從	dzʻ
23.	s	心	s
24.	z	邪	z

(5) 莊系

25	tʃ	(照二)莊	tʃ
26	tʃʻ	(穿二)初	tʃʻ

27. $dʒ$ 　　[illegible] 崇 $dʒ$

28. $ʃ$ 　　[illegible] 生（山）$ʃ$

(6) 邦系

29. p 　　邦 p
　　　　（非 ）

30. p' 　　滂 p'
　　　　（敷 ）

31. b' 　　並 b'
　　　　（奉 ）

32. m 　　明
　　　　（微 ）

(b) 韵部（左．诗经音，右，广韵音）

(1) 之 ə 台里思其有尤右丘久牛某才 哉來采亥母負婦丕己已喜而 耳止史兹司之	（o号表示上古这一部字多在广韵某韵） 之°、咍°、尤
(2) 幽 ou 九州求舟憂游留周壽手丑首 受休守矛包好老早告道保孝	幽°、尤°、豪、肴
(3) 宵 au 包高刀勞教号暴小交票兆苗 要遥	宵°、蕭°、、肴°、豪°
(4) 侯 u 厚冀豆口走青句朱主树付俞 臾禺區需取	侯°、虞°

(5) 魚 a 且者車華家夸巴馬下牙瓜賈父處夫吳盧古烏乎五户武午于居與余魚女呂羽雨	魚、模、麻、虞
(6) 歌 ɑ 可我多它禍左坐禾果罗戈也義宜奇离沙化差加麻	歌、戈、麻
(7) 支 e 支知只是斯氏圭規解兒買累麗此	支、佳、齐
(8) 脂 ei 妻弟夷齊利米伊皆私師次示死二旨尸	脂、齐、皆
(9) 微 əi 飛歸衣鬼微非韋尾畏威委回毀火水豈幾	微、脂、灰
(10) 職 ək 北意直弋則或息亟力服得麥革色墨	職、志、德、代
(11) 覺 ǎk 夙肉毒匊目六	覺、屋、沃、號
(12) 藥 ak 樂弱勺虐爵	藥、覺、锡
(13) 屋 ok 卜僕木谷角局輿玉屋蜀足辱獄	屋、候、覺、燭、遇

(14) 鐸 ak 白若郭昔尺虞護郄亦席	鐸、暮、陌、禡、昔
(15) 錫 ek 析易責歷冊狄	錫、寘、麥、卦
(16) 質 et 至壹吉七一日即畢血失少匹疾栗逸抑實	質、至、屑、霽、櫛
(17) 月 at 月殺伐雪折別末發歲世介夬害萬最外會貝兑大泰	月、曷、末、泰、薛、祭 屑、夬、廢、鎋、黠
(18) 物 ət 沒勿聿出突骨兀朮弗既乞胃隊惠位退季对愛	物、術、沒、迄、隊、未 至
(19) 緝 ep 入十合集緝濕澀及襲急執立邑	緝、合、洽
(20) 蒸 əŋ 丞徵登應乘朕稱曾升興朋蠅競登弓夢肯	蒸、登
(21) 葉 ap 葉協習妾涉盍劫法乏插甲夾搨燮	葉、盍、狎、業、帖、乏
(22) 東 oŋ 東重童龍豐充分工從容用封凶共送雙江	東、鍾、江

—— 128 ——

	广韵研究
(23) 陽 aŋ 陽羊央鄉向卬襄相象倉彊光黃王亡良方兄永明皿兵丙行庚京	陽、唐、庚
(24) 耕 eŋ 丁爭生盈令声正名頃巠并形寧冥鳴貞省	耕、清、青
(25) 寒 an 寒安元丸歡反善曼滿旦單官段干散山删然原爰面見建前連线延展	寒、桓、删、山、仙、元
(26) 真 en 人臣因申民真身辛引句匀玄鄰秦千田天扁	真、臻、先、諄
(27) 文 ən 文分云勲允君軍斤春堇尊孫侖盾昆門艮先川員煙㐆諄刃	文、欣、痕、魂、諄
(28) 侵 em 侵心三森深忱甚南男音今金林品凡風咸覃冬宗宮农中蟲宋	侵、覃、冬、咸
(29) 談 am 兼炎占冉詹函甘厭敢僉斬欠閃陝	談、銜、咸、鹽、嚴、添、凡

上古韵部对转关系表

阴声韵部		入声韵部		阳声韵部	
之1	ə	職10	ək	蒸21	əŋ
幽2	ou	覺	åk		
宵3	au	藥	ak		
侯4	u	屋13	ok	東22	oŋ
魚5	ɑ	鐸14	ɑk	陽23	ɑŋ
歌6	a	月17	at	寒25	an
支7	e	錫15	ek	耕24	eŋ
脂8	ei	質16	et	真26	en
微9	əi	物18	ət	文27	ən
		葉20	ap	談29	am
		缉19	ep	侵28	em

(c) 声调（左、诗经音，右、广韵音）

(1) 阴声韵部

平	平
上	上
去	去

(2) 阳声韵部

平	平
上	上
去	去

(3) 入声韵部

入	入
去	去

—— 130 ——

推定上古音的字音，必须注意利用声符。

一般说来，我们能辨认出一个字上古音声韵调的大类就可以大致够用了。比如“为”字，在声类上通过它的中古读音大类（喉牙、舌、齿或唇）可以推知它属于上古的喉牙类，通过声符也可以作这样的推定。在韵部上通过“为”的中古读音大类（比如“摄”）和声符可以推知它属于上古的“歌”部。在声调上，通过“为”的中古读音大类（如声调，收何韵尾）和声符推知它属于上古阴声韵部里的某调类。在需要确知“为”读哪个声母、韵母、声调的时候，可以再根据《广韵》的反切，用中古声韵调“折算”成上古的声韵调。

这里就着通假举个应用上古声韵调大类的例子。比如我们说“俞”“于”两个字上古很难通假，这因为“俞”上古属舌头类，由从“俞”声符的字有“偷”（读舌头）就可以推出来；而“于”则是上古属喉牙音类，由从“于”声符的字有“迂”“盱”“污”（读喉牙）等就可以推出来。两个字所属大类不同，很难通假。“俞”“余”两个字虽然同是上古属头类（“余”的声符字有“途”“涂”读舌头），但“俞”是上古“侯”韵部的字，而“余”是上古属“鱼”韵部的字。

所以，上面各古韵部下面的例字，应当从谐声这一角度多予注意。

第十二节　音韵知识应用举例

音韵知识应当在时时应用中求得巩固和深入。上节所说用广韵音推知上古音也就是从广韵取得的音韵知识的应用，而所取得的上古音韵知识，也应当在时时应用中求得熟悉。下面举一些应用的例子，便于类推。计叙列：用在通假方面；用在古汉语方面；用在方言方面；用在声律方面，等项。

一　通假

古声韵学到了取得成绩之后，对于汉字的字与字间声音的关系有了相当的认识，对于古人用文字记录语言的通假习惯也有了相当的认识，于是就有"在詮释古典时要重视文字所表达的语音而不可以受文字字形局限"的主張。象戴震、王念孫等古韵学家训诂学家就強调"声音训诂实同一源"的说法，強调不可"轻信字形"。他们在沟通声音训诂方面取得了不小的成绩，开辟了詮释古典的坦途，对学术界给出不小的影响。从他们向后，好多学者舍弃了这一学风中的穿凿之弊，使声音训诂间的关联达到确实可信的境地。这点可以用闻一多先生所取得的成绩来说明。

闻先生在诠释《易·鼎·九三》"鼎耳革其行塞"说：

> 案：革读为𩋾，檀弓下："若疾革"释文曰"革本作亟"，集韵："𩋾"或作"革"，是其比。说文曰："𩋾，急也"，方言十曰："譀、極，吃也，……或謂之澀"，𩋾与極通，紧急澀難义近。說文曰："澀，不滑也"。革亟又并与棘通，莊子逍遙遊篇简文帝注曰："棘，狭小也"，狭字与紧急澀難，义亦相成。行读为桁，貫鼎耳横木也。……鼎耳不滑利，其桁阻塞不能退出，食虽当前，无由染指，故下文曰"雉膏不食"……[1]

这里把"革"解为"𩋾""棘"，义为"紧澀"，把"行"解为貫穿鼎耳横木之"桁"，则此两句乃是日常生活实践所得的总结，制为日后行事之格言，读起来也易于接受了。在声音上，"革""𩋾""棘"同屬上古喉牙类，同是"職"部字，故得相通。

[1] 《周易義証類纂》，7頁。

声韵训诂相关的道理既明，阅读古籍往往能突破前人的误解得到作者的原意。闻一多先生的《诗经新义》《诗经通义》在这方面也取得相当成绩。比如《周南·兔罝》：“公侯干城”，毛传：“干，扞也”，闻先生以为“干”即《说文·韋部》“韓，井垣也”之“韓”，“干”当训作“垣”，《兔罝》“公侯干城”与“公侯腹心”句法相同，“腹”与“心”事类相同，“干”与“城”事类亦相同。“干城”即是说垣城，皆为“屏藩”的意思。“干”在《诗经》好几处又写作“翰”，《桑扈》說“之屏之翰”，《板》说“价人维藩，大师维垣，大邦维屏，大宗維翰……宗子維城”这些句子里的“屏、藩、垣、城”都是“翰”的同类词，因之闻先生断定“干”是“城垣”之“干”，指出毛传解作“扞”是错把名词释为动词了。我们觉得闻先生的意见是正確的，毛传确实错了。在声音上，“干”“翰”同屬上古喉牙类，同是“寒”部字，通假是很为自然的。

上举的通假，在韵部上都是属于同部的，另外还有不少通假現象是要用“对转”来解释的。这里仍引用闻一多先生的例子。闻先生在解释《易经·泰·九二》“包荒用馮河不遐遺”说：包荒即是匏瓜，亦即葫芦。古时用匏瓜济渡，所以《易经》说“包荒用馮河”，“不遐遺”是说不至墜溺”。闻先生这个解释也是很好的。这里的“荒”“瓜”“壶”相通假，在声音上“荒”“壶”同属上古喉牙类，“陽”部字；“瓜”属上古喉牙类，“魚”部字。“魚”部和“陽”部，一是阴声韵部”，一是“陽声韵部”，正是可对转的两个韵部。这类对转还可以取证于“且”和“將”，“迓”和“迎”，“吾”和“卬”，“無”和“亡”，“幠”和“荒”等，这些都是前一个字“魚”部后一个字“陽”部，都是相通的。所以，把“包荒”释为“匏瓜”是可以信从的。

戴王诸家，教人读古籍不可拘执字形，应当多多留意声音，诂是很正确的。可以說，读古代典籍不可不注意通假，不过有些人好用通假，不免有时穿凿，这也是应当注意的。把通假当作诠释古籍的可取的途径之一，不要把它绝对化，庶几不致误解古人。

二 古汉语

应当用古汉语的语音形式来观察、研究古汉语。

了解古音就能够了解古汉语的语音形式，因而就能通过古汉语的语音形式来认识古汉语的面貌，这就比只是应用现代古汉语的语音来认识古汉语亲切深刻得多。

比如，古汉语在语音上有较为丰富的声母和较为丰富的韵尾，元音也比较多，再加上声调的类别，因之，可以組成比较多的音节。在古汉语里，一个音节往往能表示一个词，同读一个音节即是用一个语音形式的所謂同音詞是不多的，这就替語言备下了用单音节表示一个词而不致引起混淆的可能性，古汉语里单音节词比较地多，这应当是理由之一。在现代汉语方言里，粤方言也是音节比较丰富的，在这个方言里单音节的词也还是比较地多，以今例古，也可以帮助我们推定古汉语情况。

又如，古汉语语音既是以一个音节为一个单位，因之，词（无论是单音节或多音节的）的语法变化的表示，往往采用：(1)变更音节本身的音素，如利用声母清浊、元音长短、声调抑揚来作变更；(2)加辅音，加在词前或加在词后；(3)加音节，如加"阿"、加"子"，加"言"加"止"之类等等方法。这些方法也是与适应古汉语音节的特性相关的。象(1)(2)不使加后成为具有音节附加（比如不同于俄語的加词头等），(3)加后仍是各成音节。研究古汉语应当多多注意从语音形式入手。

古汉语的语音形式是否就象我们现在所认识的那样？这当然

——134——

是还得继续研究才能解决的一个问题。因为这个问题可以问到诗经音以前的古汉语。有人提议应多多联系汉藏语系中的各亲属语言来研究古汉语,从语音比较研究中探索建立较早时期的古汉语语音系統,这个建议是有意义的,已有一些学者在作着这方面的研究。

再如在古汉语里,同义构词法中有一种是来源于相同的两个成分在一起构词。古音学家顾炎武曾提到"烏鴉"的事例。顾氏说:

古但有"烏"字,无"鴉"字,汉以下始以"魚、虞、模"韵转入于"麻",而"烏"字亦别为鴉,……[1]

顾氏又引用戴侗《六书故》的话:

"烏"与"鴉"乃一声之转,皆因其鳴声以謂之,非有二字也。[1]

这一种来源相同的两个成分在一起构词,汉语里还很有一些,比如"等待""能耐""雁鹅"(四川称"鹅"如此)。

汉语里有些叹词,象"恶!是何言也!"之"恶",以及"鸟呼",这两个词用今音读起来是合口,在叹词中很是特别。如果从古汉语自己的形式来看,我们就能够比较亲切地体会这两个叹詞。"惡""烏呼",原来在上古音里都属于"魚"部。"魚"部的上古读音現在拟定为[a]韵母,用[a]韵母来读这两个词就正好是[ʔa][ʔa ha]或[a][a ha]之类,这就与今日的叹词相类似了。

三 方言

音韵知识对方言的调查研究帮助是很大的,无论作当代方言研究或是方言史的研究都是这样。

首先,应用了音韵知识,可以使我们对方言的語音叙述能够

(1) 均見《音韵正》卷四。

以簡御繁。比如我们可以说古代"疑"声母字在某方言里变化怎样，古代"莊"一組声母字在某方言中变化怎样；或者古代止攝字在某方言中情况怎样，或者古代入声字在某方言中情况怎样。如果没有这些古代的类作叙述的依据，那就必須字字列举，另行归类，这就增加工作不便。并且，各个方言语音对应关系也将不易察出，在这方言语音的比较研究上也是不便的。音韵知识对方言调查在这一方面的帮助，是显而易見的。再则，语音的变化是以类相从的，所谓"类同者变化同"。如果从音韵知识上了解了古汉语的类，亦即音韵系统，在方言调查时，往往能够由此及彼，帮助我们加速加深对方言语音的认识。这一点，清代的古音学家和等韵家江永就指出过。他说：

> 按凡一韵之音变，则同类之音皆随之变……人能通古今之音，则亦可以辨方音，入其字听其一两字之不同，则其它字可类推也⑴。

他又在谈到上古一些韵部中字变入中古"東"韵时说：

> 轉之中又有辨焉，"弓"，牙音转也；"雄""熊"，喉音转也；"瞢""馮""风""芃"，唇音转也；惟舌齿不转……⑴

江永这番话，是得到方言研究工作的证明的。可見，有了音韵知识作依据，可以使我们在方言调查研究上心中有数的。

音韵知识还可以帮助我们推定方言词汇。比如老舍《全家福》里写有"鋸碗"（用細小的铁片片把破了的碗的碴片釘在一起使碗复形，所谓补碗），"鋸"是老舍先生据北京音用的字，《同音字典》也是作"鋸"，读音是阴平声〔tɕy〕。这个"鋸碗"在江苏六合方言叫〔tɕi〕碗，声调是入声。我们知道北京音是丧失了古代入声的，而六合音是丧失了撮口的，取这两个方言互证

⑴ 均見《古韵标准》。

，可以得知这字是个古入声字，《广韵》里入声《三烛》“居玉切”下有“锔”，解作“以铁缚物”，“锔”应当时“锯”之本字。找出方言词的正字是很重要的，这并不是为了“好古”或轻視“俗字”，这是因为我们还得研究詞在方言中分布情况，词在方言中意义演变情况，等等，如果不了解这个词的早期的写法，读音、意义，就很难作到把各个方言中这个词认出或很难作比较研究。所以，应当了解，方言词“定字”工作是必須重視的，“定字”的目的是为的有利于看词的分布和流变，而定字工作也离不了音韵知识，

再比如，古代謂“鍋”为“鑊”，“鑊”这个词大多方言已經不用，“鑊”这个字也只是在古书或成语見到。在福州方言中，叫“鍋”作“鑊”，但是不是就该定字作“鑊”，当然仍难肯定。正好中山方言也叫“鍋”作“鑊”。象上面定“锔”字为“锔”一样，用福州、中山两个方言来跟中古“鑊”的读音对应，就可以断定是“鑊”字无误。那我们就可以接着断定，古代“鑊”是“鍋之类”意义是記载如实的，给在方言这个词可作证明；方言中这个词是有其历史渊源的，它不会是向别的語言借来的，

由此可見，音韵知识在方言调查上的作用不仅仅是语音方面而已。

四　声律

音韵知识在文学上的运用，方面很多，这里也只略举其例。但重要的是对于双声、迭韵、平仄等这些知识要学习熟悉，然后才能略領文章声律，分析古人文章的声韵组织，还要注意利用古人当代的語音去了解它，因为語音各时代不同，表現在文章就也会随之不同。比如，“蝃蝀在東”“朝隮于西”（鄘风·蝃蝀）“鴛鴦在梁”（小雅·鴛鴦）这类句中韵，是我们用今音就能夠认

出的，但“日居月诸”（邶风·柏舟）这样的“句中韵”就易于从用今音认识中滑过去。又如，“山有扶苏，隰有荷华”（郑风·山有扶苏）“陟彼崔嵬，我马虺隤”（周南·卷耳）这类句子里双声迭韵的组织是我们用今音就能够认出的，但“陟彼高冈，我马玄黄”这类双声迭韵的组织就易于把“玄黄”滑过去。像“聊逍遥以相羊”（离骚）“音要绍兮要娪”（九思、伤时）用今音来看就可领会到它们在双声迭韵上作了安排，但“纡馀委蛇”（上林赋）、“帷弸环以拂汩兮”（甘泉赋）就不易从今音中看出其中的双声迭韵的组织。由此看来，了解所要分析的声律的音韵现象如何是首要的，至于声律本身的规则如何，则可以因时代、因文体而有所不同，是要随时如其声律的实际加以辨认的。简言之，我们不能认识古人的声韵调，就不能认识古人的声律。

比如苏轼在《大风留金山两日》这首诗里说：“塔上一铃独自语：明日颠风当断渡”。这一句乃是铃语，是模拟铃声的：“[m——n——t——p——t——t——d——j]”。如果把“日”读作擦音ʐ，把“风”读作擦音f，就会耽误了对铃语的认识了。

文学上应用声律，是随处可以遇到的。这里可以看一个平仄方面的例子。张惠仁同志在《诗歌形式的新探索》[1]一文里说出“如果新诗人有意识地掌握汉字的平仄规律，在不妨碍内容的前提下，有意识地协调一下平仄，这对形成诗句的节奏感将会有莫大好处”一番意见，并用诗人郭小川的《厦门风姿》一诗作例，举出：

① 满树繁花　一街灯火　四海长风
(仄)(仄)(平)(平)　(平)(平)(仄)(仄)　(仄)(仄)(平)(平)
(仄)　(平)

② 百样仙姿　千般奇景　万种柔情
(仄)(仄)(平)(平)　(平)(平)(仄)(仄)　(仄)(仄)(平)(平)
(平)

[1] 副标题是：——读郭小川的《厦门风姿》。见《文汇报》，1962年9月11日，三版

六个短语，說：这六个短語，分别组织于两个诗行之中，念来节奏感很強；认为：诗人是在有意识地协调了平仄。他还說：如果把弟四例改写成：

千般仙姿　百样奇景　万种柔情
(平)(平)(平)(平)　(仄)(仄)(仄)(仄)　(仄)(仄)(平)(平)
(平)

这样在内容意义上虽然没有多大差别，但在语音的节奏感方面，在艺术形式美方面，就不及原式。

平仄协调在我国传统文学中是得到重視的。

字音的平仄是声调的高低，因之，平仄在歌唱上很得到重視。比如，昆曲中北曲字音在声调方面已经跟今天北京音相一致，所以北曲上声字所配的音调往往是起处略高，转低后再上升，成为 ✓ 这种形状的旋律线。如《风云会·访普》和《灵寿杖》中的“紧”字所配的音调就是这样的[1]

就我们所有的材料看，前人在作曲配乐时，对字音的变调也是没有忽略的。

对语音与音乐关系加以研究，是很有意义的。不久以前，政协全国委员会和中国音协已决定对诗经、楚辞、汉魏乐府、唐诗、宋词，以及汉魏六朝的骈文、后世杂言韵文、散体古文、宝卷等，进行系统的吟诵和录音。相信这一工作的开展，将能帮助我们对汉语与音乐的关系问题，得到全面而系统的认识。

声律与文学的关系是至为密切的，《切韵·序》說：“凡有文藻，即須明声韵”，这是說古人对声的重視。汉语文献足徵，《诗经》已经是在有意识地施用声律，绝不是偶然的。比如：

凤皇鳴矣
　　　　　　于彼高岡

[1] 杨荫浏·吴剑恩《漫谈汉语与音乐的关系》，《光明日报》，1963年7月25日，三版

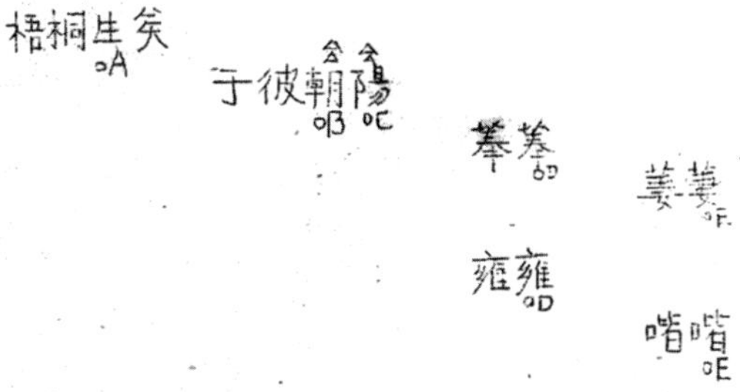

——《大雅·卷阿》九章

共中同字的双声迭韵关系（如“矣”“于彼”）和重言的双声迭韵关系（如“菶菶”……“喈喈”）自不必說。所以，就着今日能观察到的声韵组织来看，这不多的几句诗，共乐律大概不会是单一的。

当然也应当注意到，声律给予文章的束縛也是不小的，象“儕子遊敖”这类例字协韵，《诗经》已开共端，后世流弊更大。这里讲声律并非在一味提倡它，只是作为鑑定古人声律利弊之一种知识来介紹的，至于今日诗歌中应当怎样处理声律则是正在研究中的一个专题。

牟世金有关评论资料

（山东大学研究生处编，1989 年山东大学印本）

牟世金有关评论资料

（山东大学研究生处编，1989 年山东大学印本）

牟世金有关评論資料

山東大学研究生处编印

八九年一月

要　目

牟世金有关评论资料

（山东大学研究生处编，1989 年山东大学印本）

前言

为了更好地加强对我校一批学有成就，在国内外较有影响的教授、专家的研究和宣传、我们整理编辑了这本《牟世金有关评论资料》。由于我们水平所限，所收材料也只是我们所能见到的一部分，以后不断收集或发现的，我们将再作增补。这是一次初步尝试，以后我们将陆续做好这方面的整理、编辑工作。欢迎有关专家、教授积极为我们提供资料。欢迎更多的人了解山大、为振兴山大做出贡献。

所编材料、难免有不当之处，请同行、专家指正。

山东大学研究生处

1989年3 月

文史哲 1988年第1期
(总第184期)

牟世金教授与古代文论研究

牟世金教授，中共党员，四川忠县人，1928年生，1960年山东大学中文系毕业后留校任教至今。近30年来，牟先生在中国古代文论领域辛勤耕耘，潜心著述，硕果累累，享誉海内外，是我国著名的中国古代文论研究专家。先后出版《文心雕龙译注》、《文学艺术民族特色试探》、《雕龙集》等著作10余种，发表论文80余篇，并主编了《中国古代文论家评传》等。现任山东大学文科学术委员会副主任、中文系主任、中国古代文论学会常务理事、中国文心雕龙学会秘书长等职。

牟先生早在1962年，即在我国著名学者陆侃如指导下研究《文心雕龙》，并与陆先生合作，出版了《文心雕龙选译》、《刘勰论创作》等，对国内外"龙"学研究的发展，起了重要的推动作用。1981年出版的《文心雕龙译注》，是海内第一部全译本。此书论证周密，注释精当，解决和纠正了前人注释的不少疑难和谬误。著名"龙"学家王元化先生称其"治学严谨，掌握资料丰富而全面，持论公允，为目前同类著作中所罕见"。牟先生十分重视《文心》理论体系的研究，他在1981年发表的《〈文心雕龙〉的总论及其理论体系》中，认为全书理论是以"衔华佩实"为主干，以物、情、言三者的关系为纲。此说第一次全面系统地论证了《文心雕龙》的理论体系，为多数同行学者所首肯和采用。牟先生研究《文心》的成果受到海外学者的关注，苏联的李谢维奇、美国的刘若愚、日本的安东谅、香港的陈耀南等对牟先生的著述多有称引。牟先生于1983年赴日考察《文心》研究，1987年夏，参加香港第四届国际比较文学会，都受到欢迎和重视。

牟先生学术功底深厚，先后为本科生、研究生讲授汉魏六朝文学、古代文论等多门课程。研究领域颇为宽广，除"龙"学和古代文论外，在经学、玄学、文字学和比较文学等方面，都有引人注目的专论问世。特别是《文学艺术民族特色试探》一书，对中国古代诗文、绘画、音乐、舞蹈、书法等多种文艺理论进行了综合研究，在探讨文学艺术的民族特色和总结艺术规律方面，颇多创见，被认为"是全国古代文论研究的一个突破"。其论著多次获山东省和山大社会科学研究优秀成果奖。

牟先生善于思考，治学有方。他总结自己多年来的治学经验为"友、师、敌"三字读书法，在《文史哲》发表后，几经转载，在学术界产生了广泛的影响。牟先生待人宽厚，奖掖后学，力主"师不必贤于弟子"，鼓励学生超越自己，深为青年学子所称道。

最近，牟先生应人民文学出版社之约撰写的《文心雕龙研究》专著已经脱稿，现正全力主持国家教委批准的博士点基金项目——《中国古代文艺理论史》的研究和撰写。

傅合远　撰文

人民日报

1988年4月16日

文坛
风景线

他走着一条艰苦的道路

——记“龙学”家牟世金

马瑞芳

《文心雕龙》研究，已被国内外学者称为“龙学”。

龙年之初，山东大学中文系牟世金教授完成了人民文学出版社预约多年的《文心雕龙研究》。他对这部历时5年而成的40万字著作，虽不十分满意，毕竟了却了多年的一大心愿。

牟世金在龙学上的一个重要突破，有这样一段趣闻：吴富恒在任山东大学校长时，常向中文系教师们介绍西方文论大师瑞恰慈，有一次说到瑞恰慈的观点：“主观的情来自客观的物，客观的物制约着主观的情；物、情都要通过语言来表达……”。“物、情、言”关系，使牟世金怦然心动，一种突如其来的灵感电光石火般地冲击着他：很有道理，颇为新颖，但又似曾相识。

“物、情、言……”牟世金回到书斋，日复一日地冥思苦想，穷追不放。书桌上摊开了各种《文心雕龙》研究著作，书架上取下经、史、子、集等有关资料，书页飞速翻动，红线蓝线一道道画了上去……

终于，牟世金从古老的中国“龙”的龙体中，捕捉到了那似曾相识的东西。和笑话大约同时出现的，是《中国社会科学》上刊出的牟世金严谨新颖的论文：《〈文心雕龙〉的总论及其理论体系》。本文提出，《文心雕龙》的理论体系就是以物、情、言三者关系为纲，以“衔华佩实”为主干构成的。

西方文论的只言片语给东方龙学带来新的突破。从语义学派到龙学，羚羊挂角，无迹可寻，这个奇特的学术现象大约是吴富恒教授及其恩师瑞恰慈始料未及的。

牟世金早年师从于陆侃如教授，而今天能被称为“龙学家”，是因为他关于《文心雕龙》的著作已有注、译、选、编、系统的理论研究和年谱汇考等不下十种，得到国内外学者的首肯。程千帆教授曾称誉牟世金在《文心雕龙》研究方面“卓著成绩”。苏联学者李谢维奇在他的专著中多次提到牟世金的观点。日本学者安东谅称牟世金的著作为“精密的理论”。其实，龙学仅是牟世金教授研究工作中的一个“点”，他还铺开了一个广阔的“面”，眼下正在主持国家教委博士点项目“中国古代文艺理论史”的研究和撰写。著文必求新意，哪怕一点一滴，这是牟世金多年来所追求的。他涉猎龙学、古文论、经学、玄学、文字学、比较文学等，所论常有新意。

在建设具有中国特色的文艺理论方面应走自己的路。牟世金致力于传统经验的综合研究，无疑是必要的。但他目前正在奋力迈进的，却是一条十分艰苦的道路。因为他所要研究的任何一个专题，都非仅精通一家者所能为。

龙年前夕，牟世金出任山东大学中文系主任，除了主持繁重的系务工作，作为中国文心雕龙学会的秘书长，正协助会长和主办单位，为迎接今秋在羊城召开的盛大国际龙学会作种种必要的准备工作。

古典文学知识
一九八八年第五期
总第二十期

·学者列传·

取精用弘 博而能一

——记牟世金教授

傅合远 戚良德

中国古代文论学会在1983年和1987年分别召开了第三、五两次年会，同时改选了学会第二、三届理事会。山东大学中文系牟世金教授虽因故未能参加后一次年会，但两届理事会选举都得全票。牟先生何以如此受到古文论界同仁的普遍信赖和推重？

牟世金出生于1928年，祖籍四川忠县。五岁入私塾，习经书。1946年考入四川省立万县师范学校，毕业后，任忠县南宾中学语文教师，从教一年。1949年底考入军政大学，毕业后，在中国人民解放军十一军和青岛海军机关工作六年。1956年8月，考入山东大学中文系，毕业后，留任著名学者陆侃如先生的助手，走上研治中国古代文学与中国古代文论的漫漫征程。

近三十年来，牟世金先生除参加了山大中文系《中国古代文学作品选》、《杜甫诗选》、《中国古代文艺理论资料目录汇编》等书的编写外，还与陆侃如先生合著有《文心雕龙选译》、《刘勰论创作》、《刘勰和文心雕龙》等书。特别是进入八

3

十年代之后，又陆续出版了《文心雕龙译注》、《文学艺术民族特色试探》、《雕龙集》、《台湾文心雕龙研究鸟瞰》、《刘勰年谱汇考》等专著。发表于《中国社会科学》、《文学评论》、《文史哲》等刊物的八十余篇论文，也记载着牟世金先生辛勤耕耘的足迹。

牟先生与“龙学”结下不解之缘，是颇富戏剧性的。1958年，山大校长成仿吾组织中文系师生编写中国大文学史。当时著名学者陆侃如教授与牟世金被任命为汉魏六朝段的“段长”。等组员们挑完课题，只剩下了《文心雕龙》。牟世金被逼上梁山，一口气将范文澜的《文心雕龙注》读了五遍。从此《文心雕龙》这座中国古代文艺理论的宝库，开始向不畏艰难的探索者敞开自己的大门。《文心雕龙选译》和《刘勰论创作》的相继出版，使牟世金成为“龙学”的重要奠基人之一。

牟世金先生的《文心雕龙》研究跃上新的高峰，还是在八十年代。1981、1982年，《文心雕龙译注》上、下册相继出版，这是“龙学”史上第一个《文心》全译注本。它虽然以六十年代的《选译》作基础，但却统一重写长篇“引论”和各篇“题解”，体现出著者对《文心》的新的认识和评价，另外从注释到翻译，其面目已大不同于旧作。对此，有识之士已早有评价。或云：“一篇引言，洋洋洒洒达六、七万字，纵横捭阖，层层推进，条分缕析，益见谨细，从《文心》整个体系上作出这样全面深入的理论剖析，目前是不多见的。”或谓：“《文心雕龙译注》……恰到好处地注释、翻译了《文心雕龙》全书”。或称世金先生“治学严谨，掌握资料丰富而全面，持论公允，为目前同类著作中所罕见。”衡之《译注》本身，这些评价诚非过誉。即以注释而言，虽有范注享誉在前，但牟先生仍细心钩稽，纠谬补正之处每每而有。如《史传》篇有“宣后乱秦，吕氏危汉”之句，范注引《史记·匈奴列传》之语，以“乱”为淫乱，其后注家皆从此说。但牟先生

4

细究原文，认为“宣后乱秦”与“吕氏危汉”性质相同，而与淫乱毫不相干，并证以《史记·穰侯列传》和《范雎列传》的史实，“宣后乱秦”之本义始明。《译注》对《文心》的翻译，更是圆润畅达，既忠实于原著，又灵活变通，力求以现代的理论语言准确地传达出一千五百年前的文学思想。

抱着“早得中国的金龙”的殷切期望，牟先生于1985年撰成《台湾文心雕龙研究鸟瞰》一书，对近三十年来台湾的“龙学”作了全面介绍，并以自己多年研治《文心》的心得，本着“知无不言”的态度，就“龙学”的诸多问题，与台湾学者展开了严肃认真的讨论。《刘勰年谱汇考》一书，则是牟先生多年思考、研究刘勰生平的一部力作，其中对刘勰的生卒年、《灭惑论》撰年、《文心》成书年代等“龙学”的许多至关重要的问题，根据大量史料，提出了有理有据的新论证。

牟先生治《文心》，坚持微观与宏观相结合，力求认识《文心》的本来面目，探索《文心》在中国文艺理论史上的实际影响和地位。他既重视字字句句的准确无误的解释，强调“读懂原文，搞清本义”，又力主从《文心》本身的理论体系出发，完整地理解《文心》、解释《文心》，其《〈文心雕龙〉的总论及其理论体系》一文，便是经过多年研究后对《文心》理论体系所作第一次科学表述。

台湾《明道文艺》今年元月号刊登了台湾学者最近的一次《文心》座谈记录。台湾师大国文系教授王更生在发言中讲到：“大陆上学者对《文心雕龙》的研究，自‘文化大革命’结束以后，有相当突破性的表现……经我看到的有几篇重要的文献，首先是牟世金先生在民国七十三年(1984)‘文心雕龙学会成立大会专辑’上发表的《文心雕龙研究的回顾与展望》。”此文确为解放后三十年来龙学的总结性文献。王更生先生也许还没有看到牟先生《龙学七十年概观》的长文，那更是对七十年龙学的全面总

5

结。以上两文，分别为齐鲁书社和人民文学出版社出版的两种《文心》论文选的“序言”。

龙年之春，牟先生完成了又一四十万字的巨著《文心雕龙研究》，从理论上对《文心》进行了全面系统的研究。著者在本书自序中说：以上种种，从注、译、考、论以及对前人研究的总结，都是为完成《研究》一书所作的准备。此书的完成，标志着牟世金成为一位全面的龙学家。放眼七十年龙学史，龙学家们或长于校勘，或重在注释，或精于评点，或深于论证。牟世金则以其不下十种龙学著作，成为对注、译、考、论各个方面都有重要贡献的龙学家。

程千帆先生在给牟世金主编的《中国古代文论家评传》所写序言中说：“世金先生……研究《文心雕龙》，卓著成绩，蜚声海内外。”这确是言之不虚的。早在1983年，牟先生便参加中国社会科学院文心雕龙考察团访问日本，其研究成果受到日本汉学家们的称赞。1985年7月日本出版的《中国文学语学论集》，把牟撰《刘勰原道论的实质和意义》放在六篇《文心》论文之首。至于国外汉学家们对牟著的称引，更所在多有。如日本安东谅在一篇论文中，引据或提及牟先生论点达十余次；苏联李谢维奇在其专著《中国的文心》中也多次提及牟先生的观点。美国的刘若愚，香港的陈耀南等学者对牟先生的论著也多有称引，并给予很高评价。

也许正是因为牟世金先生与龙学有着密不可分的关系，当1987年8月，他应邀参加香港第四届国际比较文学讨论会并提交了《中西戏剧艺术共同规律初探》的论文时，人们不免有些惊奇。其实，细读《文心雕龙译注》可知，此书虽译注《文心》，但洋洋近六十万言，搜罗经史子集，详稽诸子百家，实非博览群书者所能为。而读其《文学艺术民族特色试探》一书，更可以看出，作者于中国古代诗文、绘画、音乐、书法、戏剧、舞蹈等各种艺术理论

6

都有深入的思考和研究，且能融汇贯通，从不同的文艺理论中总结出文学艺术发展的共同规律，这些研究被认为是"古代文论研究的一个突破"，牟先生能写出探讨中西戏剧艺术共同规律的有分量的文章，也就决非偶然了。

实际上，强调为学的博大精深，要求从博入手、由博返约，正是牟世金先生治学的切身经验。在大学执教以来，牟先生先后为本科生和研究生开设汉魏六朝文学、古代文论、中国文学批评史、文心雕龙研究等多门课程；在连续招收两届中国文学批评史专业研究生后，又与人合招一届六朝文学专业研究生。牟先生已发表的八十余篇论文，既有对曹丕、陆机、钟嵘、陈子昂、刘知几等文论家的专题研究，更有对纵贯整个中国文艺理论史的重要理论问题的综合探讨；既有对中国文学史和中国古文论研究方法问题的专论，更有关于儒家、墨家、道家、经学、玄学等重要思想史课题的探讨；甚至还有文字学、历史学等方面的论文发表。除其《中西戏剧艺术共同规律初探》一文被中港合编的《比较戏剧学论文集》选列首篇外，又有《门外字谈》一篇，也被刊于《字词天地》1985年1期的首篇，且加编者按语："……作者文题谦作《门外字谈》，但它指示给读者的乃是一条深入古代学术奥堂的重要途径。"牟先生《漫说〈世说新语〉人物描写及其史料价值》一文，也被《中国古典文学论丛》第三期刊于首篇；他的《六朝经学的中衰与发展》在《青海社会科学》发表后，又被《中国史研究文摘》选编，称这两篇文章，俨然出自史学家之手。不博不足以成其大，不精不足以名其深，博与深关系的正确处理，使牟世全先生的学问臻于又能博大又能高深之境。

牟先生最为精彩的治学经验，还是他的"友、敌、师"读书三字法。以书为友，以书为师，都是容易理解的；而以书为敌，且以"敌"为中心环节联

7

结“友”与“师”，则是牟先生之“读书三字法”富有生命力的关键。要和书本交朋友，且要广交深交，但同时又要时时带有“敌”意，因为朋友有真诚虚伪之分。只有察其虚实，辨其真伪，识其精华与不足，方能从而师之，也才能在这个过程中发现问题、解决问题。牟先生能在《雕龙集》等论著中抉精发微，新意迭出，尤其能对许多传统问题提出独到见解，其以“敌”为核心的“读书三字法”是起了重要作用的。也正因此，当牟先生把自己积五十年读书经验而形成的这套读书方法在《文史哲》上介绍给读者后，很快被报刊杂志转载介绍，还被《新闻与成才》作为首届优秀读者奖试题之一，产生了广泛的影响。

牟世金先生不仅有着深厚的学术功底，而且具备多方面的艺术修养。他能画、工书，擅作诗填词。其严于律己，宽厚待人，奖掖后学之风，早为同道所称颂，更为学子所仰慕。如今，牟世金先生既是专家、教授，也是一位身兼数职的学术研究的组织者和领导者。他现任山东大学文科学术委员会副主任、中文系主任，中国古代文论学会常务理事，中国文心雕龙学会秘书长，并负责编辑《文心雕龙学刊》。现在，牟先生正全力主持国家教委批准的博士点基金项目——《中国古代文艺理论史》的研究和撰写。长风破浪时，云帆济沧海，我们祝愿牟世金先生为“龙学”和中国文艺理论研究作出更大的贡献。

（作者：山东大学中文系教师）

8

文史哲 1986年第4期

《中国古代文论家评传》序

程千帆

我国古代文论发端于先秦，而兴盛于魏晋南北朝。从曹氏兄弟直到刘勰、钟嵘，他们不但对文学创作及基本上与之同步发展的文论在理论上进行了多方面的探索，而且对于如何表达这些理论，也同样进行了多方面的探讨。如晋朝挚虞撰《文章流别》，分为集、志、论三个部分：集是作品，志是传记，论是理论批评。他把这三个各有侧重面而又互相关联的组成部分，构成一个整体，就能够比较完整地体现其所涉及的历史时代的整个文学风貌。挚虞这一创造性的工作，对于后世文论的影响，是有目共睹的。

建国以来，我国学者在马克思主义的光辉照耀下，继承和发扬了前代学者的优良传统，对古代文论的研究做出了很大的成绩，有关这方面的书出得不少。我们已经有了《中国历代文论选》这种相当于"集"的书，有了各家《中国文学批评史》这种相当于"论"的书，现在牟世金先生又主编了这一部相当于"志"的《中国古代文论家评传》，这将使我们更完整地看到中国古代文论的全貌。这是一件很有意义的事。

参加撰写这部书的学者多达五十余人，包括老中青三代，有卓负盛名的老一辈学者，也有近年来崭露头角的新秀，所以此书的出版，无异是一次古代文论研究成绩的综合展览。这部集体撰写的书可能还有另外一种特色，就是在论述中开展了百家争鸣。我们对于古代文论家的评价，在学术界并不是都取得了一致的意见的。如果这部书由一个人来写，作者就必然有一个统一的观点，这种统一的观点有时也不免产生"安于所习"，"祟其所善"之弊。而照现在这样的安排，则不但完成了本书应负的使命，且汇集研究者的各家之长，对读者提供了较大的方便，而使用这种方法，也是一次百家争鸣、百花齐放的实践，对此后古代文论的研究会起到推动作用。

世金先生早年跟陆侃如先生学习，研究《文心雕龙》，卓著成绩，蜚声海内外。对这部《中国古代文论家评传》的编纂，显示了他已由一个研究者进而成为一个研究工作的组织者。对此，我感到由衷的高兴。对于古代文论，我曾经走马观花，实未升堂入室，偶然有些想法，因为年老力衰，也没有能够及时写成文章，求教同行。看到世金先生勇猛精进、日新月异的成就，真感到既安慰又惭愧。

1986年2月

9

文学報

1988年7月7日 ·第380期· （代号：3—22）

○王元化

《文心雕龙研究》序

牟世金同志的新作《文心雕龙研究》即将问世，嘱我写几句话作为序言。我虽然应承下来，但是一提起笔却又不免有些踌躇。我感到自己不象世金同志那样专心致志，研究《文心雕龙》的专著和论文不及他读得多，恐怕难以提供值得参考的意见。他为了总结前人与当代学人的经验，写出了《龙学七十年概观》、《刘勰年谱汇考》、《日本研究文心雕龙一瞥》、《台湾文心雕龙研究鸟瞰》等著作。他在蒐集资料上，用力甚勤，继承了清人不病琐、获之创的求实学风，决不贪图省力，以第二手资料充数。世金同志即将问世的这部书，就是在这个基础上对《文心雕龙》所作的再认识再估价。我认为这对研究工作中那种轻视掌握资料的风习是具有针砭作用的。长期以来，总是把理论脱离实际的倾向归咎于对应用学科的重视不够，我并不以这种说法为然。应用学科与基础学科紧密相关、同步消长，如果把它们割开，看不出前者的发展有赖于后者的深化，其间形成一种水涨船高的关系，只求拔苗助长之效，那倒是必须警惕的。我认为，在科研方面不从实际出发，轻视乃至抹煞掌握资料的必要，才是理论脱离实际的根源。

六十年代初，世金同志和他的老师陆侃如先生合译的《文心雕龙选译》出版了。陆先生去世后，世金同志独自完成了这部书的全部注译工作，这是我国第一部全译本，较以前的选译本在质量上提高了很多。这些年，他还陆续出版了好几本研究《文心雕龙》的专著。世金同志对于《文心雕龙》怀有深厚的感情，他的研究工作数十年如一日，从未中辍，这种孜孜

10

不倦的钻研精神，使我感到钦佩，也使我感到愧然。因为我的兴趣时常转移，不能专心致力于同一课题，作长时期的探讨，我尝戏言，世金同志可以说得上是《文心雕龙》的功臣。这一点，有他的大量论著可以为证。他也是全国《文心雕龙》学会的倡议筹建者，学会的繁杂事务几乎都是由他承担起来的，因此学会倘在学术界有所贡献，首先得归功于他。

我时常听到一些同志说，研究《文心雕龙》的文章已经很多，似乎再没有什么新意可写了。我同意世金同志的学无止境的说法。自然，剿袭成说是不好的，逐新猎奇也同样不可取，后种倾向往往是前种倾向的反拨。尽管两者似乎各趋一端，但究其实际，它们的弊病却同在于找尝不务深探，不肯做切实刻苦的研究工作。近年来，千篇一律的文风渐渐敛迹之后，又冒出了另一种故作惊人之笔的骇世之文，这也就是我曾经说过的那种意在求胜的商榷文章和惊听回视的翻案文章。这类文章并不比人云亦云的文章可以为理论研究多增添一点新因素。世金同志这部书毫无哗众取宠之心，也许会被认为过于质朴，但这也是它的长处。因为从这种质朴中可以看到一种实事求是的治学态度，既不刻意求新，也不苟同于人。他所说的“有人异于我，也有我异于人”，大概就是为了说明这一点吧。他力图揭示原著的本来意蕴，而决不望文生解，穿凿附会。书中那些看来平淡无奇的文字，都蕴涵着作者的反复思考、慎重衡量，其立论之严谨，断案之精审，我想细心的读者是可以体察到作者用心的。

我和世金同志是通过《文心雕龙》结成文字之交。七十年代末拙著《文心雕龙创作论》出版后，他是最早在文章中给我鼓励和奖饰的不相识者。虽然我在书中曾对他的《选译》释自然之道提出异议，他不仅毫不介意，而且欣然接受了我的意见。当我发表释“拟容取心”说遭到不少指摘时，他也首先出来辨明曲直表示赞同。那时我们不但不认识，而且我也未平反。他这种不以政治歧视来对待学术问题，至今仍使我感念。自然，世金同志也曾在文章中对我的某些观点表示异议，提出不同看法，其中不乏真知灼见，给我启发，令人折服。我想人生中的友谊以文字之交最为纯朴，我和世金从未互相馈赠，也从未一起吃喝。我们见面和通信，谈的是学问或学会的事，除此之外，彼此均无所求，甚至连私人生活也从未涉及，这在一般朋友交往中恐怕是很少的。由于世金同志的缘故，我还和不少《文心雕龙》研究者也结下了这样的友情，这都给我欣慰，为我所珍视。最近听说世金同志患了癌症，又听说经过手术治疗已渐痊愈，让我衷心祝祷世金同志完全康复。

（一九八八年六月十五日记于上海寄庐）

11

读书 1984.5 五月十日出版

《文心雕龙》研究的勃兴

近年来《文心雕龙》研究专著漫议

石家宜

有人对《文心雕龙》的研究作过这样的统计：近三十年来共出版了二十四部专著，发表了约六百篇文章。其中，仅从一九七八年以来的短短五年里，就出版和发表了专著十八部、论文四百余篇。这些都充分显示着《文心雕龙》的研究已经进入了昌盛的新时期，现仅就笔者涉猎的一些专著，谈一点感受。

和周著不同的是牟世金同志的《文心雕龙译注》。早在六十年代初就有他和陆侃如先生合著的选译本，这次作者将原有的二十五篇译稿重新改写，补全了另外二十五篇，新著面貌焕然，须刮目相看。首先，新著的整体感强。《文心雕龙》的各个单篇都是相对独立的，而其间联系却又十分紧密，况且我们首先面临一系列特殊的术语、概念和范畴，如果不从总体着手，就会被孤立的概念纠缠和割裂的局部探讨遮住视线，所以作者早在二十年前就卓有见识地提出要重视《文心》理论体系的研究，而且从未懈怠过这种探求。作者抓住"衔华佩实"这个核心，以"割情析采"为纲来进行环环紧扣的细致解析，取得了理论整体上比较准确的把握。其次，牟著的理论质地好：一篇引言，洋洋洒洒达六、七万字，纵横捭阖，层层推进，条分缕析，益见谨细，从《文心》整个体系上作出这样全面深入的理论剖析，目前是不多见的。作者又在每篇译注前的评析中把各篇的重心、结构以至段落大意都作了简要提示，显示出牟著高度概括而又剖析精微的理论特色。同时，新著的科学性也大大增强了。要"读懂原文，搞清本义"，这是作者的甘苦言，也是他的方法论。如《史传》"宣后乱秦，吕氏危汉，岂唯政事难假，亦名号宜慎矣"数语，范注引《史记·匈奴列传》"秦昭王时，义渠戎王与宣太后乱，生二子"，于史有据，似无大错，但以淫乱为"乱秦"，与下面"政事难假""名号宜慎"是龃龉难契的，精细的作者终于从《史记·穰侯列传》中弄清了"宣后乱秦"的本义，于是作者下注曰："昭王年幼，……宣太后理政期间，用魏冉、白起等，对秦国的强大起过一定作用，刘勰所谓'乱秦'，完全从封建正统观念出发"，这样

12

的注释是何等明晰和精确！作者博取众长，尊重权威，但更尊重科学，他对所引的每一条资料包括范注的全部引文都找原文查核，从不用第二手资料，这种尊重历史的基本态度贯穿在整个校注工作中。比如范文澜、杨明照、刘永济、郭晋稀诸家都说《文心》篇次有误，有的对此作了很大调整。但是作者深入探讨了《文心》的理论体系结构，在没有任何资料和版本根据的情况下坚持从原文去探其本意。正是这种执着的注重论据使牟著充满了首创性。比如翻译，由于《文心》多喻理，直译会使读者迷惑，有时甚至是毫无意义的，意译虽不拘原文，但易离开原意。所以牟著以直译为主，又力求表其意蕴，更兼重详注而不避难点，少数前人注以"未详"者，作者也尽可能找出一种较为可能的解释。如《论说》篇提到"叙、引"两种文体，范注"引，未详"，作者广泛引证考辨，推翻前人误断，弄清了"引"本是一种"如序而稍简"的文体；更困难的是许多喻理词和术语，无论抽象还是形象，都无科学的明确性，前人对此多避而不谈，今天要翻译就非解决不可，如"神理"、"风"、"骨"、"情"、"采"等一系列重要术语，作者多通过"以刘注刘"的方法，从全书惯常用例的命意中把握它们的含义，尽管这些解释还有可辩之处，但这种更为贴近原著的方法是可取的。牟著取得的成就是和他始终坚持尊重历史、尊重事实的执着认真分不开的，我们应当从这里总结他的已经引起海内外重视的理论研究工作。

早年鲁迅先生站在世界美学发展的历史高度，这样评价过《文心》的地位："篇章既富，评骘遂生，东则有刘彦和之'文心'，西则有亚里斯多德之'诗学'，解析神质，包举洪纤，开源发流，为世楷式"（《〈诗论〉题记》），和《诗学》的影响相比，《文心》的成就虽也引起了世界范围的广泛重视，但由于我们自己的研究还缺乏高度的科学性和系统性，《文心雕龙》理论的丰富内容和价值还没有被充分揭示出来，目前还缺乏与《文心雕龙》的崇高地位相称的全面系统的研究专著，因而，至今《文心》还没有发挥出它应有的影响。展望未来，我们有责任加速新的开创。今后，如果研究者能继承前人踏踏实实的考据、训诂的传统，集中智力尽快搞出一个完备的校本；在理论探讨方面，能把微观的"点"与宏观的"面"结合起来，尤其是能加强对《文心雕龙》理论体系的深入探讨，取得整体把握的主动；能更加重视先进理论的指导和讲究研究方面的科学性和多样化，有的放矢地加强比较研究，能从美学领域，从我们民族审美理想的演变历程中深入揭示《文心雕龙》基本范畴的意蕴；特别是能从《文心雕龙》理论体系的特点出发，加强文体论全面深入的研究，尽可能地读刘勰所读过、研究刘勰所研究过的作品和著述，减少我们研究的随意性，杜绝驾空设论的飘浮学风，这样，我们一定能够逐步接近我们的目标。

一九八六年七月

13

意的前提下，力求译得通顺流畅。这是《译注》为古文今译提供的一条可鉴经验。

二

这部《译注》的另一贡献，是作者于该书的《引论》中阐发了在《文心雕龙》研究方面一些重大问题上的精辟见解，具有较高的学术价值。其中最值得称道的是，通过全面分析，令人心悦诚服地论证了《文心雕龙》建立了以唯物思想为主的文学理论体系，为研究原著提供了可贵的参考。

作为一部文论巨著，其主导思想是唯物的还是唯心的，这对如何评价该书关系极大。因而；对这一问题进行分析研究，从而得出正确结论，是十分必要的。《译注》的《引论》对这一问题的阐发，论点较鲜明正确，论述有理有据。究其原因，在于作者坚持了马克思主义的实事求是精神和科学分析方法。具体来说，即把全部注意力集中到著作中，其中有什么思想因素就承认什么思想因素，有多少就承认多少；然后分析比较，确定到底哪种思想因素在全书中占主导地位。

当然，要确定该书中唯物、唯心两种思想因素的主次，并不是一件简单的事情。这要从它所论述的文学问题上，考察它对文学创作、文学理论的一些基本观点，质言之，就是看其怎样回答"物"、"情"、"言"的关系：文学作品是作家头脑的产物，还是客观事物通过作者思想感情所作的反映；作者的情态是来自客观的"物"，还是主观的"心"；文学作品应不应、能不能反映客观事物；以及文学创作是不是随着客观现实而发展变化。这是决定全局的主要矛盾。《引论》正是抓住它进行细致解剖，因而发现《文心雕龙》全部文学理论，未出"物"、"情"、"言"三字及其相互关系，此即"情"因"物"而生，"言"由"情"而发。《文心雕龙》中集中研究"物"与"言"的关系的，是《时序》、《物色》两篇。这一重要问题虽然只有两篇来论述，但一些文学理论上的基本问题都涉及到了。其中主要讲了文学创作与客观事物的三种关系：第一，客观现实是文学创作的源泉；第二，文学作品是客观事物及其联系的艺术反映；第三，客观现实（包括人类社会和自然界两个方面）的发展变化，决定了文学创作的发展变化。于是，《引论》断定：《文心雕龙》的文学观基本上是唯物的。这里应该特别指出，《引论》的这个论断，不是作者主观臆断的产物，也不是凭个人好恶献给刘勰的美誉，而是事实求是、科学分析作品的结果，因而应予肯定。

一部著作价值的大小，与其能否建立起完整严密的文学理论体系是很有关系的。因而研究《文心雕龙》应当首先重视体系问题。这一主张，《译注》的作者早在十九年前就提出来了，②但却一直未能引起足够的重视。后来，这个问题虽也有人正面或侧面谈过，但谈得都不够深透。《译注》的《引论》对这个问题作了认真探讨，基本上得出了令人满意的答案，这不能不说是一个贡献。

在研讨《文心雕龙》理论体系这个问题上，《引论》的最大可贵在于，坚持尊重原著的原则，把功夫下在挖掘刘勰的原意上，基于此努力再现其理论体系的原貌。

不可否认，我国古籍数量繁多，流传久远，其中难免会有误传和伪托。因此，完全有理由怀疑其正误然否，并进行耐心细致的考证工作。但是，在尚未得到确凿证据之前，决不应凭主观臆断擅疑妄改。这是我们对待古籍所应当恪守的普遍原则，对于《文心雕龙》当然亦应如此。其所以应当慎重，因为往往会"失之毫厘，差以千里。"③例如篇次问题，看起来无足轻重，但它却与理论体系密切相关。对此稍有不慎，就会影响对整个理论体系分析研究的准确性。不错，

14

《文心雕龙》原本今已不存，但与原本年代较近的唐写本至今犹在。宋无该书刻本，自明以来刻本渐多。就目前能见的所有版本来看，其篇次安排均同于唐写本，可见，该书在流传中篇次未尝有误，因此应当尊重。《译注》作者的态度正是这样：“在没有可靠证据之前，仍以尊重原著为是。”这种态度是可取的，也是必须的。只有这样，才有可能找到合乎原著实际情况的理论体系。

清人章学诚说：“善论文者，贵在作者之意旨，而不拘于形貌也。”① 《文心雕龙·序志》中关于全书篇次安排的说明，与该书实际上的篇次不完全一致。对此看法上的分歧，是导致体系异见的重要原因之一。《译注》作者尊重原著篇次并不是被动地盲从，而是积极地从根本上探讨刘勰的“意旨”；探讨中不是孤立、表面地就事论事，而是将此与整个理论体系结合起来，从其内在逻辑来探求二者本质上的必然联系。这是可靠的办法，唯其如此，才有可能找到刘勰所以如此安排篇次的真正用心。如对争议较大的《物色》篇的列序，《引论》说：“……《原道》即分‘天文’和‘人文’两个方面，《时序》、《物色》两篇正是分论社会现象和自然现象两个方面，可见《物色》在《时序》之后，正符合刘勰的原意。”这正是“世远莫见其面，覘文辄见其心。”(《知音》)而得其用心，再来分析其理论体系，当然也就会应之于手了。

《引论》正是基于此，全面分析，深入探讨，得出如下的结论：“《文心雕龙》全书，就是以‘衔华而佩实’为总论，又以此观点用于‘论文叙笔’，更以‘割情析采’为纲来建立其创作论和批评论。这就是《文心雕龙》理论体系的概貌，也是其理论体系的基本特点。”这里既是“概貌”，其概括当否，我们不妨看看其全貌如何。根据《序志》的提示，《文心雕龙》全书分为“枢纽”、“论文叙笔”和“割情析采”三大部分。其中“枢纽”着重交代全书理论体系的指导思想。“论文叙笔”即诸家所谓“文体论”，但它决不仅仅是论析各种文体，而是借此全面总结历代的写作经验，然后上升为理论，概括为“衔华而佩实”；反过来，再以此去检验历代的作家作品。至于创作论和批评论部分，刘勰所以用“割情析采”来概括其总的内容，更说明他是有意着眼于华与实、情和采的配合来建立其文学理论体系的。刘勰认为作品无不由内容和形式两方面组成，因此，文学创作的具体任务，也就是如何“舒华布实”，即怎样安排好内容和形式的问题；而文学批评则是由形式入手考察内容，以及这些形式能否很好地表达内容。可见，《引论》对《文心雕龙》理论体系的概括，是合于该书的实际情况的，这就基本上再现了该书文学理论体系的原貌。

三

《译注》的不足之处，主要有三，其一，关于刘勰的佛教思想对他写作《文心雕龙》究竟有何影响、有何体现、成分多少，程度多大，有必要论述充分。应当承认，这确乎是个难题，因而论者多知难而避。《引论》能够正视它并加以研究，这值得肯定；但对问题的论述尚欠深入，因而令人存疑：刘勰在某些问题上既然有“地道的佛教思想、彻底的唯心主义”，而写作《文心雕龙》中不仅“并未中止”，甚至“毫不含糊地运用”，可他在书中却“建立了以唯物思想为主的文学理论体系”，这岂非一个矛盾？

其二，译注中还有个别尚待斟酌之处。如《史传》篇“‘列传’以总侯伯”，注曰：“……总侯伯：这应指记述诸侯王事迹的‘世家’而言……这里的‘列传以总侯伯’，与《史记》不符，可能是文字上有脱漏。”对于原文，可以有不同看法，然而拙见，刘勰肯定深知《史记》的内容“为十表，本纪十二，书八章，世家三十，列传七十，凡百三十篇。”② 而所以

15

文学评论 ·书　评·
一九八四年 第三期

评《文心雕龙译注》

王树村

一

陆侃如、牟世金先生的《文心雕龙译注》，是第一部对《文心雕龙》的完整译注本。

作为一部译注，其主要任务当然是对原著进行注释和翻译。《文心雕龙译注》的主要贡献，正在于它恰到好处地注释、翻译了《文心雕龙》全书，为读者阅读原著扫除了文字上的障碍。

检验注释的优劣，我以为，一应看其是否根据阅读的需要来作注，二应看其注得是否准确。《译注》正是把握了必要性和准确性两条，因而取得了注释上的成功。

第一，必要性。今天，《文心雕龙》已吸引了越来越多的读者，但其中不都具有较高的阅读古文能力，这就与该书的文字偏难形成矛盾。《译注》作者深明此情，因而注释中有意识地增加了注条数目，旨在尽量减少阅读中的障碍，力求解决上述矛盾。例如，对于《原道》到《檄移》的二十篇，范注本只设有911条注，平均每篇45.6条；周注本设有698条注，平均每篇34.9条；《译注》则设注2315条，平均每篇115.8条，这个数目差不多是范、周两本注条总和的一倍半。

但是，《译注》的注释并不是平均用力，而是在照顾全面的基础上，特别加强对难点和重点的注释，这是十分必要的。《文心雕龙》最大难点有二：一是用事用典多，二是文义难懂。《译注》根据多数读者学习、研究的需要，兼顾二者而侧重于文义的注释；对用事用典的出处本源，则以是否影响理解原文为原则，来确定注释的取舍和详略。如《原道》中"为五行之秀，天地之心"的"五行"和"天地之心"，对前者，着重释其含义而略作说明；对后者，则认为必须交代出处而不必详引原文，撮其大意即可。这样来处理详略、去留，就恰到好处。而注文义时，对一些多次出现又非常重要的字词，注得尤其详尽。如对《原道》首句"文之为德也"的"文"，既能总体把握，又能详其在不同语言环境中的具体意义。

第二，准确性。这是注释的生命，理解原著的定盘星。不少论者在分析研究上的失误，原因之一就是对字句理解得不够准确。因而，准确地进行注释，是正确理解、评论原著的坚实基础。《译注》的注释准确与否，"有比较才有鉴别"。首先，就它自己与自己比，一是《译注》与前《选译》比，《选译》中有些注得欠准确之处，《译注》大都作了纠正。如《诸子》篇的"六虱"，《选译》注为本于《商君书·去强》，《译注》则改为本于《商君书·靳令》，并引述了高亨《商君书注释》的有关文字。又如《情采》篇"间色屏于红紫"的"红"，《选译》注为"'红'当作青"，是误把"红"、"朱"一视使然。其实古代"红"不同"朱"，"朱"是正色，而"红"是间色，不必疑"红"作青。《译注》作了纠正。二是比较《译注》本身尤其同篇同一词语，如《原道》的"天

16

地之心”、《诠赋》的“体”等，在不同语言环境中的不同注释，可以看出其对多义词语把握和注释上的准确性。

其次，是把《译注》与范、周注本比较。范文澜先生是学术界的前辈，其注本的确是权威之作。范注本的最大好处是广泛引证，旨在注明用事用典的出处本源，因而不失为研究者极可宝贵的参考资料。但是，在引证中也出现了一些失误。《译注》参考了范注本，但也纠正了其中少数不确和不妥之处。如《史传》的“宣后乱秦”，范注说：“《史记·匈奴列传》：‘秦昭王时，义渠戎王与宣太后乱，有二子。’……”对于《史记》此载确否，我们权且不论，但以淫乱释此却难符原意。刘勰以“牝鸡无晨”来比“宣后乱秦，吕氏危汉”，旨在说明“妇无与国”，因而指责司马迁为她们立传纪是不慎于“名号”。由此可知，“宣后乱秦”本于《史记·匈奴列传》之说不确，而其实是本于《史记·穰侯列传》：“穰侯魏冉者，秦昭王母宣太后弟也。……秦武王卒，无子，立其弟为昭王。……昭王少，宣太后自治，任魏冉为政……”宣太后是我国历史上母后摄政的第一人，刘勰按封建正统观念，认为她摄理本归男主掌管的秦政是“乱秦”，这和“吕后危汉”同类，而与淫乱云云了不相关。考范注之误，盖由沿用他人误注所致。①《译注》注此，则不仅准确地说明了原意，且以唯物史观评判了历史事件和刘勰的偏见，这就既纠正了范本的注误，更澄清了对此由来已久的误传。周振甫先生也是一位极有声望的学者，研究《文心雕龙》的老专家。其新著《文心雕龙注释》确有很多优点，但也存在少数可酌之处。如上举《史传》范注例，周注本也由于沿用旧注而成误。又如《程器》篇的“子夏”，其《选译》原注为“孔光字，他以儒者居相位。”这本来不错，但其后的注本却改为孔子的弟子“卜商字子夏”，这就未免是张冠李戴了。据原文“孔光负衡据鼎……王戎开国上秩……然子夏无亏于名儒，浚冲不尘乎竹林”，后二句是承上文而来，显然为免重复，前后名、字复指。既然浚冲是指王戎，则子夏非指孔光而何？《译注》则注为：“子夏：指孔光。《汉书·孔光传》：‘孔光，字子夏，孔子十四世之孙也。’……名儒：《奏启》篇曾说：‘孔光之奏董贤，则实以奸回；路粹之奏孔融，则诬其衅恶。名儒之与险士，固殊心焉。’”这就既注明“子夏”究竟指谁，又附其所本，并且加注“名儒”作为旁证，使所注更加准确有力。

翻译古文，有直译有意译，二者各有利弊。《译注》则兼取所长，做到直而不死。“直”，旨在译准原文。本此，《译注》对前《选译》中所译不妥或不完满处，一律作了改正和补充。如对《比兴》篇“席卷以方志固”和《物色》篇“因革以为功”的翻译即此。又如对《史传》中“傅玄讥《后汉》之尤烦”句，也纠正了有的选译本把“《后汉》”译作“《后汉书》”的失误。而说“《后汉》”是指刘珍、李尤等所写的《东观汉记》。该书所记，是东汉光武帝刘秀到灵帝刘宏间凡一百五十多年的史实，为东汉史书的最早全本。《译注》译此则准确无误，其所以无误，是译有所据：“据《晋书·傅玄传》，傅玄在《傅子》中曾对‘三史’进行评论。‘三史’指《史记》、《汉书》和《东观汉记》。”说明其翻译不惑于表面词句，而以准确为其宗旨。

对于古文，大多数均可直译为现代汉语，而个别文句却无法在现代汉语中找到确切的对应关系。《文心雕龙》由于以骈文成书，往往省略一些句子成分或无关联词语，如果一味求“直”，势必译得成分残缺或上下不通。《译注》作者明乎此，翻译时，根据情况增其所省，加其所缺，这就做到了直而不死。考其所以然者，是作者能够正确对待普遍性和特殊性的问题：对于多数文句，坚持直译求准；而对个别特例，则采取在不失原在文中说"'本纪'以述皇王，'列传'以总侯伯，'八书'以铺政体，'十表'以谱年爵"，决不是由于疏忽，"脱漏"了"世家"一项，而是出于形式上骈偶的需要和内容上又具备举一概二的可能，即用"列传"完全能够"总"得了"世家"和"列传"都有的"侯伯"。如果死扣字眼，那么即使用"总侯伯"于"世家"，也不全符实，如孔子向非"侯伯"，却列有《孔子世家》；"述皇王"用于"本纪"亦非皆当，如吕雉非皇非王，也列有《吕太后本纪》。"本纪"、"世家"、"列传"只是个大体划分，特殊情况总会有的，如项羽、陈胜、韩信都曾为王，或入"本纪"，或入"世家"，或入"列传"。

其三，《引论》的写作忽视了引文的准确性，导致不少漏误。如"妙极生智"的"智"，原文是"知"（《征圣》）；"至切为贵"，原文是"切至为贵"（《比兴》）；又如"文之为德也大矣……此盖道之文也。"同书原文共十一处标点，引文漏掉两处，加上与原文不一致的三处，共为五处。

然而上述毛病，瑕不掩瑜，它无损于该书的价值和贡献。我以为，文学创作所坚持的"二为"方针，也适用于学术领域。《译注》的问世，不仅为广大人民群众学习古代文论中最光辉的一页——《文心雕龙》扫除了文字上的障碍，而且为研究《文心雕龙》，总结古代文论，从而建立以马克思主义为指导的具有我们民族特色的文论体系，以便开展正常的文艺批评，发展社会主义文艺事业，提供了可贵的资料。这就是为人民服务、为社会主义服务的具体表现。可以预言：随着《文心雕龙》学习研究的发展，《译注》的作用将日益发挥出来，而它的价值和贡献也必将为更多的人们所了解和重视。

---

① 见黄叔琳《文心雕龙辑注》和黄侃《文心雕龙札记》。
② 见《近年来〈文心雕龙〉研究中存在的几个问题》，《江海学刊》一九六四年第一期。
③ 见《汉书·东方朔传》。
④ 见《文史通义·诗教下》。
⑤ 见司马迁《报任安书》。

《〈文心雕龙〉的风格学》

詹锳

牟世金同志新出的《文心雕龙译注》比1963年他和陆侃如先生合写的《文心雕龙选译》提高了一大步。他在写《文心雕龙译注》时没有了解我这本书的全盘概念，提出一些不同的看法，我还是表示欢迎的。

18

语文导报
YUWENDAOBAO
（月刊）
1985年第7期
总第103期

《文心雕龙》理论体系研究述评

对于《文心雕龙》理论体系的探索，刘勰在《序志》亦有所提示："文心者，言为文之用心也。"而探索的尝试，除了明人曹学佺曾标一"风"字以统摄《文心》全书论点的企图之外，就该数到范文澜的努力。他在《中国通史简编》第二编中指出："《文心雕龙》的根本宗旨，在于讲明作文的法则。"

舒直在《刘勰文学理论的中心问题》（《光明日报》1958年1月12日）一文中指出，这个中心问题就是内容形式统一论。

蒋祖怡在1961年第一期《杭州大学学报》上发表《论〈文心雕龙〉中的"神""理""术"》一文，指出贯串《文心》全书的纲领和刘勰所要探究的中心问题，是"言为文之用心"的"心"，其具体内容为"神""理""术"这三个方面以及它们之间的关系问题。他认为"神"即《神思》"神用象通，情变所孕"的"神"和"情"，主要是指作者在文学创作和批评欣赏中的主观方面的作用；"理"所指本有多义，其中最值得注意的是所谈的山川景物的形态气貌之理，亦即万物之理；"术"主要是文学构思的原则和文学表现的原则。"神"与"理"的关系，在一个具体作品里，就是"情"与"物"的关系。"神""理""术"问题，其实质相当于文学创作、欣赏、批评中主客观相统一、思想性和艺术性相统一的问题。

最执着于探索《文心》体系的学者当推牟世金。他早在60年代就公开呼吁学术界注意"探讨刘勰自己的文学理论体系"（《江海学刊》1964年第一期，《近年来〈文心雕龙〉研究中存在的问题》）。此后他一直认为，随着《文心》研究的发展，探讨理论体系的问题就越发显出其必要性和急迫性，因为探清这个体系，就为准确认识《文心》的成就与不足提供重要依据，而长期争论不休的很多问题和术语概念，置之于《文心》整个理论体系中去考察，就较为容易辨识清楚。然而我们所要探究的，应是刘勰自己的理论体系，而不是硬套今人的理论体系或者别的主观意图；应是理论的体系，它与篇章结构的安排有关，却不等同于结构体系；应是文学理论的体系，它和作者的思想有关，却不等同于思想体系。（《文心雕龙学刊》第二辑） 在1981年第二期《中国社会科学》发表的《〈文心雕龙〉的总论及其理论体系》一文，正是他多年研究的结晶，也是《文心》研究史上明确着意于全面探究刘勰的文学理论体系的第一篇专论。该文认为：被列入"文之枢纽"的五篇中，只有《原道》、《徵圣》、《宗经》属于总论，这三篇中提出的基本主张是"原道"、"宗经"。这观点贯穿于《文心》全书，是从写作角度着眼，从内容和形式两个方面提出的统一而不可分割的基本文学观点。而其核心是"衔华佩实"。"《文心雕龙》全书，就是以衔华佩实为总论，又以此观点用于'论文叙笔'，更以'割情析采'为纲，来建立其创作论和批评论。这就是《文心》理论体系的概貌"，也是该体系的基本特点。刘勰的文学理论集中于创作论部分，创作论是全书理论体系的重要组成部分。在可视为该创作论总纲的《神思》篇中，刘勰提出了文学创作中物、情、言三要素的重要作用和三要素之间的关系。"以物、情、言三种关系为纲所作的论述，就构成了刘勰创作论的理论体系。"因此又可说，"《文心雕龙》的理论体系是以'衔华佩实'为核心、以研究物、情、言的相互关系为纲组成的"。

◆ 滕福海

19

社会科学战线 一九八六年第四期
总第三十六期

·书评·

着眼于中华“全龙”的腾飞

——读牟世金《台湾文心雕龙研究鸟瞰》

萧 华 荣

这是牟世金同志的近作。既称“鸟瞰”，就有一个“瞰”的角度。作为学术评论，它当然首先着眼于学术。作者就其所能掌握的材料，从“校勘”、“注译”、“理论研究”、“主要论著”等方面，全面、简要、公允地介绍与评论了大陆彼岸《文心雕龙》研究的情况，它的来龙与去脉，历史与现状，成就与问题。但是，鉴于评论对象的特殊性，以及众所周知的一峡之隔的非正常状态，作者“瞰”的角度与视野就不能不更加广阔与深远，更加富有现实感与历史感，更加富有“炎黄子孙”、“龙的传人”的使命感，质言之，作者始终着眼于中华“全龙”，这就使全书有了比纯粹的学术讨论更加深厚的底蕴。

近些年来出现于祖国海峡两岸的《文心雕龙》热是很值得深长思之的。《文心雕龙》这部产生于公元五、六世纪之交、齐梁之际的仅仅四万多字的杰作，一千四百多年来，在古代文学理论批评史上虽不绝如缕地时常被人提及，但总的说来还是比较沉寂，从未象现在这样显赫过。最近许多年来，它受到海峡两岸学者们不约而同的注目与重视，以至于称为“龙学”、“显学”。这说明什么呢？《文心雕龙》是我国古代最完备、最严密、最富于体系性的一部文学理论著作，素有“体大虑周”之称。在世界文学理论史上，鲁迅曾以之与亚里斯多德《诗学》并称：“东则有刘彦和之《文心》，西则有亚里斯多德之《诗学》，解析神质，包举洪纤，开源发流，为世楷式”（《论诗题记》）。《文心雕龙》的理论构架，它的原道、宗经的文学观，它的以“神思”为中心的创作论，以“体性”为中心的风格论，以“知音”为中心的鉴赏、批评论，以及它所提倡的情理兼备、情采兼备、美善兼备、因革兼备的中和的审美原则，等等，都典型地体现出中国古代传统文学理论的内在结构以至于整个民族的心理文化结构。在现代西方，文学理论与批评流派尽管五花八门、争新竞异、层出不穷，但正如一位台湾学者所说，“其中主要人物却念念不忘于传统”。所谓“不忘传统”，便是对本民族在悠久的历史过程积淀的民族精神特征的眷念与反思，也便是目下人们常说的“寻根”。那么，当形形色色的现代文艺思潮一古脑儿涌来的时候，对《文心雕龙》的空前重视与探讨，岂不也是一种“寻根”吗？

事情大约可作如是观。据本书所附未必包罗无遗的著录，到一九八二年底，台湾共出版《文心雕龙》研究专著三十种；到一九八〇年底，共发表研究论文二百余篇。以一个不大省分的人力和其他条件，这些数字就足证“显学”之不虚了。他们之中，有的治“龙学”数十年如一日；有的以“龙学”研究崭露头角而步入学界，还有一位身患不治之疾、自知大限将至，却仍一息尚存而乐此不疲，其动力何在呢？还应以他们自己的话作答。李曰刚，这位三十年代黄季刚先生的门生，在他长达二千五百余页的煌煌巨制《文心雕龙斠诠》序言中说：

> 笔者末学肤受，明知蚊力不足以负山，蠡瓢不足以测海，然不揣浅陋，勉成斯编者，冀能存千虑之一得，为复兴中华文化、发展民族文学，而略尽绵薄耳！

话讲得是很沉重的。《文心雕龙研究》著者王更生也在书中说：

> 在我们全力推动复兴中华文化、建立民族文学的今天，研究《文心雕龙》的经学思想，作为我们

温故知新的张本，不但是有必要，而且是迫切的。

“发展民族文学”，几乎是他们的众口一声。在我们这边呢？成立于一九八三年夏季的《文心雕龙》学会的章程，把“促进整个中国古代文论的特点与规律的探讨，建立具有民族特色的马克思主义文学理论体系”，定为学会与《文心雕龙》研究的宗旨。一个要以马克思主义为指导，一个要以儒家经学思想为张力，这种原则分歧当然不容抹煞。但另一方面，一个要“具有民族特色”，一个要“发展民族文学”，从而彼此之间在“民族”这个基本层面上便有了交叉，有了契合，有了连结点和共同语言。这是“龙的传人”的一致着眼点，它生成于共同的民族意识，是处于不同社会制度下的中国学者们能够交流与沟通的最起码、最根本、也是最稳固的基础。

作者的评论也便是建立在这个基础上。正是出于对共同的文化遗产的珍爱，出于发展具有民族性的文学理论的一致追求，因而商略得失，掎摭利病，奇文共赏，疑义同析，都是十分坦率而直言不讳的。用作者自己的话说，是信守“知无不言，言无不尽”的先哲遗训。热情的肯定与严格的挑眼交织在一起。另一方面，学术研究是科学，需要有实事求是、有理有据的客观的分析态度。作者原是《文心雕龙》研究专家，素以治学严谨著称，其所评所论就足以服人了。作者认为台湾《文心雕龙》研究得失相兼。考虑到其所得的来之不易与难能可贵，作者发掘未恐有遗，肯定未恐不足。如在校勘方面，张立斋的《文心雕龙考异》虽曾“旁参《御览》及近世范文澜注本、杨明照校本、王利器《新书》”，但其所补所正，也有不少超越众家之处，如《诸子》篇“陆贾典语”，王利器、杨明照、刘永济皆校“典语”应为“新语”，张却认为“典语非误，下有《新书》字，故上称《典语》”，颇合情理。尤为可贵的是，张仅以五种版本为据，便精校细按出一千二百余条。注释方面，台湾学者也不乏创见，如《明诗》篇“回文所兴，则道原为始”句中“道原”，注家多袭明人梅庆生之说，疑为刘宋时人“(贺)道庆”之误。但《文心》全书未评及一个宋人，且宋以前作回文诗者已不乏其人，而以晋人苏蕙最著，刘勰不会不知，故梅说难成立。王叔岷《文心雕龙缀补》则据武则天《璇玑图诗序》，认为“道原”应为苏蕙父“道贤”(实为道质)之误，苏蕙回文诗盖受自家学。此说显较梅说合理。另如理论研究方面，作者认为台湾学者在《文心雕龙》风格论方面“研究较深，成就较大”，特别是徐复观《文心雕龙的文体论》一文，提出“文类”、“文体”两个概念从南宋以来被长期混淆，影响到现在以至国外汉学家，其实应以“文类”指文章体裁，“文体”指文学风格。作者虽不完全同意这种绝对化的区分，但也肯定了其还古代文论术语以历史真象的可贵态度。

对彼岸“龙友”们研究中的失误与不足，作者持坦率的“诤友”精神。仅以评李曰刚《文心雕龙斠诠》为例。李氏为先辈学人，治学态度谨严，其《斠诠》堪称集大成之作，作者对他颇为尊重，一书之中再三致意，但却也并不“为贤者讳”。如他对《史传》篇中的两处误解。一是“宣后乱秦”句，李沿袭黄叔琳以来诸家成说，据《史记·匈奴传》，解为“秦昭王母宣太后与义渠戎王私通而生二子，以乱秦国”，这与刘勰原作上下文中强调的“牝鸡无晨”、“妇无与国”、“政事难假”即反对妇女参与国政了不相干，与其下一句“吕氏危汉”也不相对应。作者据《史记·穰侯列传》，认为“乱秦”应指“昭王少，宣太后自治”，从而做出一些被认为是有损秦政的事情。这就符合上下文之意了。另一个误解是“傅玄讥后汉之冗烦”句，李氏解为“傅玄讥评《后汉书》之冗赘烦琐”。这个失当更为明显：“生活在魏晋之际的傅

着眼于中华“全龙”的腾飞　21

去，如何能讥评两百年之后才出世的《后汉书》呢"？作者据《三国志·蜀书·孟光传》及卢弼《集解》、《四库总目提要》等，指出《后汉》应指成书于三国之前的《东观汉记》。作者的这两个解释，是多年研究的独得之秘，殆已成为海内不易之论，台湾学者当也会首肯的吧。类似事例尚多，兹不一一胪举。值得注意的是，作者的坦率达到这种程度：不仅例举了台湾学者的一些"极不应有"的粗疏，而且明确指出其"相互抄袭"之风。这种"诤友"精神，只能用出自对于祖国学术瑰宝的共同珍爱来解释。

作者在书中一再提到"全龙"。何谓"全龙"？根据作者的意思，我以为可以从几个层次上来理解。首先，从最表层的意义上说，是指《文心雕龙》研究自身的"全龙"。在时间方面，《文心雕龙》的研究有着深远的历史；在空间方面，《文心雕龙》的研究是包括海峡两岸的全中国的事情。必须以这样的时空观念考察问题。作者很欣赏台湾学者那种"从全中国的整体着眼"、"以国家的整体观念来对待学术问题"的态度与做法。在他们看来，《文心雕龙》研究所以成为"显学"，是因为"各家"都"尽了催生的力量"，这"各家"便包括大陆上的学者如王元化、王利器、杨明照等。这即是说，"显学"是全中国的"显学"，这亦即先在学术上泯却了金瓯一片的海峡之分。因而在研究具体问题时，他们也往往着眼于全国，经常称引大陆学者的见解；他们的多种《文心雕龙》论著，也常列大陆学者的著作为"重要参考书"。作者对此十分赞许，而他自己的评论，又何尝不是从全中国这个整体意识出发呢？《文心雕龙》研究本自同根生，从黄叔琳、纪昀、范文澜直到海峡两岸的当代学人，有着一脉相承的源流纵横关系，是无法作彼疆我界的断然分割的，整体意识原是这种客观存在的必然反映。如对《原道》篇"自然之道"一语，台湾学者几乎异口同声地解为"客观事物之原则或规律"。作者观澜索源、寻根究底，发现这一说法原来展转相承地几乎一字不易地来自陆侃如早在一九六一年的一篇文章，他于是颇有感触地写道：

> 台湾与大陆的《文心雕龙》研究，不仅有历史的血缘关系，且这种关系一直保持至今，并没有因一峡之隔而割断。

这种现象确实是发人深省的，它难道能够仅仅用"坚守成说"或"英雄所见略同"解释得了吗？"抽刀断水水更流"。纵的联系，横的联系，都是无法割断的。

所谓"全龙"，其深层的含义，应当就是指人们平常喜欢讲的"中华巨龙"的"全龙"。直截了当地说，也便是祖国的统一大业。只不过作者含而不露，寓深意于学术研究，寄至情于字里行间。如上述张立斋《文心雕龙考异》的校勘只据五种版本，其中三种还得自国外的藏书。对此，张氏本人就"颇渐寒俭"。作者深为体恤这种苦衷，深有感慨地说："一位中国学者研治中国的古籍，却以求助于外邦为主。这就是台湾学者的处境。"有些在大陆是司空见惯的版本，在台湾却视若难得之珍，而希世善本就可想而知了。元代至正刊本，王更生虽知大陆尚保存完好，却又叹其"万分难得"、"可望而不可及"。作者于此写道：

> 其实，既是中华遗产，凡我炎黄子孙，都有共同继承的权利，也有共同研究的义务，又何"可望而不可及"之有？

台湾的许多学者，治学不可谓不勤，研讨不可谓不精，但却受到种种条件限制，"其难取得较大成就者在此，其已获成效之可贵者亦在此"。使他们"尽得今日尚存元明清数十种版本而手校之，《文心雕龙》的校勘工作，还必将大有可为"。这些话的言外之意是很清楚的，说透了便是：不统一的局面，同样也不利于学术研究！这层意思，作者在《前言》中画龙点睛，讲得更[illegible]：

> 大陆读者迫切希望了解台湾全龙，纵知一鳞半爪，全龙就宛然在目了，而两岸人民更迫切盼望的，是早得中国的全龙。

“全龙”，除这层具有实体性意义的所指外，恐怕还有更深层次的内在意蕴，它涉及到传统的民族心理文化结构，或简言之，它是“全龙”的“龙气”问题。研究书中的这层意蕴是很有意思的。在对台湾学者的评论中，作者或直接或间接、或显或隐地阐明与流露了自己的看法与想法。作者在《文心雕龙》以至整个古代文论研究中是有一定代表性的，这就可以使我们通过两岸的一代学人，窥见民族心理文化中稳固、深层的东西。这主要体现于书中《发展民族文学》一章所侧重评论的研究方法问题。灵活多样、变动不居、较多主观因素的研究方法，比起那些在历史上既定了的、本质上永恒不变的研究对象、客体，显然更能显示研究主体自身的心态。从作者的评述可以知道，“台湾的《文心雕龙》研究，在大多数论著中，现代思潮是水泼不进的。用传统的观念和传统的方法来研究传统文论，这是他们的主要研究特点”。他们恪守传统的文学观念和传统术语，大多把《文心雕龙》分为“文原论”、“文类论”、“文术论”、“文衡论”，而少用“创作论”、“批评论”等所谓来自西方的现代术语。《文心雕龙》的具体研究体系，也往往是年谱、史志著录、版本考略、经学、子学等传统方式。他们有意识地以此抵制“西化”的思潮，坚持“中国自己的理论分析路线”。他们的这些做法无疑是很“传统”、很“正统”的。对此，作者肯定了其现实合理性，有时发出“善哉此言”的赞赏，并对照大陆情况写道：

> 台湾省的《文心雕龙》研究，和祖国大陆的《文心雕龙》研究，有很大的一致性。海峡两岸的文坛艺苑，都程度不同地面临着现代派的挑战。

这显然是有所感、有所指之言。作者以及台湾的许多学人深厚的民族意识与民族感情，无疑是极可宝贵并应发扬光大的。同时，传统的治学方法确有许多科学的东西，有的甚至是千古不变的基本功，值得借鉴甚至继承，如校勘、考证、训诂、版本研究等，尤其在古籍研究方面，永远不可废弃。如果蔑视这一切，“言必希腊，论必欧美”，海阔天空，夸夸其谈，望文生义，牵强比附，不仅是一个数典忘宗的民族感情问题，在实践中也必然受到言而无当的惩罚。

不过，人体解剖毕竟是猴体解剖的一把钥匙，从事物的高级形态也毕竟能够更清楚地俯视其低级形态，用现代高度发展的理论与方法更有助于对《文心雕龙》理论实质的理解，古今对照、中外对照，不仅能够探讨具有根本、普遍意义的文学规律，也能够更明确清晰地显示出《文心雕龙》以至于整个古代文论在世界文学理论发展史上的特点与价值。否则，满足于以古证古、“以《文心》论《文心》”，只会造成同义反复的踏步不前。作者本人也不同意台湾一些学者的偏颇，写道：“古代文论研究既反对全盘欧化，把古人变得面目全非，也没有必要在方式方法上死守传统。”这应当说是公允的持平之论。我们应有博大的胸怀与开放的眼光，既继承传统文化中美好的东西，又能够吸收与运用当代“域外”有益的新东西、新方法，“不薄今人爱古人”，“拿”而化之，提高民族精神素质与心理文化结构，充沛底气，使“全龙”先在精、气、神上健全辉光，“飞龙在天”，这恐怕也是一个迫切的课题。

最后要讲的是，本书为适应特定的评论内容与对象，语气不亢不卑，文笔典雅持重。全书以《文心雕龙》最末两句收束：“文果载心，余心有寄。”寄者，托意于中而不直言之也。所托究为何意？笔者[illegible]所做的猜测，不知海峡两岸的读者诸君以为然否？

读书
一九八七年二期

品书录

「文果载心，余心有寄」

子锐

近数十年来，海外学术界对刘勰《文心雕龙》的研究“蔚然成风，逐渐成为今日中国文学批评上的显学。”（《台湾文心雕龙研究鸟瞰》第2页）这方面台湾显得尤为盛烈。据牟世金先生的统计，到一九八二年底为止，大陆出版的《文心雕龙》研究专著只二十部，台湾却有三十部。当然，这里还有个质量问题。可是，台湾方面对大陆众多学者研究成果的重视，是十分引人注目的。他们在自己的著作里，不仅大量采用大陆学者的见解，还列范文澜、杨明照、王利器、刘永济、陆侃如、牟世金、郭晋稀等人的著作为“重要参考书”。相比之下，我们对台湾《文心雕龙》的研究情况，因信息闭息等原因，了解甚少。牟世金先生《台湾文心雕龙研究鸟瞰》一书问世，补救了这一遗憾！

在《鸟瞰》中，牟先生就台湾的三十部《文心雕龙》论著，着重评介了其中七部：王更生的《文心雕龙研究》、黄贵春的《文心雕龙之创作论》、沈谦的《文心雕龙批评发微》和《文心雕龙之文学理论批评》、王金陵的《文心雕龙文论术语析论》、龚菱的《文心雕龙研究》、李曰刚的《文心雕龙斠诠》。对于这些著作，牟先生本着“知无不言”的先哲遗训，从校勘、注解、理论研究诸方面予以客观地述评，对台湾绝大多数学者的研究性质及其发展方向予以肯定。

台湾学术界的《文心雕龙》研究，有个先天不足的致命伤，即能依据的文物资料甚少，连大陆古籍书店收购处都不屑一顾的扫叶山房石印本《文心雕龙》，在台湾却视若家珍，至于大陆拥有的希世善本，各种重要校本，只能有“可望而不可及”之叹（13页），这使他们的研究工作受到很大的限制。但难能可贵的是，尽管台湾学者在《文心雕龙》的校注方面，超越前人的发现不多，却能在范文澜、王利器、杨明照、刘永济等人校注的基础上，博采众长，对校注中长期存在的一些疑难，不断努力以求解决，确有其精勘细校之功。可以设想，如果台湾方面的学者能直接参考大陆上各种传世善本，那么他们在《文心雕龙》的校勘上，定能取得更大的成绩。

从牟先生的介绍中，我们可以发现台湾学者研究的总的发展趋势，越来越集中于对《文心雕龙》文学理论的论述，这是台湾《文心雕龙》研究的显著特点。如有关《文心雕龙》的理论体系，台湾学者对这方面的研究较为精细，以李曰刚为代表，他在其《文心雕龙斠诠》一书中，制有《文心雕龙全书内容组织总表》、《文心雕龙全书体系表》、《文术论二十篇之篇序义脉索引表》、《创作轨范图》、《文学创作理论体系图》等，这些图表从各种不同的角度对《文心雕龙》的组织结构和理论体系进行了具体剖析，很有特色和独到之处。另外，对《文心雕龙》的“风格论”，台湾学者的研究也较为深入，取得一定成就。有趣的是，牟先生在研讨台湾学者多种著作中，发现台湾与大陆的《文心雕龙》研究，不仅有历史血缘关系，而且这种关系一直

24

保持至今，牟先生举陆侃如先生在六十年代初写的《文心雕龙论道》为例，指出陆侃如先生首创的“道即规律”说，决定了台湾几乎是全部重要著作的论述，一直延续到八十年代，殊不知自六十年代后，大陆众多的学者对“原道论”的研究，又有新发展，包括陆侃如先生本人对自己原有见解也有新发展，而台湾学术界对大陆学者的新发展似乎未有所闻，仍原封不动地沿用三十多年前的旧说。

台湾重视《文心雕龙》的研究，并形成一种“显学”，其中一个重要因素，就是为了发展民族文学，用他们的话来说，研究《文心雕龙》是为了“抉发其精深的妙境，俾此一部旷古绝今的宝典，真能实际应用于今日，作为发展民族文学的张本。”(103页)并且要“撷取其精华，加以阐扬发挥，作为中国现代文艺理论的借镜”。(106页)如何看待我们民族文化传统，台湾学者看法，对我们不失是一有益的启示。

最近几年，我国大陆和台湾正在各方面增进彼此的了解和交流，牟世金先生从七九年起，分别从上海、北京，甚至通过日本友人的帮助，搜集台湾学者的各种研究著作，花费六、七年时间，写成《鸟瞰》一书，把台湾学者的研究情况介绍给大陆读者，煞费苦心。同时，牟先生本人是海内外闻名的研究《文心雕龙》专家，他在介绍之余，往往提出其精彩的见解，因此，《鸟瞰》一书，不仅可以了解台湾学者的研究状况，对从事研究的海内外学者也有很大的学术参考价值。牟先生用刘勰“文果载心，余心有寄”作为《鸟瞰》一书的结语，寄托了他的深意，即希望海峡两岸学者共同切磋《文心雕龙》的时刻早日实现。

1985.1——字词天地 (总第六期) 6

门 外 字 谈

牟 世 金

这是作者应我们约请撰写的一篇专文。

作者现任山东大学中文系副教授，文心雕龙研究室主任；中国古代文论学会常务理事，《古代文学理论研究》丛刊编委；中国文心雕龙学会常务理事兼秘书长，负责编辑《文心雕龙学刊》。曾与陆侃如合著《刘勰和文心雕龙》、《刘勰论创作》、《文心雕龙译注》；自著有《文学艺术民族特色试探》《雕龙集》等。

作者文题谦作《门外字谈》，但它指示给读者的乃是一条深入古代学术奥堂的重要途径；我们认为这是读过本文的读者一定会有的同感。

25

博览群書
一九八七年　第 9 期

○戚良德

怎样博览群书 ——牟世金教授的速成之秘

1983年6月，海内研治古代文论的专家、学者雄集广州，参加中国古代文学理论学会第三届年会。《学术研究》的一位编辑从大会论文中选中了《从〈文心雕龙〉看中国古代文论的民族特色》，便捷足先登，扣开了作者的房门。“请问，牟老住这吗？”开门的中年人风趣地回答：“这里没有牟老，只有牟世金！”哦，他便是近年来活跃于“龙坛”和古代文论界的山东大学中文系教授牟世金。

牟世金虽在解放前已开始做中学教师，但到1956年才跨进大学之门。应该说，他是幸运的，大学毕业，马上做了知名学者陆侃如先生的助手，受陆先生的教益是不小的。但两年多后，正常的教研工作便中断了。直到粉碎“四人帮”，尤其是十一届三中全会以后，他才专心致志于古代文论的研究。

就在这短短几年内，牟世金却取得了丰硕的成果：除了几种集体编写的著作，已有四种专著问世，并在国内外发表论文七十余篇，总计一百三十多万字，其《雕龙集》被评为山东省1981年至1983年度文学研究方面唯一的一等奖。其论著曾被香港多次翻印出版，日本1985年7月出版的《中国文学语学论集》把牟撰《刘勰原道论的实质和意义》放在六篇《文心雕龙》论文之首，这都见出其研究成果之受到海内外的重视。他被选任中国文心雕龙学会秘书长、山东大学文科学术委员会副主任，显然不是偶然的。

我们不禁要问：在这样短的时间里，取得如此成就，“秘诀”何在呢？是专攻《文心》所致吗？但读其《译注》可知，经史子集、诸子百家无不涉及，恐非博览群书者所不能为；特别是他的《文学艺术民族特色试探》一书，不仅大量的古代文论，从先秦至明清的书、画、乐论等，也无不广征博引而得心应手。读其发表于1982年《文史哲》的《我的读书法》，对其速成之秘或能受到某些启迪。

“友、敌、师”的读书三字法，牟世金言之已详了。他特别强调“敌”这个环节，甚至把它视为这一方法的核心，“还不仅仅在于消极地避免书本中的谬误，更主要的，还在积极地求得开卷有益”。怎样才能开卷有益呢？“尽信书，则不如无书”是古人名教，这就要求我们既要尊重书本，尊重前人，更要不迷信，不盲从，而是求其自得。读书不博是不行的，比之交友之道，应该是多多益善；但若食古不化，死记硬背，那就虽多无益了。要做到开卷有益，读一点收一点实效，关键就在能求其自得，就必须在博览群书中勤检核、多思考，然后从而师之，化他人的学问为自己的学问。古人说，“记问之学，不足以为人师”，就因为没有真正自得的学问。有的人诗书满腹而白首无成，就很可能与不善读书有关。

牟世金曾说：“我近年读书，已成怪癖，打开书本，就如临大敌。”多思善疑，确是他的读书习惯。我们常见他读过的书页上画着密密麻麻的红蓝线，据说蓝线便是有疑之处。即是《辞源》这样较好的工具书，也不时发现其中的错误。而许多精到的见解，就正是在这个过程中形成的。如《文心雕龙》之注，向以范文澜本为权威。但牟世金既充分尊重它，却又不轻信它，而是从尊重历史、尊重事实的科学态度出发，对其中存在的许多问题给予钩稽补核，以求其是。如《史传》篇有“宣后乱秦，吕氏危汉”之句，范注引《史记·匈奴列传》之语，以“乱”为淫乱，其后注家皆从此说。但牟世金细究原文，认为“宣后乱秦”与“吕氏危汉”性质相同，而与淫乱毫不相干，并证以《史记·穰侯列传》和《范雎列传》的史实，“宣后乱秦”的本义始明。

当然，“以书为敌”并非怀疑一切、目空一切，而是要使“敌”转化为“师”，从“敌”中受益。这既需要扎扎实实的基本功，更需要一丝不苟的读书态度。这样读书，开始是很慢的，但它会使读者一次有一次的收获，一次有一次的提高；即使其中某些好似白花的劳动，也都有其看不见的功效。因其整个读书法，主要还不在于解决某一具体问题，而在充实和提高读者独立认识问题和研究问题的能力。牟世金之所以能在《雕龙集》等论著中，抉精发微，使新意迭出，尤其能在一些传统的问题中提出独到的见解，就主要得力于他的“读书三字法”。

看来颇为简单的“读书三字法”，却是牟世金从五岁发蒙读《三字经》以来五十多年读书经验的结晶，也是他速成的“秘诀”所在。而要运用这种方法，既需要一种尊重历史、尊重科学的执着追求精神，更需要坚持不懈的实践。在实践中提高，从“读懂原文，搞清本义”的基本功入手，才能锻炼出敏锐的眼力和思考力，才会有匠心独具的见解。所以，这既是一个运用“读书三字法”的过程，又是一个使“读书三字法”不断得到充实丰富的过程，也是一个不断创造新成果的过程。牟世金说：“读书之法法无穷”，但我以为此法至少是博览群书的有益方法之一。

读书方法探寻

李 昂 编著

长征出版社

牟世金：“敌、师、友”读书法

山东大学教授牟世金总结自己的读书方法，叫“敌、师、友”三字读书法。友，就是和书本交朋友。交朋友，自然须熟知对方的性格、爱好 等，同时也就有个深交和广交的问题。以交朋友之道来说，远朋近友都不少，但须近友多多益善。他说：我常常劝人，即省吃俭用，也要尽可能自备一些必要的书籍。只有身边经常接触朋友，一旦有事，才知道请谁相助。敌，就是要视书为敌，对书籍只有象敌人那样攻而破之，才能察其虚实，辨其真伪，识其精华而补其不足。“敌”这个环节特别重要，它可以激发人们“克敌制胜”的意志。当一篇论文、一个论点，被自己攻来攻去，否定了，推翻了，这就是自己学识水平的一个提高。师，就是拜书本为师。对待书本要先兵后礼，当攻之不下，扫之不了时，很有可能它就是正确的了。对这种内容，只得老老实实，拜它为师。

27

中学生 '88

如临大敌法

刘堂江

山东大学中文系教授牟世金是研究古代文论的专家。他在短短的五六年中，出版了多种专著，并在国内外发表论文七十余篇，共计一百三十多万字。他的《雕龙集》一书，被评为山东省1981—1983年度文学研究方面唯一的一等奖。他的论著多次被香港翻印出版。1985年7月，日本出版的《中国文学语学论集》将牟世金的论文《刘勰原道论的实质和意义》放在同类文章的首篇。牟世金教授的论著涉及经史子集、诸子百家，知识广博，足见他是一位博览群书者。他的读书方法也很奇特，他自己是这样说的：

“我近年读书，已成怪癖，打开书本，就如临大敌。”

所谓“如临大敌”，实际上就是多思善疑，读书时勤于思考，敢于提出疑问，而不是书上讲什么就信什么。他读书时总是边读边在书上画着红蓝两色的线条，那蓝线便是表示有疑问的地方。即使是象《辞源》这样比较好的工具书，他也要“如临大敌”一番，发现其中的某些错误。有关《文心雕龙》注释的著作，向来是以范文澜本为权威的，但牟世金既尊重它，又不轻信它，从尊重历史、尊重事实的科学态度出发，对其中存在的许多问题给予纠正。比如，《史传》篇中有一句话说：“宣后乱秦，吕后危汉”，范文澜引用《史记·匈奴列传》中的话，将“乱”解释为“淫乱”。牟世金仔细研究原文，认为“宣后乱秦”与“吕后危汉”性质相同，都是属于政治问题，与淫乱毫不相干，于是引用《史记·穰侯列传》和《范雎列传》中的史实，正确地解释了“宣后乱秦”的意思。

需要说明的是，牟世金“以书为敌”，并不是怀疑一切，目空一切，而是要使“敌”转化为“师”，从中受益。古人说，“尽信书，不如无书”。读书时倘若人云亦云，被书本牵着鼻子转，就不仅有可能上当，而且不能将书本知识变为自己的知识、见解，毫无建树，充其量不过是个活“书橱”而已。读书多思善疑，不仅可以发现很多书中的谬误，而且许多富有创造性的独到见解也就在“疑”中形成了。

“如临大敌”般地读书，速度自然很慢，并且是很费力的，需要耐心和毅力。这样读书，读一次会有一次的收获和提高，即使有时看起来似乎白费了力气，但实际上也都有看不见的功效。

28

新闻与成才

一九八五年·十月号

首届“《新闻与成才》优秀读者奖”试题

1.胡耀邦同志于( )年( )月( )日在中央书记处会议上发表了题为( )的重要讲话。

2.组成新闻的三个重要因素是( ).( )( )。

3.山东大学教授牟世金主张使用( )( )( )三字读书法，每个字的含义是( )

4.在世界历史文化宝库中,( )( )( )被誉为“东方三大旅行记”。

5.宋代欧阳修晚年的最后一部作品叫( )这是我国的第一部( )。

6.信息的六大特点是( )。

7.党的新闻事业的性质，就它最重要的意义来说，就是( ),它的最主要任务是( )。

8.1949年8 月，中共中央决定将华北的( )改为党中央机关报；1949年6 月，中中国民主同盟创办了机关报( )。

9.1959年8 月，董必武同志给当时的( )杂志题了一首诗，内容是( )。

10.在第一次世界大战中，有一家设在一辆摩托车上的报社，出版的报纸叫( )

11.世界上比针眼还小的书是( )印刷的( )。

12.胡乔木同志对新闻下的定义是( )

13.报纸上常见的十六种新闻(消息)是指是指( )。

28

22.世界上最大的报纸，是1859年7 月4 日在美国纽约出版的( )；最小的报纸是( )；最重要的报纸是1965年10月17日出版的( )。

23.马克思说：“( )是报刊赖以生存的条件。”

24.全世界的民族，大约有( )个。

25.“客里空”，原是苏联卫国战争期间上演的话剧( )中的一个惯于捕风捉影、捏造事实的新闻记者的名字，后为新闻界借用。

26.全球十大报纸指的是( )。(注明办该报的国家)

27.世界上第一枚邮票是( )年在( )国诞生的。

28.《经济日报》社记者罗开富于( )年( )月( )日从( )出发，沿当年红军的长征路线徒步采访，受到红军老战士( )的表扬。

29.徐悲鸿说：“天才的因素有三，第一是( )，第二是( )，第三是( )。

30.我国最古老的塔是( )，最高的塔是( )，最大的塔是( )。

31.我国第一个飞机设计师是( )。

32.当前我国指导改革的行动方针是( )。

33.为纪念抗日战争和世界反法西斯战争胜利( )周年，军博的( )馆调整充实后于八月中旬正式对外开放，中国革命博物馆举办的( )和( )展览也对外开放。

学者谈治学　文史哲　1982年第4期

我的读书法（附一）

牟世金

我从五岁发蒙读《三字经》，到现在已读书五十年了，略晓读书之法，不过是最近几年的事，也还在不断走弯路中继续探索。我的粗浅体会是：读书必须得法，但无一定之法；前辈的经验必须吸取，但又要从自己的实践中得来；读书之法法无穷，必须在实践中不断总结、不断提高。所以，这里讲的读书法，不可能是万灵的。

古人认为："读书千遍，其义自见。"这就是他们的读书法，虽然不无道理，却流弊不小。朱熹已觉其不完善，补充为读书必三到："心到，眼到，口到"，而反对不用心思的"漫浪诵读"；但死记硬背的阴魂，却长期不散。我的童年，在这上面吃过不少苦头。那时所谓读书，就是背书，虽则背过几本，何尝"其义自见"！这种可笑的读书法，似乎早已抛弃了，其实，直到文革前的教学中，仍是换汤不换药，不过改"背"为"记"而已。那时教学，不是引导学生自己去研究问题，而是把全部内容编成若干条文，源源本本告诉学生，学生的任务，就只有记住这些现存的结论。这和旧日的读书法又相去几许？当自己于读书法略有所悟，才明白仍是承袭老路，继续在害人害己。

我能识迷途而知返，完全是党的指引。一九六二年，系总支确定我做陆侃如先生的助手，任务是三五年内，要把他的一整套学到手。我对这一重任感到为难，以为三五十年能否实现，也无把握。但党给我指明了道路：不要你一字一句向他学，而要学方法。至今仍深铭心底的一个比喻是：不要现存的产品，而要生产这些产品的机器，要制造机器的方法，有了它，便可自己生产出无穷无尽的产品。这是照亮我后半生读书方法的明灯。在我的人生途程中，对这一重要道理常恨相识太晚，借此机会介绍给青年读者，想必会有裨益。

但是，现成的读书妙方是不存在的，欲得一夜秘传便功成学就，是必将落空的幻想。所以，陆侃如先生虽曾介绍过一些治学方法，曾示以他自己所做卡片和笔记等，但不仅有的我能接收，有的不能，且均非举手可得的简单方法，而须自己长期下苦功去实践。如要求三年内系统地阅读百多种书籍便是。我当时没有知难而退，力量的源泉确是来自党的教导。老一代丰富的治学经验，不能后继无人。落在我们身上的历史重担，不仅是继承前人，还必须向前发展。而要解决两代之间学识悬殊的突出矛盾，必须首先尽快地把他们的治学方法学到手。在这一思想支配下，我不仅向某一位老先生学习，也向所有的前辈请教；不仅校内，也向校外。我随时带着某种问题，在同路的途中，在会前会后，在日常交谈中，一有机会就向前辈请教。

提问，也有一个方法问题。问一事知一事，就不是善问者，善问者要"闻一以知十"。如《尚书》中某一篇，我不知其真伪，但不问此一篇，而问何种著作全面辨其真伪。这样，一句话便可问得全书各篇的真伪。有一本《毛主席诗词》注解，为说明"激扬"二字的传统用法，注者举古书六例为证。六例出处，均已指明，一般读来，只注意六例说明"激扬"二字应作何解而已，但其中却大有学问。查查手头的工具书，只得其四，还有二例未能查到。我注意的问题是：注者是用什么方法得到这六条例证的，这就是一门学问了。我带着这个问题，趁便请教一位老先生，他要我查《佩文韵府》、《辞通》等，我说都已查过；他就教我顺藤摸瓜，就这些工具书提供的例句，看其原文和注文。后来我从这个顺藤摸瓜法中，举一翻三，摸到不少做学问的路子。这说明，在读书做学问上，要善于小题大做，而不要轻易放过一些日常遇到的小问题。只要勤于探索，注意总结，日积月累，自可形成一套自己得心应手的读书方法。

30

我正是在零敲碎打、兼收并蓄的过程中，结合自己在读书学习中的体会，养成一种自己的读书习惯，或可谓之读书法；简单说来，就是"友、敌、师"三字。友，就是和书本交朋友，无非是要经常和书本打交道。交朋友，自然须熟知对方的性格、爱好、特长等，同时也就有个深交和广交的问题。这方面前辈学者谈得很多了，我的体会也以深交和广交相结合为好，所谓"为学要如金字塔，要能广大要能高"，正是这个道理。以交友之道来说，远朋近友都不可少，但须近友多多益善。所以，我常常劝人，即使省吃俭用，也要尽可能自备一些必要的书籍。只有身边经常接触的朋友，才能更好地熟悉它，一旦有事，才知道请谁相助。我们常会遇到一些麻烦问题，是请一两位朋友解决不了的，往往要同时进行多方面的反复查究才能搞清，如果身边缺少"近友"，遇有急事，势必费时误事。所以，我以为在一定条件下，一个人学问的大小，是和他掌握书籍的多少有关的。

但是，把所有书籍都当做忠诚可靠的朋友，必将吃亏上当。即使象《辞源》、《辞海》这类最基本的工具书，也绝不可完全信赖。旧工具书的错误百出，自不必说，就是我认为对古典文学工作者最适用，并多次向人推荐过的新《辞源》，也是如此。如释"啻"字，它引《书·秦誓》："不啻若自出其口"为例证。但三篇《泰誓》并无此语，而是《秦誓》中的话。又如释"元符"一词，引了《汉书·扬雄传》中的注："元符，大瑞也。"查《汉书》颜注乃："元，善也；符，瑞也。"而释"元符"为"大瑞"，乃《文选·长杨赋》李善之注。这都是其勘误表未予纠正的例子。就我已发现的，还不只这两条，如果有人正好据其所误以证要义，岂不误事？所谓"尽信书，则不如无书"，这是几千年前的人就看到的浅显道理。只要读者稍加留神，就会发现无中生有、张冠李戴、以讹传讹之类，在古来论著中是屡见不鲜的。

我近年读书，已成怪癖，打开书本，就如临大敌。近年教书，也一反常态，不是惟恐学生不接受自己的意见，而是惟恐不加思索地全盘接受。我不断告诫同学：书本不可迷信，教师的话同样不可迷信。这是否过火，会影响教或学的效果呢？事实正好相反。对书本或文章愈怀敌意，会读来愈上劲，有时真会使人废寝忘餐，领略到"读书之乐乐无穷"的滋味；越是要求同学不要全盘接受，他反会更加注意听讲，以求辨识可否接受。但以书为师或以书为敌，绝不能孤立对待，这只是我说的读书三字法中不可分割的环节之一。"敌"这个环节特别重要，甚至可视为这一方法的核心，还不仅仅在于消极地避免书本中的谬误；更主要的，还在积极地求得开卷有益。

由于旧读书法的影响，不少人读书听讲，和我自己长期走过的曲折道路一样，往往是带一只大口袋，日复一日地往里装：读到点什么装进去，听到点什么塞进去，勤则勤矣，但装满了口袋，最终很可能是毫无实惠的废品。不少学人就在这上面浪费了自己大量极可宝贵的时间，一旦放下口袋，却是依然故我。孟轲有云："君子深造之以道，欲其自得之也。"赵岐解释说："言君子问学之法，欲深致极竟之以知道意，欲使己得其源本，如性自有之也。"借这话来讲治学之道，有一点很可取的，是要化所学所问为"自有"。口袋装的虽多无益，就因为它没有化为"自有"。《学记》中说："记问之学，不足以为人师。"正是这个原因；这也是古人总结的一条可贵的治学经验。

以书为敌，正是要使读一点，消化一点；学到一点，化一点为自己所有。其所以要视之为敌，甚至如临大敌，就由于古今论著，都有它一定的迷人之处；毫无道理的著作是不多的。有的论著，自为首尾，颇能引人入胜；有的则貌似有根有据，讲得天经地义，头头是道。若非首先待之以敌，就会俯首帖耳，做了俘虏还不自知。在读书上甘做俘虏的人，是做不出什么学问来的；这种人既取舍莫辨，遑论超越前人而创新？古人称读书为"攻书"，良有以也！只有象对待敌人那样，攻而破之，才能察其虚实，辨其真伪，识其精华而补其不足。

郑板桥说："善读书者曰攻，曰扫。攻则直透重围，扫则了无一物。"此说痛快，却嫌鲁莽。有的著作，可能读来读去，将被一扫而光，但多数书籍并非如此。正如不能单纯以书为友，也不能绝对以书为敌。作为一种读书法，"友、敌、师"三字，是独立便不成，缺一也不可的。要能读书受益，还少不了一个"师"字，这就是古人所谓"经师"了。如果不欲从中学得什么，那就弃之可矣，何必读书。只是对待书本，应该

(下转第82页)

31

（上接第47页）
先兵而后礼：能攻就攻下，能扫就扫掉；当攻之不下，扫之不了时，很有可能，它就是正确的了。对这种内容，只得老老实实，拜它为师。读书之益，就在其中；读书之乐，也若出其里。

无论古今"要言妙道"，囫囵吞枣不仅消化不了，虽装进自己的口袋，仍是人家的学问；且往往会索然无味而"昏睡耳目"。如果怀着敌意向书本进攻，当一篇论文、一个论点，被自己攻来攻去，否定了，推翻了，这就是自己学识水平的一个提高。这时的读者，岂不拍案叫绝，其乐何如？如果左攻右攻攻不下，自己的疑问全部冰解冻释，这时就会心悦诚服地承认它、接受它。经过这个过程之后的接受，才可说是真正地读懂了。这个懂，也就是消化的标志。如此得来的学识，不仅能牢记心底，且已化为自己的学问而可运用自如了。这对读者来说，才可谓有了真正的收获，从而享受到无穷的读书之乐。有志于学的人，在这个进攻过程中，兴致勃勃，废寝忘食，便是很自然的常情。

刚开始这样做，进度必然很慢，但比之长年累月装口袋的笨法，那就快得多了。从根本上看，这样来读书学习，将使读者一次有一次收获，一次有一次提高；其中某些劳动，可能好似白花了，其实这种白花以至失败，都有其看不见的实效。作为整个读书法来看，它主要还不在解决某一具体问题，而在充实和提高读者独立研究问题的能力。若能持之以恒，习惯成自然，磨练得心明眼亮之后，继续读书也好，研究问题也好，就有可能遇事便迅速作出较为正确的分析与判断，而敏锐的眼力，独到的见解，也可望在这个过程中较快地培养起来。能如此，就不难生产出无穷无尽的产品。

以上只是个人的一得之愚，善读书者，当以此法对待此法。

附记：本文在《文史哲》发表后，经济齐鲁书社所出《治学之道》，长征出版社所出《读书方法探寻》、《吉林日报》以至《中学生》等报刊相继转载与介绍，在读者中有深广的影响，故《新闻与成才》月刊以知否牟世金的"读书三字法"为试题之一测试广大读者。其测验结果，据该刊编辑函示，能正确回答者，竟有百分之九十。

牟世金的成就和嘉惠士林是与此分不开的。

32

（附二）

吉林日报

治学之道

读书三字法

牟世金

我的读书习惯，或可谓之读书法，简单说来，就是“友、敌、师”三字。友，就是和书本交朋友，无非是要经常和书本打交道。交朋友，自然须熟知对方的性格、爱好、特点等，同时也就有个深交和广交的问题。我的体会以深交和广交相结合为好。以交友之道来说，远朋近友都不可少，但须近友多多益善。所以，我常常劝人，即使省吃俭用，也要尽可能自备一些必要的书籍。只有身边经常接触的朋友，才能更好地熟悉它。一旦有事，才知道请谁相助。

但是，把所有书籍都当做忠诚可靠的朋友，必将吃亏上当。所谓“尽信书，则不如无书”，这是几千年前的人就看到的浅显道理。不少人读书听讲，往往是带一只大口袋，日复一日地往里装，勤则勤矣，且装满了口袋，最终很可能是毫无实惠的废品。口袋装的虽多无益，就因为它没有化为“自有”。《学记》中说：“记问之学，不足以为人师。”正是这个原因，这也是古人总结的一条可贵的治学经验。

以书为敌，正是要使读一点，消化一点，学到一点，化一点为自己所有。其所以要视之为敌，甚至如临大敌，就由于古今论著，都有它一定的迷人之处，毫无道理的著作是不多的。若非首先待之以敌，就会俯首帖耳，做了俘虏还不自知。在读书上甘做俘虏的人，是做不出什么学问来的。古人称读书为“攻书”，良有以也！只有象对待敌人那样，攻而破之，才能察其虚实，辨其真伪，识其精华而补其不足。

要能读书受益，还少不了一个“师”字，这就是古人所谓“经师”了。如果不欲从中学得什么，那就弃之可矣，何必读书。只是对待书本，应该先兵而后礼，能攻就攻下，能扫就扫掉，当攻之不下，扫之不了时，很有可能，它就是正确的了。对这种内容，只得老老实实，拜它为师。读书之益，就在其中，读书之乐，也若出其里。

无论古今“要言妙道”，囫囵吞枣不仅消化不了，虽装进自己的口袋，仍是人家的学问，且往往会索然无味而“昏瞎耳目”。如果怀着敌意向书本进攻，当一篇论文、一个论点，被自己攻来攻去，否定了，推翻了，这就是自己学识水平的一个提高。如果左攻右攻攻不下，自己的疑问全部冻解冰释，这时就会心悦诚服地承认它、接受它。经过这个过程之后的接受，才可说是真正地读懂了。这个懂，也就是消化的标志。如此得来的学识，不仅能牢记心底，且已化为自己的学问而可运用自如了。

（本文作者系山东大学教授）

33

中華文史論叢

一九八五年第二辑

《文心雕龙》下篇的篇次

[日]安东　谅*

一

近来，为数不少的研究者提出了《文心雕龙》下篇的篇目次第问题，其中有范文澜、刘永济、杨明照、王利器、郭晋稀、周振甫、李日刚等人①。

主张更改篇次的根据，大半来自于对刘勰自己叙述此书篇目结构的《序志篇》一文的不同解释。

目前，似乎只有牟世金不同意更改现行的篇次，他检查了他们的主张，提出了有说服力的见解②。

到了今年，读了牟世金的《雕龙集》，其中也接触到篇次问题，与笔者胸中一直蕴酿着的想法不谋而合，于是立即产生了共鸣。因

《文心雕龙》下篇的篇次是否真有更改的必要呢？我想根据牟世金精密的理论，陈述一下自己的看法。

最后，如牟世金所说的，《梁书》刘勰本传全文引用的《序志篇》，与现行本没有什么不同。至少从唐代以来，并没有文字的差异。笔者的观点是，不应该象郭晋稀等人那样武断地、轻易地更改篇次，变更文字。

又关于篇次问题，我不知道清朝以前的学者提出过什么疑问。我想，先辈学者一定是理解、领会现行本的《序志篇》的，要是真有我们所注意到的篇次混乱的话，他们也一定早就注意到了。毋宁说浅人并不是先辈学者，也许正是我们这时代的人。

"在没有可靠证据之前，仍以尊重原著为是。"就以牟世金的这句话作结吧。

本文原文载東京東方书店一九八五年出版的《中国文学语学论集》

34

古代文学理论研究

古代文学理论研究编委会编

丛刊·第十一辑

论刘勰的美学观

(苏联)B·A·克利瓦卓夫
李庆甲　汪涌豪译

近二十年以来，刘勰的《文心雕龙》引起了许多研究者的极大重视。这种重视，反映在现代中国(范文澜、陆侃如、牟世金等)、日本(目加田诚)、英国(施友忠)学者的评论、节译以及有关的研究著作中(在中国有许可、振甫、郝炳衡等人的一些研究论文)。(原载苏联《远东问题》1978年第1期)

国外对《文心雕龙》的翻译和研究

王丽娜　杜维沫

4．李谢维奇(И.С.лисевич)的专著《中国的文心：中国古代和中世纪之交的文学思想》(литературная мысль Китая)。此书1979年由莫斯科科学院出版(共264页)。

李谢维奇在他的专著中多次提到牟世金研究《文心雕龙》的论点，并说根据牟世金的介绍，知道中国重要刊物自1956年以来刊载有关《文心雕龙》的专题文章达130多篇，他为苏联学者并未完全了解这些文章的内容表示遗憾。

文心雕龙学刊
第二辑

35

中國名校巡禮

（香港出版）

山東大學

山東大學，座落在遐邇聞名的泉城——山東濟南。山東古稱齊魯，乃中國古代思想文化巨人聖賢孔子、孟子的故鄉，中國古代思想文化的發源地。山東大學位於這一「風水寶地」的地域中，可謂根深源正，爲浩然之氣所滋潤。

山東大學的文科中，中文系最爲突出，與其它系科相比較，具有更優越的因素和條件。如中文系系資料室圖書館，共藏書十二萬餘冊，其數量之巨，爲中國高等學府系資料室圖書館之冠，學生和教師因而受益匪淺。

「山大」校友夏道行在數學研究上，成績輝煌。他的「解析函數」與「泛函分析」理論，至今一直爲中外數學家們稱道和利用，在國際數學領域裏，公認爲「夏氏道行函數」，爲中華民族爭光。再有，畢業留校執教的學術界後起之秀牟世金、袁世碩、董治安、周來祥四人，被雅譽爲學校學術研究的「四大金剛」。他們分別在《文心雕龍》、蒲松齡、先秦兩漢文學詩經學、美學等的研究上，有所樹幟，開拓出了新的研究途徑，是中國學術理論界極富生機的後續力量。

36

香港星島日報

一九八八年十一月二十一日

龍學會議點滴

《文心雕龍》國際研討會，已於十一月十一日至十五日在廣州珠島賓館舉行，主辦者是文心雕龍學會和暨南大學。與會者約六十人，除了中國大陸的龍學專家外，還有香港、日本、意大利、瑞典、蘇聯的學者。珠島賓館在珠江之濱，佔地廣，園林處處，衆學者在此優游論龍學，如龍游於水，又如探龍得珠，眞是一難得的盛事。這次龍學會議的國際性，大概是空前的。

唯一遺憾的，是原本說要赴會的台灣龍學家王更生先生，終於沒有來。台灣學術界的「龍的傳人」頗多，崇龍者甚至有人把自己的女兒命名爲「文心」，把兒子叫做「雕龍」的。王先生對台灣的龍學最爲關心，這關心來自他對《文心雕龍》的熱愛。他的人雖然沒有到，論文《台灣文心雕龍學的研究與展望》却是洋洋灑灑地來了。他認爲台灣的龍學在七〇年代最爲蓬勃，研究成果最爲豐碩，而八〇年代却走下坡。他憂心忡忡。也許他心裏在想，台灣這經濟的四小龍之一，日益壯大，而龍學却日漸萎縮，眞令人難過啊。

三思篇
梁錫華
黃維樑
潘銘燊

王先生屬龍，今年花甲初渡。另一位極爲關心龍學的牟世金先生好像也屬龍，也是今年六十歲。海峽對岸這一條龍學的龍，抱病在身，仍堅持要從山東飛來廣州開會。他的論文題爲《龍學七十年概觀》，正與王氏那篇互相輝映。牟先生來了，王先生却沒有到。二龍的珠島之會未能實現，是這次研討會最令人惋惜的事。

各地學者讀《文心》，論劉勰（他寫畢此書時不過三十六歲左右！）。瑞典、日本和蘇聯的學者，曾以普通話發言，他們講述研究和翻譯此書的心得，令人感動。《文心》的語言典雅而艱深，「龍的傳人」的炎黃子孫，讀之已大感吃力，何況是這些金髮碧瞳的外邦人。對他們來說，此書不啻是「遙遠的東方的一條龍」，是有點見首不見尾的神龍。這次會議的論文，有較爲傳統的論題，也有從比較文學觀點出發的論題。與會者大都認爲，如要確定《文心》在世界文學批評史上的地位，就應該從比較觀點出發。大家還一致決定要編印《文心雕龍年鑒》，以廣交流。

黃維樑

37

按：王更生乃台湾师范大学国文系教授，著有《文心雕龙研究》、《文心雕龙导读》、《文心雕龙范注驳正》等，是目前台湾有代表性的龙学家。他在此文中对大陆龙学的攻击，牟世金在下文略有答复。

近六十年來文心雕龍研究概觀

王更生

同年八月文學遺產第一七〇期，郭氏又有「答毛任秋關於劉勰的文學批評理論與實踐」，他在文中說：「我在關於文心雕龍的評價問題及其他一文中，不可能對於文心雕龍作全面的介紹，也就是說不可避免對於文心雕龍只作片面的論述，這是論述的範圍不同，寫文的目的要求不同，所以並不是自相矛盾，也不是唯心唯物立場觀點方法的關係，所以我也許會和毛先生的意見有一些出入，希望毛先生在讀了此文之後，再加以批評；這樣可以使我對具體問題的研究上，進一步理解到究竟應當怎樣運用唯物主義的觀點立場和方法」。這簡直是向毛某宣布無條件投降，定非郭氏由衷之言，由此可見匪共爲政治目的而扼殺文論思想的眞象了。文革以後，大陸作家對文心雕龍的研究，頓成絕響，六、七年以來，未見發表過有關的片文隻字，連前所殘存的一點兒萌蘖，也被摧毀殆盡，眞令人言之痛心。從前

其他討論文心雕龍的文章，有曹道衡的「對劉勰世界觀問題的商榷」，王元化的「明詩篇山水詩興起說淺釋」，黃海章的「劉勰的創作論和批評論」，寇效信的「論風骨」，吳林伯的「試論劉勰文學批評的現實性」，夙之的「文心雕龍的批評論」等，至於郭晉稀其人，編有文心雕龍譯註十八篇一書，香港龍門書店印行，不但解析不夠落實，如由該書「前言」與每篇譯註的「解題」方面去審視，又純係匪共海外統戰的文技工具。本文寫到這裏，讀者諸君就可以瞭解到近二十年來大陸匪區學界，對文心雕龍的研究是如何的落寞，尤以最近七年更是「空山不見人」了。

38

文心雕龙学刊

第二辑　　　　一九八四年

《文心雕龙》研究的回顾与展望

——祝《文心雕龙》学会成立并序《文心雕龙研究论文选》

牟世金

在“四人帮”大搞“儒法斗争”的乌烟瘴气之中，也出现过一些讨伐《文心雕龙》的文章。这自然不全是某些作者的过失，但至少应该说，那并不是什么学术研究。一位身居孤岛的研究者，曾讥此期“龙坛”“空山不见人”[3]；但恨祖国山河君不见，早就“万紫千红总是春”了。从一九七八年到现在，不过短短五年多的时间，已出版和发表了研究《文心雕龙》的专著十八部，论文四百余篇；专著和论文，都大大超过前十年的两倍。从十八部专著的发行总量已达五十多万册还远不能满足读者需要来看，关心此道的人数就十分可观了（其中有的已三版至十余万册）。数字当然不能说明一切，却足以表明：《文心雕龙》的研究队伍空前扩大了，“龙学”已进入一个繁荣昌盛而拥有千百万读者的新时期！

37

文心雕龍綜論（論文集）

臺灣學生書局印行
一九八八年五月出版

大陸上學者對「文心雕龍」的研究，自「文化大革命」結束以後，有相當突破性的表現，特別是在思想上、方法上、措詞上或者是形式組織上，更有大幅度的調整，究其原因：一方面是受到對外經濟開放政策的影響，思想有較前爲自由，另一方面或多或少是受到中華民國學者研究成果的衝擊。經我看到的有幾篇重要的文獻，首先是牟世金先生在民國七十三年（一九八四）「文心雕龍學會成立大會專輯」上發表的「文心雕龍研究的回顧與展望」，李慶甲、汪瀾豪二位合寫的所謂「建國以來文心雕龍研究概述」（此文發表於大陸復旦大學「社會科学版」民國七十三年（一九八四）第五期），又王鎮遠先生發表於「文史雜誌」上的一篇「近年來文心雕龍研究鳥瞰」，以上三篇文章都是檢討大陸上學者們對「文心雕龍」研究的力作，我們從他們那種毫不避諱地的字裏行間，得到許多有關這方面的資訊。總的說來，他們把「文心雕龍」的研究分成三個階段，一是「文化大革命」以前，一是「文化大革命」時期，一是「文化大革命」以後，他們一致認爲「文化大革命」時期，是「四人幫」大搞「儒法鬭爭」，烏煙瘴氣，當時的作品，算不上什麼學術研究，根據牟世金先生的統計，近三十年來，「文心雕龍」研究專著，已出版了二十四種，發表的單篇論文約六百篇，這是一個頗爲驚人的數字。

（接上頁）

現在我把大陸自民國七十年（西元一九八一）以後出版的專著揀擇其中最重要的若干種，列述如下：

❶文心雕龍繹旨：姜書閣述，民國七十三年（一九八四）由齊魯書社印行。

❷文心雕龍創作論：王元化著，民國七十三年（一九八四）二月由上海古籍出版社出版，此書於民國六十八年（一九七九）初版印行後，早已售罄，這是作者重修增訂後的本子。

❸文心雕龍注譯：郭晉稀著，民國七十一年（一九八二）六月，由甘肅某出版社出版，在本人作的「近六十年來文心雕龍研究總結」一文裏，曾提到郭氏的「文心雕龍譯注十八篇」，本書便是以原著十八篇爲基礎擴大而成。

④劉勰論創作：陸侃如、牟世金合著，民國七十一年（一九八二）四月由安徽某書店出版，此書曾經初版於民國五十二年（一九六三），現在這個本子是二十年後經過重修增訂的第二版。

❺雕龍集：牟世金著，民國七十二年（一九八三）五月由某出版社出版。牟氏寫過不少研究「文心雕龍」的論文，這個本書只是他專著中的一種。

❻文心雕龍選譯：祖保泉著，民國七十四年（一九八五）四月由某教育出版社出版。

在單篇論文方面，以第一、二輯的「文心雕龍學刊」所登錄的論文就有四十多篇，都極具代表性。

编者注：此书的增修由牟世金一人完成。增修本香港三联书店曾列为向国外重点推荐书目之一。

按：王氏不仅以牟世金答复他的《展望》为其所见三篇「重要文献」之首，其所用「烏煙瘴气」、「算不上什么学术研究」等语，亦沿用牟文。更可注意者，是王氏对大陆龙学新成就的事实已开始承认，和他上文的态度不同了。王氏此文对牟世金虽无直接评论，但除已是此一接受牟的观点外，他举大陆一九八一年以后龙学专著「最重要的」六种，牟著便有其二。实际上，八一年至今，大陆龙著共出版四十余种，王氏固难得而全睹，但从东吴大学王国良所编较全的《文心雕龙论著目录》，王氏当非全然不知，故上举六书，必有他的标准。

41

山東大學報
1981年5月28日　第13期

讲古论今　教书教人

中文系古典文学教研室的牟世金副教授在向七九级同学讲授中国古代文学史时，注意结合古代优秀作品和杰出人物的事例，联系现实，加强对同学进行思想方面的教育，收到了很好的效果，受到同学们的赞扬。

牟世金副教授对我国的古典文学有较深的研究。在讲课时，他总是能在分析优秀的古代文学作品的同时，深入浅出地提出一些发人深醒的问题，引起同学们的思考。例如在讲枚乘的《七发》时，牟老师首先分析这篇赋的思想性，然后对同学们语重心长地说："我们今天以建设现代化祖国为己任，经常考虑的应是如何对社会作出更大更多的贡献，因而，生活作风必然应是勤奋俭朴，大公无私，朝气勃勃的。否则，我们是很难担负起国家重任的。——古人有训哪。"一席话说得大家灵窍大开。课后，牟老师还拿出自己珍藏二十多年的一篇《七发》读后感的剪报，贴在教室里。同学们争相阅读，受到很大启发。

牟老师还常用历史上优秀人物的事迹来教育同学。一次在讲到司马迁"受极刑而无愠色"，决心"隐忍苟活"，以完成自己著作的宏愿时，牟老师无不感慨万分："对自己的事业赤心耿耿，古人尚能如此，我们今人有什么理由还不为革命工作竞竞业业呢！"于是，同学们一方面接受了古典文学知识，一方面又坚定了自己对革命事业的信心。

牟老师边教书边教人，可以说是随时随地。有一次，牟老师一进教室，发现值日生同学没有打扫教室，地面上散乱着不少废纸。恰巧，课程正讲曹操的《观沧海》，他便风趣地说："曹操这样一个杰出的大政治家，大军事家，在戎马倥偬之中还能留意周围环境的美丽壮观，而我们做青年学生的——你看，地都不打扫干净。"牟老师说完，便爽朗地笑起来，同学们也不好意思地跟着笑了。下午，值日生便立即把教室彻底打扫一遍。这件事，大家一时传为美谈。

牟世金老师就是这样，既教怎样读书，又教怎样做人，循循善诱。他的渊博的学识赢得了同学们的称颂，他对同学们思想成长的关怀，更博得了大家的尊敬，赞扬。

（中文系七九级　史遵衡）

42

·2· 光明日报 1984，7，30

优秀知识分子光荣榜

金兆恂 五十一岁，空军某研究所副总工程师。他先后组织、领导同事取得十七项重大科研成果，其中有两项达到国际同类产品的水平，三项属于国内首创，一项在国内处于领先地位，两项填补了空军电子设备的空白。他所撰写的十三篇科技论文，在军内外都有一定影响。

（蔡善武）

牟世金 五十六岁，副教授，山东大学中文系《文心雕龙》研究室主任，中国古代文论学会常务理事，《文心雕龙》学会常务理事、秘书长。近三年来，他出版了约八十多万字的论著，主要有《刘勰论创作》、《刘勰和文心雕龙》、《文学艺术民族形式试探》、《文心雕龙译注》、《雕龙集》等，在进行科研工作的同时，也十分重视教学工作，在教学中进行了一些改革，受到了学生们的好评。

（郑训佐）

黄嘉德 七十六岁，山东大学外文系教授，全国美国文学研究会理事，山东省高等学校外语教学研究会理事。他长期从事文教工作，先后讲授过英国语文、翻译、新闻学、世界文学、英美文学史等课程，发表过多篇研究论文，出版了《肖伯纳传》、《乡村求爱》、《翻译论集》等多种译著。近年来，他不顾年老多病，积极培养研究生，同时从事《肖伯纳研究》等专著的写作。

（刘希全）

山东大学报

1985年9月25日

中文系牟世金先生举办个人藏书展览

【本报讯】记者蔡廷永、周学明报道 九月十八日上午，著名“龙学”专家、中文系副教授牟世金先生为选听他的课的同学举办了个人藏书展览。

《文心雕龙》的研究在国内外很受重视。牟先生的藏书非常丰富，他说通过浏览这些藏书，可以对目前国内外“龙学”概况有所了解。他这次展出的书籍有六十多种，包括台湾、香港的专著和日本、法国的同类书籍。牟先生这些藏书，除了友人（包括作者）所赠外，还有他千方百计借来复制的珍本书。

刚刚讲完课的牟先生稍露倦意，但他仍然饶有兴致地为同学们介绍这些书的内容和作者。听了他的解说，大家对国内外的“龙学”现状已有初步认识。

牟先生藏书中有很多我国台湾专家的论著，其中有些是国内奇缺甚至唯一的。他告诉同学们，他依据自己对台湾“龙学”的研究，已经写出一部十一万字的评介性论著——《台湾〈文心雕龙〉研究鸟瞰》。这部书将在今年底由山东大学出版社出版。

43

牟世金有关评论资料

（山东大学研究生处编，1989 年山东大学印本）

牟世金同志被选拔为

山东省专业技术拔尖人才

编号：0015

中共山东省委

山东省人民政府

一九八八年十一月

日本東洋大學图書館收藏牟著的部分書卡

920.1
BS　　牟　世金
台湾文心雕龙研究鸟瞰　牟世金著
济南　山东大学出版社　1985
137p　21cm

920.1
BS　　牟　世金
刘勰年谱汇考　　牟世金著
成都　巴蜀书社　1988
161p　21cm
ISBN7-80523-029-3

牟　世金.　　　　　　　　　　（2）
景无情不发，情无景不生.— 杜甫的《春望》— 诗学之正源，法度之准则— 中国古代文学艺术的形神问题.— 意得神传，笔精形似.— 《文赋》的主

920·1
BS　　牟　世金.
文学艺术民族特色試探.　　济南市（山東省）齐鲁书社，1980.
147 p.　19 cm.
701·3　　内　容.

次のカードを見よ
287645　　1. 中国文学.　I. 書名.

45

济南日报　1987.2.15

在齐鲁书店的小楼上

李程晓

齐鲁[illegible]之驰[illegible]颇大，这书店却小得很。

一条既窄且陡、足令胖人望而却步的楼梯，引你到二层楼一排满图书的小小房间——这便是了。还好象有意与书迷们捉迷藏，它隐藏在西城区一条较僻静的马路上，躲闪到一个拐拐晃晃的小院里，那楼梯进口，并不与临街的门头相连。

但并非养在深闺无人识。一些弄文字的皓首学者、攻文学的莘莘学子们，虽远居于东郊高等学府里，竟也会颠颠地骑上半[illegible]自行车或踬踬地坐上十余站，置几家大书店于不顾，径直寻到这里，热切切地奔上楼来。那痴迷劲儿，仿佛酒鬼嗅到了佳酿、多情儿去赴恋人的约会。

它的第一动人处，便是所有的书全部开架。三面墙壁全排满了书架，又在屋子中间搭了一个书案，颇似咸亨酒店的柜台，上面也摆满了书籍。书架与书案之间，形成一个回字形的狭小通道。你可沿着这迂回曲折的路径，在书山学林间，随您寻寻觅觅，走走停停，惬惬意意浏览。

当然，小楼之所以闻名遐迩，还在于，店主人慧眼独具，楼上确乎别有洞天。一位搞书法的朋友，欲寻包世臣《艺舟双楫》和康有为《广艺舟双辑》，踏破铁鞋无觅处，于此唾手得之。笔者好买书不求甚读，也曾在此购得寻觅了好长时间的几种明清笔记和钱锺书先生的鸿篇巨著《管锥编》。还曾在小楼上，见两位碧眼棕发的洋儒，手持两套牟世金所撰《〈文心雕龙〉今译》喜形于色，对店主人说：去过北京和南京，都不曾买着。

補白

翠楼吟　迎春

一九八六年元月　　　　牟世金

瀑雪精神①，发扬志气，城乡革新腾沸！万民欢未了，凯歌里，迎来新岁。文翰呈瑞②：写壮举思深，宏图笔锐。献聪慧，槐厅书满③，洛阳纸贵④。

往事，幸有流萤⑤，纵茫茫长夜，予心攸寄。红旗扬四海，更承受，三春嘉惠⑥。怀羞抱愧，愿不负残年，有酬素志。揽长辔，前程似锦，江山如绘。

⑤四七年牟在万县参加地下工作者组织的「流萤社」，共四人，领导人现任万县地委宣传部长。

46

牟世金教授任职表

山东大学文科学术委员会主任

山东大学中文系主任

山东大学中文学科组组长

山东大学中文系学术委员会主任

山东大学文心雕龙研究室主任

山东省高校职称评审委员会中文学科组成员

山东省古典文学研究会常务理事

山东军区老战士诗书画学研究会顾问

中国古代文论学会常务理事

中国文心雕龙学会常务理事、秘书长

山东大学《文史哲》编委

中国古典文学研究年鉴编委

《古代文学理论研究丛刊》编委

《文心雕龙学刊》编辑组组长

国际《文心雕龙年鉴》编委

47

附一、 牟世金专著目录

1. 中国古代文学作品选 （山东人民出版社1980年出版）
2. 毛主席诗词浅释 （山东人民出版社1974年出版）
3. 老一辈革命家诗词选注 （福建人民出版社1983年出版）
4. 杜甫诗选 （1980年人民文学出版社出版）
5. 中国古代文艺理论资料目录汇编 （齐鲁书社1981年出版）
6 文心雕龙研究论文集 选编 （人民文学出版社1990年出版）

［以上集体编著，第2.5.6种以牟为主］

7. 文心雕龙选译 （山东人民出版社1962.3年分出上下册）
8. 刘勰论创作 （安徽人民出版社1963年初版，1982年新版）
9. 刘勰和文心雕龙 （上海古籍出版社1978年出版）
10. 文心雕龙译注 （齐鲁书社1981.2年分出上下册）

［以上与陆侃如合著，第9种牟执笔80%］

11. 文学艺术民族特色试探 （齐鲁书社1980年出版）
12. 雕龙集 （中国社会科学出版社1983年出版）
13. 台湾文心雕龙研究鸟瞰 （山东大学出版社1985年出版）
14. 文心雕龙精选 （山东大学出版社1986年出版）
15. 刘勰年谱汇考 （巴蜀书社1988年出版）
16. 中国古代文论家评传 （主编，中州古籍出版社1988年出版）
17. 文心雕龙研究 （人民文学出版社约稿，已交稿待出）
18. 左太冲集校注 （与徐传武合著，已完成待出）
19 雕龙后集 山东大学出版社出版

48

附二、 牟世金发表论文目录

1. 陈子昂诗风初探　山东大学学报1961年4期
2. 钟嵘的诗歌评论　文学评论1962年2期
3. 近年来《文心雕龙》研究中存在的几个问题　江海学刊1964年1期
4. 曹操为其法治路线服务的诗歌创作　文史哲1974年4期
5. 评梁效《杜甫的再评论》　文史哲1977年3期
6. 评新版《中国文学发展史》　文学评论1978年2期
7. 古代文论家刘勰　大众日报1978年7月23日
8. 从文与道的关系看儒家思想在古代文学发展中的作用　文史哲1978年6期，1979年1期下
9. 景无情不发，情无景不生　学术月刊1979年7期
10. 中国古代文学艺术的形神问题　文学评论1980年1期
11. 诗学之正源，法度之准则　古代文学理论研究丛刊1辑
12. 《文赋》的主要贡献何在　文史哲1980年1期
13. 墨家的"贱民"文艺观　文艺理论研究1980年2期
14. 刘勰论文学欣赏　社会科学战线1980年4期
15. 杜甫的《春望》　教学与研究1980年7期
16. 刘勰的文学批评论　欣赏与评论1980年1期
17. 刘勰思想三论　文史哲1981年1期
18. 《文心雕龙》的总论及其理论体系　中国社会科学1981年2期
19. 刘勰的"论文叙笔"　东岳论丛1981年2期
20. 《文心雕龙》成书的历史条件和作者思想　齐鲁学刊1981年2期
21. 释"苞会通"　南开学报1981年2期
22. 意得神传，笔精形似　古代文学理论研究丛刊3辑
23. 刘勰论"图风势"　文学遗产1981年2期
24. 从刘勰的理论体系看风骨论　古代文学理论研究丛刊4辑
25. 刘勰的诗歌理论　文学知识 1981 年2-3 期
26. 《文心雕龙》创作论新探　社会科学战线1982年1-2期
27. 刘知几对古代文论的新贡献　唐代文学1982年1期

49

28. 怎样读《文心雕龙》	文史知识1982年1 期
29. 治学之道：我的读书法	文史哲1982年2 期
30. 刘勰对古代现实主义理论的贡献	文心雕龙学刊1 辑
31. 刘勰论建安文学	柳泉 1983年1 期
32. 文章得江山之助	文苑纵横谈 1983年4 期
33. 古代的文学概论《文心雕龙》	语文教学1983年2 期
34. 文心雕龙研究	中国百科年鉴 （1982年）
35. 中国历代著名文学家评传：刘勰	山东教育出版社1983年5 月
36. 从《文心雕龙》看古代文论的民族特色	学术研究1983年4-5 期
37. 山东历代作家传略：刘勰	山东教育出版社1983年7 月
38. 说风骨	文史知识1983年11期
39. 实事求是地研究《文心雕龙》	学术月刊1983年10期
40. 从两个结合着手改进文学史编写工作	光明日报1983年8 月9 日
41. 《文心雕龙》研究新起点	光明日报1983年9 月13日
42. 善于捕捉思想教育的结合点	大众日报1984年2 月7 日
43. 在古典文学教学中怎样进行爱国主义教育	高教战线1984年6 期
44. 捐躯赴国难，誓死忽如归（曹植《白马篇》）	名作欣赏1984年1 期
45. 关于《辨骚》篇的归属问题	中州学刊1984年1 期
46. 日本《文心雕龙》研究一瞥	克山师专学报1984年1 期
47. 《文心雕龙》在国外	文科月刊1984年8 期
48. 《文心雕龙》研究的回顾与展望	文心雕龙学刊2 辑
49. 读书三字法	吉林日报1984年10月10日
50. 刘勰“原道”论管见	文史哲1984年6 期
51. 《文心雕龙》的范注补正	社会科学战线1984年6 期
52. 从《文赋》到《神思》	中国文艺思想史论丛1 辑
53. 《古代文论的民族特色》序	广西民族出版社1984年11月出版
54. 什么是古诗中的“兴寄”	文史知识1985年2 期
55. 六朝经学的中衰与发展	青海社会科学1985年1 期
56. 文学与玄学	文史哲1985年3 期
57. 门外字谈	字词天地1985年1 期

5?

58. 曹植《白马篇》赏析
《汉魏六朝诗歌鉴赏集》人民文学出版社1985年7 月出版
59. 曹植《美女篇》赏析
《汉魏六朝诗歌鉴赏集》人民文学出版社1985年7 月出版
60. 台湾的《文心雕龙》研究与出版　古籍整理出版情况简报140 期
61. 近三十年来的《文心雕龙》研究　语文导报1985年7 期
62. 刘勰"原道"论的实质和意义　日本《中国文学语学论文集》(东京东方书店1985年7 月出版)
63. 台湾学者《文心雕龙》研究鸟瞰　中国社会科学1985年6 期
64. 古代文论研究现状之我见　文学遗产1984年4 期
65. 致力于发展民族文学之一翼
——台湾《文心雕龙》研究鸟瞰之一　社会科学战线1986年1 期
66. 刘勰的"征圣"、"宗经"思想　文史哲1986年2 期
67. 基本功和新方法　文史知识1986年4 期
68. 漫说《世说新语》的人物描写及其史料价值　中国古典文学论丛3 辑
69. 《文心雕龙论稿》序　齐鲁书社1985年9 月出版
70. 一九八四年古代文论研究述评　古代文学研究年鉴(1984)
71. 四十年的愿望　(我的书斋)　光明日报1986年7 月12日
72. 古代文艺的形神论　文艺学习1986年复刊1 期
73. 文学创作的"铁门限"　文学知识1986年11期
74. 《文心雕龙释义》序　山东教育出版社1986年11月出版
75. 中西戏剧共同规律初探　文史哲1987年3 期
76. 刘勰"原道"论的实质和意义
——兼答刘长恒同志　文心雕龙学刊4 辑
77. 试论六朝时期儒道玄佛的斗争与融汇　古籍研究1987年1 期
78. 龙学七十年概观
社会科学战线87-3(上)4 (中) 88-1 (下)
79. 刘勰《文心雕龙》
中国古代文学名著题解　黄山书社1987年2 月出版
80. 刘勰生平新考　山大学报1987年复刊号
81. "近亲繁殖"小议　山大学报1987年2 期

51

82. 《文章流别志·论》原貌初探　　中华文史论丛1987年2　3期合刊
83　《文心雕龙研究论文选》序　　齐鲁书社 1988 年 1 月出版
84　从汉人论赋到刘勰的赋论　　文史哲1988年1 期
85. 左思文学业绩新论　　文学遗产1988年2 期
86. 香港第四届国际比较文学会议概述　　国际学术动态1988年4 期
87. 怎样读《文心雕龙》　　古典文学知识1988年3 期
88. 刘勰论民间文学　　青海社会科学1988年5 期
89　挚虞　　中国古代文论家评传　　中州古籍出版社 1988 年 8 月出版
90　刘勰　　中国古代文论家评传　　中州古籍出版社 1988 年 8 月出版
91　刘知幾　　中国古代文论家评传　　中州古籍出版社 1988 年 8 月出版
92　刘勰艺术构思论的渊源与发展　　江海学刊 1989 年第 3 期
93　文律运周，日新其业——《文心雕龙·通变》新探　　文史哲 1989 年第 3 期
94　《文心雕龙·情采》注释鉴赏　　古文鉴赏大辞典　　浙江教育出版社 1989 年 11 月出版
95　《文心雕龙·知音》注释鉴赏　　古文鉴赏大辞典　　浙江教育出版社 1989 年 11 月出版
96　《文心雕龙研究论文集》序　　人民文学出版社 1990 年 8 月出版
97　风骨考论　　文心雕龙学刊第 6 辑
98　《文心雕龙》研究论著索引（1907——1985）　　文心雕龙研究论文集　　人民文学出版社 1990 年 8 月出版
99　《文心雕龙》研究论著目录索引（1907——1990）　　文心雕龙学综览　　上海书店即出

附注

1　另有与陆侃如、袁世硕、龚克昌等先生合写的论文十余篇未计。

2　以上论文以发表先后为次，其分类情况为：

文心雕龙　　54 篇

古代文论　　13 篇

文学史　　11 篇

诗文书画乐论等综合研究　：8 篇

哲学、经学、玄学、文字学、比较文学各 1，共 5 篇

教学　　2 篇

治学方法及其他　　6 篇

52

牟世金书法

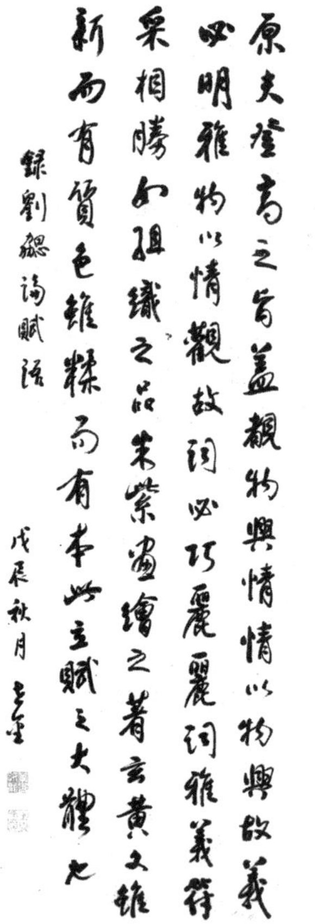

▲ 牟世金　1960年山东大学中文系毕业，后任教授、系主任等。